«Hach! – diesen Ausruf hat man beim Lesen von André Kubiczeks «Skizze eines Sommers» ziemlich oft im Kopf.» STERN

«Ebenso lässig wie existenziell.» SÜDDEUTSCHE ZEITUNG

«André Kubiczek, der Salinger des deutschen Ostens.»
LITERARISCHE WELT

«Ein quicklebendiger Roman – manchmal hübsch halsbrecherisch, manchmal grinsend ironisch, ohne je sarkastisch zu sein, voller Einfühlung, ohne Anbiederung.»
FRANKFURTER ALLGEMEINE ZEITUNG

«Ein wunderbar leichter und herzerwärmender Roman über eine Kindheit und Jugend.» BERLINER ZEITUNG

«Ein Zauberwerk von einem Buch.» HAMBURGER ABENDBLATT

«André Kubiczek erzählt mit verblüffender Leichtigkeit. Man wird beim Lesen hungrig nach so viel Zuversicht, dass alles im Leben auch irgendwie gut gehen könnte.» NDR KULTUR

«André Kubiczek gelingt es auf meisterhafte Art und Weise, die Unsicherheiten und Großspurigkeiten eines Lebensalters lebendig zu machen, das auch zweihundert Jahre nach Goethe noch zuverlässig zwischen himmelhoch jauchzend und zu Tode betrübt hin und her schlingert.» ORF

André Kubiczek, 1969 geboren, lebt in Berlin. 2002 erschien sein hochgelobter Roman «Junge Talente», 2003 «Die Guten und die Bösen». Es folgten «Oben leuchten die Sterne», «Kopf unter Wasser» und «Der Genosse, die Prinzessin und ihr lieber Herr Sohn». 2007 wurde André Kubiczek mit dem Candide-Preis ausgezeichnet. Zuletzt erschienen «Das fabelhafte Jahr der Anarchie» (2014) und «Skizze eines Sommers», das auf der Shortlist des Deutschen Buchpreises stand.

SKIZZE EINES SOMMERS

ANDRÉ KUBICZEK

Roman · Rowohlt Taschenbuch Verlag

Veröffentlicht im Rowohlt Taschenbuch Verlag,
Reinbek bei Hamburg, Februar 2018
Copyright © 2016 by Rowohlt · Berlin Verlag GmbH, Berlin
Umschlaggestaltung any.way, Hamburg,
nach einem Entwurf von Anzinger und Rasp, München
Umschlagabbildung plainpicture / Georg Kühn
Satz aus der Adobe Garamond, InDesign,
bei Pinkuin Satz und Datentechnik, Berlin
Druck und Bindung CPI books GmbH, Leck, Germany
ISBN 978 3 499 27084 0

Here we are in our summer years
Living on icecream and chocolate kisses

BILLY BRAGG, GREETINGS TO
THE NEW BRUNETTE

TEIL 1

Every mother's son's romantic
Every mother's son's frantic

PREFAB SPROUT, FARON YOUNG

BÖSE BLUMEN

Keine Ahnung, wer zuerst zu wem kam, die Melancholie zu mir oder ich zur Melancholie. Aber eines stand fest: Seit einem Jahr war sie da. Und das andere: Sie ging seitdem nicht mehr weg.

Nicht mehr freiwillig.

Ich guckte in den Badezimmerspiegel, als mir dieser Gedanke in den Kopf schoss. Nicht dass jemand glaubt, ich würde mir solche Sachen aus den Fingern saugen, um mich interessanter zu machen oder wozu auch immer. Diese Ideen kamen einfach, und zwar aus dem Nichts, sie schlugen dann quasi in mein Gehirn ein wie der sogenannte Blitz aus heiterem Himmel.

Im Moment vorher überlegst du noch, ob du die Haare heute lieber nach links legst oder besser nach rechts wie immer, wo sie das Segelohr, was dort blöderweise wächst, wenigstens ein bisschen kaschieren. Und dann denkst du vielleicht noch so was wie: Nehm ich heute einfach nur Seife, was schneller geht, oder die teure Frisiercreme oder aber beides zusammen, und plötzlich – du hast gerade die Hände voller Schmadder und fuhrwerkst damit in deinen Haaren herum –, zack, ist er da, dieser Melancholie-Einfall oder irgendeine andere komische Idee. Und mit einem Mal ist dir total egal, in welche Richtung deine Haare heute stehen werden, denn mit einem Mal ist dir klar: Mensch,

René, es gibt so viel Wichtigeres auf der großen, weiten Welt als den Sitz deiner dämlichen Frisur.

Jedenfalls ein, zwei Momente lang.

Das mit den Blitzeinfällen hatte stark zugenommen, seit wir vor einem Jahr angefangen hatten, diese Bücher zu lesen, Dirk, Michael und ich. Baudelaire und diesen ganzen Kram. Auch unseren Wortschatz hatten die Lektüren ziemlich aufgemotzt. Wir sagten jetzt Equipage statt Kutsche, wir sagten heutzutage, jemand sei impertinent, der uns früher einfach nur auf die Ketten gegangen war, und unser Segelohr, das heißt, meines, versteckte ich nicht mehr unter den Haaren, sondern kaschierte es.

Durch sie.

Nur Mario, den ich schon seit der Krippe kannte und der im selben Aufgang über uns wohnte und fast eine Art Bruder für mich war, weigerte sich nach wie vor, diese Meisterwerke der Literatur zu lesen. Jedes Mal lavierte er rum, wenn wir ihm eines jener unglaublichen Bücher ausleihen wollten, die gerade dabei waren, unsere bisherigen, kleinen und mehr als ordinären Leben total auf den Kopf zu stellen. Und ich meine: im guten Sinne auf den Kopf zu stellen. Vielleicht sogar andersrum: sie vom Kopf zurück auf die Füße zu stellen.

Keine Zeit, behauptete Mario meist, weil er noch seiner Mutter helfen müsse beim Aufräumen oder weil die Hausaufgaben noch nicht erledigt seien oder was ihm sonst an Ausreden einfiel, nur um nichts lesen zu müssen. Denn Mario war ein ziemlich fauler Strick, und wenn er zu uns sagte, er werde für seine Mutter einkaufen gehen, bedeutete das keinesfalls, dass er das wirklich machte, sondern lediglich, dass er zum Beispiel den *Ekel* von Jean-Paul Sartre nicht lesen wollte, den man hier im Wohngebiet neuerdings an jedem Zeitungskiosk erstehen konnte. Frage mich keiner, warum.

Dabei waren ein paar von unseren Büchern echt selten.

Es gab sie nicht einfach so zu kaufen.

Da konntest du Kohle haben bis zum Gehtnichtmehr, aber wenn's was nicht gab, dann gab's das eben nicht.

Basta.

Da nutzte kein Geld der Welt was, sprich: keine Mark der DDR, logisch. Und ich rede hier nicht von Tomatenketchup, Badezimmerfliesen, Autos und dem ganzen anderen Schwachsinn, den man nicht kaufen konnte. Ich spreche hier nur von Büchern, allerdings von den sogenannten guten.

Baudelaire und Konsorten.

Aber selbst wenn es diese Bücher zu kaufen gegeben hätte, wären sie wahrscheinlich unterm Ladentisch weggegangen.

Das sah man ja bei Karl May, der lange verboten gewesen war, wegen Revanchismus oder so. Und als sich dann vor ein paar Jahren der Wind drehte, weil er nicht mehr revanchistisch genug war oder weil sich die Maßstäbe für Revanchismus geändert hatten, da kamen plötzlich die ganzen Fliesenleger und Klempner und Autoschlosser in die Volksbuchhandlung und schnappten den armen Kindern die Karl-May-Bücher vor der Nase weg. Weil sie ja was nachzuholen hatten zwecks ihrer eigenen Kindheit. Und selbstverständlich kriegten sie die Bücher als Erste, weil ja auch Buchhändlerinnen ein Bad hatten, wo, wie bei den meisten Bürgern unseres Landes, nur Tapete über der Wanne klebte, die nass wurde beim Duschen und sich irgendwann von der Wand schälte. Klar, und weil die Buchhändlerinnen obendrein einen gebrauchten Moskwitsch besaßen, der jeden Winter von zwei Grad plus abwärts nicht mehr ansprang. Und weil auch die Toilette der einen oder anderen Buchhändlerin mal verstopft war und das ausgerechnet am Sonntag.

War ja nur allzu menschlich das Ganze.

Wobei ich nicht behaupten will, dass die versammelten Handwerker Baudelaire lesen würden, wenn's den plötzlich in der Volksbuchhandlung geben würde. Da existierte vermutlich kein einziges Loch in einer Schornsteinfeger-Biographie, das sich mit den *Blumen des Bösen* stopfen ließe. Die Fliesenleger und Klempner würden uns vermutlich in hundert Jahren keinen Baudelaire vor der Nase wegkaufen, so wie sie es bei den Kindern mit den Karl-May-Schwarten machen. Was bedeutet, dass die bedauernswerten Kleinen, wie schon wir in diesem erbärmlichen Alter, sich mit Lederstrumpf und seinen Kumpanen herumplagen müssen, statt in den Blutsbrüder-Geschichten dieses ehemaligen Revanchisten zu versinken, die sie schon aus dem Fernsehprogramm um die Weihnachtstage kannten, und zwar bis zum Abwinken.

An Baudelaire kam man praktisch nicht ran. 73 hatte es mal eine Ausgabe gegeben. Insel Verlag, Leipzig.

Die Blumen des Bösen.

Der Spleen von Paris.

Stand in keiner Bibliothek – immer geklaut.

War in keinem Antiquariat zu finden. Und einen wie Rimbaud kriegte man nicht mal unterm Ladentisch, um erst gar nicht von Mallarmé anzufangen. Die waren quasi verboten, obwohl es keiner so direkt sagte, und zwar nicht wegen Revanchismus, sondern wegen Dekadenz.

Nehm ich jedenfalls an.

Aber vielleicht war auch bloß nicht genug Papier vorhanden, um das ganze Zeug zu drucken, keine Ahnung. Es herrschte bei uns ja ständig ein Überschuss an irgendwelchem Mangel, und vielleicht sah es einfach besser aus, wenn man sagte, ey, wir drucken den *Nachmittag eines Fauns* nicht, weil uns das zu dekadent ist und weil es unsere Jugend verdirbt und vom Klassenkampf ablenkt, was den Kommunismus noch mal um ein paar Jahrzehnte Richtung Sanktnimmerleinstag verschieben würde, wo wir sowieso schon im Verzug sind, als wenn man mit hängenden Schultern und Dackelblick einfach zugab: Tut uns leid, Freunde der obskuren Literatur, wir würden ja gerne, aber uns ist bedauerlicherweise das Papier ausgegangen.

Iswinitje, paschaluista.

Das war jetzt bloß 'ne private Theorie von mir, ganz klar, ohne jede Garantie auf Gültigkeit.

Aber: trotzdem.

Andererseits hatten *Die grausamen Geschichten* von Auguste Villiers de l'Isle-Adam durchaus 'ne Weile im Laden gelegen, ein bisschen fast wie sauer Bier, und ich besaß außerdem höchstpersönlich einen dicken Band von Paul Verlaine, Insel Verlag 77, dieser Typ da, der mal mit Rimbaud befreundet gewesen war, sozusagen richtig eng, schon mehr als nur befreundet, was soll ich sagen: quasi schwul. Und der ihn dann anschoss, vermutlich wegen der Liebe oder einem ähnlich lächerlichen Kram.

Das *war* ja alles dekadente Literatur, das konnte man im Literaturlexikon nachlesen, wenn man wollte und wenn man eins hatte. Die nannte sich sogar selber so.

Auguste Villiers de l'Isle-Adam!

Das musste man sich mal auf der Zunge zergehen lassen, da kam nur noch einer knapp drüber:

Jules Amédée Barbey d'Aurevilly.

Den hatte ich Anfang des Jahres im Antiquariat gekauft, Ausgabe aus den zwanziger Jahren, rotes Leinen, zwölf Mark: *Die Teuflischen*.

Titel wie ein Manifest.

Diese Namen allein waren schon dekadent bis zum Anschlag. So was konnte sich kein Sterblicher jemals ausdenken.

Ich fragte mich allerdings in letzter Zeit ziemlich oft, was genau die Leute *heutzutage* immer meinten, wenn sie sagten, dieses sei dekadent und jenes auch.

Was heißt: die Leute?

Irgendwelche selbsternannten Autoritäten meine ich damit, und wenn's nur der eigene Vater war. Das war ja mittlerweile kein normales Adjektiv mehr, *dekadent*, das hatte ja schon eine ordentliche Karriere als Schimpfwort hinter sich.

Als wir Mitte der Zehnten plötzlich in Anzügen zur Schule gekommen waren, Michael, Dirk und ich, Haare hoch und Broschen aus falschen Diamanten am Revers, hieß es auch sofort, wir seien dekadente Subjekte. Aber wir ließen sie einfach quatschen, die Klassenlehrerin, den Direktor, den bekloppten FDJ-Heini mit seiner gebrauchten Fußballer-Frisur von vor zehn Jahren, dessen offizieller Titel GOL-Sekretär lautete, was immer das ausgesprochen heißt.

Nach zirka einem Monat ging denen schließlich die Puste aus. Sie konnten uns ja eigentlich nichts, denn wir waren ziemlich gut in der Schule. Klar, keine gesellschaftliche Arbeit, die wir leisteten und alles, und durch die Sülz-Fächer immer unter der Ironie-Flagge gesegelt, aber dafür fuhren wir fast makellose Zensuren ein. Anders leider als Mario, der auch spitze Schuhe von seinem Opa trug und einen schwarzen Anzug, der gleichfalls wie ein Weihnachtsbaum behängt war mit den Klunkern aus der Modeschmuck-Boutique in der Klement-Gottwald-Straße. Aber wegen seiner miesen Leistungen stand er immer auf der Abschussliste der Lehrer. Und zwar sehr weit oben.

Na gut, sagten wir uns, dann waren wir eben dekadent, was sollte es. Abstrakte Kunst galt ja auch als dekadent, Malewitsch und das ganze Zeug. Bloß weil auf den Bildern keine Arbeiter zu sehen waren und keine Bauern, die was Nützliches machten. Oder die sich gerade von irgendeiner nützlichen Tätigkeit erholten, um Kraft für die nächste nützliche Tätigkeit zu tanken. Und so weiter. Zum Beispiel, um das Wohnungsbauprogramm zu vollenden oder Weißkohlköpfe vom Acker zu klauben.

Aber eigentlich glaube ich, dass die ganzen selbstverfügten Autoritäten, die von Dekadenz faselten, einfach keinen blassen Schimmer hatten von den Sachen, die sie dauernd mit dem Wort belegten. Von New-Wave-Bands zum Beispiel und von abstrakter Kunst, wie gesagt, und von diesen Büchern, in denen es eben darum ging, möglichst *unnütz* zu sein.

Huysmans zum Beispiel, *Gegen den Strich*.

Den hatte es immerhin zu kaufen gegeben. Gustav Kiepenheuer Verlag. Leipzig 81.

Der Held zum Beispiel, dieser des Esseintes, der im Hochsommer in seinen Pelzmantel steigt und in einem Schlitten spazieren fährt. Und nicht mal schwitzt dabei.

Und diese Blumen, die er sich zu Hunderten ins Haus

liefern lässt, nicht, weil sie sein Auge erfreuen mit ihrer Anmut, sondern weil sie aussehen, als bestünden sie aus Blech oder Porzellan, und trotzdem lebendig sind.

Die abwegigsten Orchideen.

Denn eines stand fest: Das Künstliche war in jedem Fall schöner als das Natürliche.

Und dann natürlich Dorian Gray, der sich genau dieses Buch von Huysmans in allen möglichen Farben binden lässt, damit er passend zu seiner Stimmung den richtigen Umschlag wählen kann, um in dem einzigen Buch zu lesen, das ihm was bedeutet.

Das war wirklich dekadent.

Und es war auch ziemlich abgefahren.

Von den *Blumen des Bösen* jedenfalls gab's in freier Wildbahn nur ein einziges Exemplar. Es stammte von achtzehnhundertnochwas und gehörte der Wissenschaftlichen Allgemeinbibliothek in der Heinrich-Rau-Allee. Aber wir hatten da so eine Art Abo drauf, Michael, Dirk und ich. Immer, wenn einer von uns das Buch abgab, stand der nächste quasi schon hinter ihm in der Schlange bereit und lieh es sofort wieder aus. Auf diese Weise schützten wir unsere Stadt vor der Baudelaire'schen Dekadenz.

Und vor der Melancholie natürlich, die sie im Schlepptau hatte, wie das Amen in der Kirche, und die ganze Landstriche verwüstete, glaubte man den Autoritäten.

Oder war es andersherum?

Erst die Melancholie und dann die Dekadenz.

Apropos Melancholie, dachte ich, während ich mein fliehendes Ohr im Spiegel begutachtete und es probehalber an den Schädel drückte: Wer war denn nun zuerst zu wem gekommen? Doch ich hatte keine Zeit mehr, die Frage zu beantworten, denn es klopfte jetzt laut und – wir mir schien – ziemlich übellaunig an der Badezimmertür.

«Mensch, René, jetzt komm mal aus dem Knick», hörte ich meinen Vater im Flur rumnörgeln, «der Wagen muss jede Minute da sein.»

«Sekunde!» Ich war noch lange nicht fertig mit den Haaren. Ich hatte sie jetzt einmal komplett nach links gelegt und dann einmal komplett nach rechts. Und gleichzeitig, auf einer zweiten, unterbewussten Ebene oder so, hatte ich überlegt, ob es nicht besser sei, das abstehende Ohr mal so richtig zur Geltung zu bringen, statt es immer zu kaschieren. Wenn einer was sagte oder versuchte, sich lustig zu machen, konnte ich immer noch ein Loblied auf die totale Asymmetrie anstimmen. Und falls er weiterhin keine Ruhe geben würde, konnte ich ihm ein paar Stellen aus meinem kleinen Notizbuch um die Ohren hauen, das ich wie ein zweites Gedächtnis ständig mit mir rumtrug. Ich schrieb dort nicht nur Zitate aus Büchern rein, die mir beim Lesen gefielen, sondern auch sämtliche meiner komischen Blitz-Einfälle.

Auch Michael und Dirk besaßen kleine Notizbücher, und so krakelten wir den lieben langen Tag in diese Notizbücher rein, auf dem Schulhof, an der Straßenbahnhaltestelle, im *Café Heider*, manchmal sogar abends im *Orion*. Alle drei schrieben wir mit Bleistiften, und seit kurzem hatte sich so ein komischer Wettbewerb entwickelt, wer von uns den kürzesten Bleistift hatte. Denn, logisch, der mit dem kürzesten war der mit den meisten interessanten Einfällen, der Schlauste, sozusagen. Weil ich aber weder Michael noch Dirk in dieser Angelegenheit über den Weg traute, hatte ich irgendwann begonnen, meine Bleistifte anzuspitzen, ohne dass es nötig gewesen wäre, nur um möglichst viele Späne abzuhobeln und so an Länge zu verlieren. Klar, man durfte es nicht übertreiben, wollte man glaubwürdig bleiben, aber der eine neue Bleistift pro Woche, bei dem ich jetzt angekommen war, schien mir noch im Bereich des Vertretbaren zu liegen.

Ich beschloss, die Haare heute ausnahmsweise mal nach links zu legen, und wenn mir einer dumm kam wegen dem Ohr, ihn mit ein, zwei Zitaten von Huysmans und Konsorten zu erledigen. Die passten immer, egal, worum es ging.

«Was treibst du eigentlich? Du bist jetzt schon seit fünfzehn Minuten da drin», kam die Stimme meines Vaters durch die geschlossene Badezimmertür.

«Nichts Besonderes.» Ich versuchte, möglichst harmlos zu klingen, während ich mich vorsichtig auf den Toilettendeckel setzte, das Notizbuch und den Bleistiftstummel aus der Hosentasche zog und zu schreiben begann: Wer kam eigentlich zuerst zu wem ...

«Herrgott, schlimmer als ein Mädchen!»

«Du kannst ja schon mal runtergehn. – Ich komm dann gleich nach.»

«Aber beeil dich gefälligst!», sagte mein Vater mürrisch, und dann hörte ich, wie er die Wohnungstür ins Schloss knallte.

Ätzend!

Keine Contenance.

Und das am letzten Tag.

Als ich vom Klodeckel aufstand, hörte ich, wie draußen auf der Straße eine Hupe losging. Nicht einmal, nicht zweimal, sondern quasi im Stakkato, sie klang ganz ähnlich, wie gerade schon das Klopfen meines Vaters an der Badezimmertür geklungen hatte.

Irgendwie unwirsch.

Ich steckte das Notizbuch ein und warf einen letzten Blick in den Spiegel: ein ungewohnter Anblick, so mit freigelegtem Ohr. Aber besser, als hätte ich die Haare gar nicht gemacht. Man konnte nie wissen, wer gerade vorbeikam, wenn man mit seinem Vater zehn Minuten vor dem Block rumstand. Dirk oder Michael, vielleicht sogar das Mädchen, dessen Namen ich nicht kannte, oder ihre beste Freundin, die ihr dann brühwarm weitererzählte, wie sie mich auf der Straße gesehen hatte. Mit angeklatschten Haaren, womöglich noch in Trainingshose und Pantoffeln.

Aber ohne mich!

Noch einmal ging draußen die Hupe los. Jetzt musste ich mich echt sputen. Ich steckte die Wohnungsschlüssel ein und stürzte die zwei Treppen zur Haustür hinunter.

Draußen vor dem Wohnblock wartete mit laufendem Motor ein grauer Wolga. Der Fahrer ließ seinen Arm aus dem heruntergekurbelten Fenster hängen, während er eine Zigarette rauchte. Er trug einen kurzärmeligen, hellen Strickpullover, unglaublich buschige Koteletten, und seine Haare waren mit Wasser zur Seite gekämmt. Die linke hintere Tür des Wolgas stand offen, und daneben wartete mein Vater mit einem bösen Blick, wie aus einer dieser Horrorgeschichten von Théophile Gautier. Über seinem Arm hing der polnische Trenchcoat, den er letzte Woche im Konsument-Warenhaus gekauft hatte. Er war sehr stolz gewesen, dass er das alleine geschafft hatte, ohne seine Sekretärin um Hilfe bitten zu müssen, wie normalerweise bei jedem Kleinkram, oder sonst irgendwen. Aber erst jetzt, im hellen Juli-Vormittagslicht, fiel mir auf, dass irgendwas an dem Mantel verkehrt war. Ich musste nicht lange überlegen: Es war die Farbe. Ich hätte ihm das gerne gesagt, aber ich konnte es nicht und zwar aus einem einzigen Grund: Ich wusste nicht, wie ich ihn *anreden* sollte. Etwa so: Ey, du, da stimmt was nicht mit deinem Mantel?

Ich hatte aufgehört, *Papa* zu sagen, als er aufgehört hatte, sich mit mir zu beschäftigen, als ich elf gewesen war oder zwölf. Und ich konnte schlecht *Vater* sagen, das klang irgendwie zu förmlich, obwohl es vielleicht gar nicht schlecht gepasst hätte. Also sagte ich lieber nichts und starrte stattdessen stumm den Trenchcoat an, der nicht von diesem dezenten Trenchcoat-Beige war, das man allgemein kannte, sondern eher ins Gelbliche schlug.

Schlimmer, er *war* gelb.

Noch schlimmer: Er war richtig kanarienvogelfarben.

Er wird sich wahnsinnig blamieren, dachte ich, vor all diesen Leuten aus der ganzen Welt, aber bevor ich ihn warnen konnte, zur Not auch ohne Anrede, sagte mein Vater: «Mensch, du siehst aus wie ein Leichengräber, René.» Er meinte wohl die schwarzen Klamotten, in denen ich steckte.

«Der alte Mantel war irgendwie besser», sagte ich, «der dunkelblaue.»

«Was stimmt denn mit diesem hier nicht?», fragte mein Vater und hob seinen Arm mit dem zweifelhaften Trenchcoat leicht an. Ich erwiderte nichts, und nach zwei Sekunden fuhr mein Vater von selbst fort: «Na, dann mach's mal gut.»

«Ja, du auch.»

«Und benimm dich, verstanden?»

«Klar, mach ich.»

«Den Rest haben wir besprochen, oder?»

«Haben wir.»

«Also –», sagte mein Vater, gab mir die Hand und stieg in den Dienstwagen ein.

Ich blieb so lange auf der Straße stehen, bis der Wolga nach dreihundert Metern rechts auf die Thälmannstraße abgebogen war, wo es nach Schönefeld ging. Dann setzte ich mich auf die Stufen, die zu unserem Aufgang führten, und rauchte eine Zigarette, was ich normalerweise nie machte in der Nähe unserer Wohnung. Aber weder das Mädchen ohne Namen kam vorbei, noch eine ihrer Freundinnen, weshalb ich mich schnell wieder nach oben verzog, nachdem ich die Kippe zertreten hatte.

STURMFREI

Genau einen Tag vor meinem sechzehnten Geburtstag flog mein Vater in die Schweiz. Er flog nicht einfach so, in den Urlaub oder um Leute zu besuchen, denn das ging ja bekanntlich nicht, er nahm an einer Konferenz teil, in Genf. Und das Beste war, die Konferenz sollte sieben Wochen lang dauern, fast bis Ende August, was bedeutete:

Praktisch die ganzen Ferien.

Fragt mich bloß nicht, worum es genau ging bei dieser Konferenz. Natürlich hatte mein Vater es mir erzählt, aber wahrscheinlich hatte ich nicht richtig zugehört. Ich wusste nur so viel: Es sollte irgendwie über den Frieden verhandelt werden, über Abrüstung. Die im Westen besaßen ja Atomraketen, und wir besaßen auch welche, das heißt, unsere sowjetischen Freunde besaßen die, und nachdem sie auf beiden Seiten jahrelang das Zeug angehäuft und überall verteilt hatten, kamen ein paar schlaue Köpfe langsam auf den Trichter, dass man es vielleicht doch ein bisschen übertrieben hatte damit.

Es reichte ja aus, wenn man genug Kernwaffen hatte, um die ganze Welt dreimal zu vernichten. Warum sollte man dann so viele horten, dass es auch sechsmal gegangen wäre oder neunmal.

Unlogisch.

Denn komplette Welt weg hieß, komplette Welt weg.

Sparte man ja auch ein bisschen Geld, wenn man nur Waffen für die dreimalige Weltvernichtung besaß. Das konnte man dann für sinnvollere Dinge ausgeben.

Zum Beispiel für ein paar schicke Atom-Bunker.

Okay, darüber machte man keine Witze, aber ehrlich gesagt hing mir die ganze Friedenssülze mächtig zum Hals raus. Was nicht heißt, dass ich für Krieg war. Wer ist schon für Krieg? Ich hätte nur gern auch mal was anderes gehört, in den Nachrichten und in der Schule. Oder mal was Originelleres gelesen in der Zeitung und an den Litfaßsäulen als immer nur: Mein Arbeitsplatz, Kampfplatz für den Frieden.

Kampfplatz für den Frieden, ey!

Lasst euch das mal auf der Zunge zergehen!

Aber ich will mich nicht sinnlos echauffieren, denn eigentlich war mir ziemlich egal, was die Litfaßsäulen so sagten, um mal nicht von den Lehrern anzufangen. Ich hatte fast 16 Jahre Zeit gehabt, mich an die ganzen Sprüche zu gewöhnen. Und wisst ihr was? Ich hatte es wirklich getan.

Wann immer einer von uns im Staatsbürgerkundeunterricht aufgerufen wurde, Dirk, Michael oder ich, wo wir in der letzten Bankreihe saßen und normalerweise Neuaufteilung der Welt spielten, mit Karten, die wir aus dem Geschichtsbuch gerissen hatten, dann schnellten wir hoch wie von der Tarantel gebissen, schlugen die Hacken zusammen, legten die Hände an die Hosennaht und skandierten zackig die Antwort heraus.

Zum Beispiel, dass Sowjetmacht plus Elektrifizierung gleich Kommunismus bedeute. Wie bekanntlich schon Lenin gewusst hatte. Oder dass das Ziel der Entwickelten Sozialistischen Gesellschaft, in der wir gerade lebten, die Vereinigung von Wirtschafts- und Sozialpolitik sei.

Hatten wir den Spruch zu Ende aufgesagt, schlugen wir noch mal die Hacken zusammen und setzten uns wieder hin. Die Klasse lachte, und die Lehrerin, die frisch von der Hochschule gekommen war, wurde rot. Sie hatte uns tadeln wollen und musste uns stattdessen loben für die richtige Antwort. Anfangs versuchte sie noch, an unsere Vernunft zu appellieren, dass solche Dinge wie die Elektrifizierung der Sozialpolitik zu wichtig seien, um zwar faktisch korrekt, aber in alberner Manier darüber zu reden.

Aber auf dem Ohr waren wir so richtig taub.

Einen Monat jedenfalls nachdem sie bei uns den Staatsbürgerkundeunterricht übernommen hatte, gab sie es auf, einen von uns dreien überhaupt noch aufzurufen. Wir hatten ab jetzt noch mehr freie Zeit in ihrem Unterricht und rissen von nun an die ganz großen Weltkarten aus dem Erdkunde-Atlas heraus.

Was ich eigentlich sagen wollte: Die Friedensparolen und Parolen überhaupt gingen bei mir zum einen Ohr rein und kamen zum anderen sofort wieder rausgeschossen. Und zwar mit doppelter Geschwindigkeit. Wahrscheinlich konnte ich deshalb nur ungenau sagen, was für eine Konferenz das genau war, zu der mein Vater da flog.

Da reichte, wenn einer das Wort *Abrüstung* sagte, und mein Kopf stellte sich automatisch auf Durchzug. Reine Glückssache, wenn mal ein wichtiger Fetzen hängenblieb.

Ungefähr vor einem halben Jahr, im Winter, hatte sich diese Dienstreise angekündigt in Form von Herrn Kohlschmidt aus dem vierten Stock, der abends kurz nach sieben vor der Tür stand.

Herr Kohlschmidt war das, was meine Oma einen patenten Mann nannte. Er arbeitete als Busfahrer im Schichtdienst, seine Frau war Kindergärtnerin, er verfügte über zwei kleine Töchter, und sie waren alle ganz nett.

Früher, als meine Mutter noch gelebt hatte, besorgte Herr Kohlschmidt uns manchmal Ersatzteile für den Wartburg, oder er half, eine Tür an der Schrankwand zu reparieren, wenn sie nur noch in einer Angel hing, oder er lieh uns seine Schlagbohrmaschine, wenn wir ein Bild aufhängen wollten. Seit meine Mutter tot war, machten wir kaputte Schranktüren einfach nicht mehr auf. Wir präparierten sie so, dass sie nicht herausfielen, und benutzten sie dann nie wieder.

Und Bilder?

Wer brauchte schon Bilder.

Mein Vater jedenfalls nicht.

Sowieso: Alles, was nicht nützlich war oder Zeug, dem man nicht auf Anhieb eine Funktion zuordnen konnte oder das einfach nur gut aussah und das Auge erfreute, bezeichnete er als Staubfänger.

Sei es ein Gartenzwerg oder eine Skulptur von El Lissitzky.

Nur Bücher nicht, das muss ich zugeben. Denn da besaßen wir geradezu Massen von. Allerdings nicht die wirklich guten, ihr wisst ja ungefähr, welche ich meine.

Eher die halbguten: Dostojewski und Konsorten.

Wir gingen auch nicht mehr zu den Hausgemeinschaftsfesten, die im Sommer auf dem Trockenplatz hinterm Block gefeiert wurden, wo es Bratwürste gab und Bier. Geschweige, dass wir uns bei den Arbeitseinsätzen blicken ließen, den sogenannten Subbotniks: Laubharken und in den Zierbüschen nach kaputten Flaschen tauchen. Aber ich will mich jetzt auch nicht über alles beschweren.

Man kann schon sagen: Seit meine Mutter tot war, lebten wir ein bisschen wie Aussätzige.
Falsches Wort.
Wie Einsiedler, muss es heißen, lebten wir.

«Kann ich deinen Vater sprechen, René?», fragte Herr Kohlschmidt an besagtem Abend vor einem halben Jahr.

«Der ist nicht da», sagte ich, obwohl mein Vater auf dem Sofa lag und Westnachrichten guckte.

Die müsse er wegen seiner Arbeit im Auge behalten, behauptete mein Vater immer und grinste. Genauso wie den *Internationalen Frühschoppen* am Sonntag und den *Weltspiegel*. Ich will nicht angeben, aber wegen Weltspiegel und Frühschoppen kannte ich mich einigermaßen gut aus, erstens: in der Welt, und zweitens: in der BRD. Eigentlich durfte ich ja nicht mitgucken, aber irgendwann war ich einfach sitzen geblieben, als mein Vater zum Westsender gewechselt war, und er hatte kein einziges Mal versucht, mich aus dem Zimmer zu komplimentieren. Im Gegenteil: Wenn ich jetzt am Sonntag *Formel Eins* einstellte, mit den Musik-Videos, verließ er diskret den Raum und ging rüber in sein sogenanntes Arbeitszimmer, wo er tat, als würde er die Aufgaben seiner Studenten korrigieren. Er kam erst wieder raus, wenn er hörte, dass ich aufs Klo ging.

Ohne dass wir es abgesprochen hatten, bedeutete die gezogene Klospülung das Ende von *Formel Eins*.

«Es ist ziemlich wichtig», sagte Herr Kohlschmidt.

«Soll ich ihm was ausrichten, wenn er zurück ist?»

Eine meiner obersten Pflichten im Haushalt nämlich war es, meinen Vater zu verleugnen, wann immer es ging. Zu behaupten, er sei nicht zu Hause, wenn er doch zu Hause war. Meistens musste ich die Wohnungstür öffnen, wenn es klingelte. Und ich nahm auch meist das Telefon ab. Nur für drei Personen, deren Namen auf einem Zettel standen neben dem Telefon, war mein Vater sofort zu sprechen. Das waren irgendwie Chefs von ihm und meine Oma natürlich. Alle anderen mussten bitten und betteln oder eine Nachricht bei mir hinterlassen, die ich auf einen Zeitungsrand krakelte und manchmal schon Sekunden später nicht mehr entziffern konnte.

Was mir allerdings nie eine Rüge einbrachte.

Wer was Wichtiges vorzubringen habe, versucht es ein zweites Mal, behauptete mein Vater.

«Mensch, Junge, euer Wartburg steht doch vor der Tür», beharrte Herr Kohlschmidt.

«Ach so», sagte ich, «aber wissen Sie was? Mein Vater ist heute nämlich …»

«Jetzt erzähl mir nicht, dass er ausgerechnet heute mit dem O-Bus zur Arbeit ist», unterbrach mich Herr Kohlschmidt, «diesen Bären kannste einem andern aufbinden.»

«Ist er aber», sagte ich schnell, und ich war dankbar, dass Herr Kohlschmidt mir die Mühe abgenommen hatte, eine eigene Lüge erfinden zu müssen.

«Wenn das so ist», sagte Herr Kohlschmidt und kratzte sich mit der rechten Hand am Ellbogen des linken Arms. Man sah deutlich, dass er dabei war, zu kapitulieren.

Ich wollte schon tschüss sagen und dann schnell die Tür schließen, als aus der Wohnung die Stimme meines Vaters kam: «Was ist denn los, René?»

«Du bist ja doch schon zu Hause», rief ich.

Ich zog dabei die Augenbrauen so hoch, wie ich nur konnte. Ihr wisst schon: um Herrn Kohlschmidt größtmögliche Überraschung zu signalisieren.

Ich bekam beinahe einen Krampf im Gesicht.

«Mensch, Junge, glaubst du, ich zieh meine Hose mit der Kneifzange an?»

«Ruhig Blut, Herr Kohlschmidt», sagte mein Vater und trat hinter mich, «kann ich Ihnen helfen?» Er berührte sogar kurz meine Schulter, was er nicht mehr getan hatte, seit ich vermutlich ein Kleinkind gewesen war. So wenig konnte ich mich daran erinnern.

«Ja», sagte Herr Kohlschmidt, «oder anders gesagt: nein. – Ich wollte Ihnen nur kurz was erzählen.» Doch statt das zu erzählen, was er zu erzählen hatte, beschwerte er sich, dass ich ihn gerade angelogen hätte.

«Der Junge konnte nicht wissen, dass ich schon da bin», sagte mein Vater. Überrascht blickte ich mich um. «Ich bin heute früher von der Arbeit los», fuhr mein Vater fort, «Migräne. – Bekomme ich fast immer bei Tiefdruck. Ich habe mich im Schlafzimmer aufs Ohr gelegt, und das hat René wohl nicht bemerkt, als er nach Hause gekommen ist.»

Jetzt kniff mein Vater seinerseits leicht die Augen zusammen, wahrscheinlich um zu zeigen, dass die Migräne noch immer in seinem Schädel wütete.

Es sah so unecht aus, dass es weh tat.

Wir waren einer wie der andere ziemlich lausige Mimen.

«Wenn *Sie* das sagen, wird's stimmen.» Herr Kohlschmidt schien besänftigt.

Merke, dachte ich: Doppelt gelogen hält besser.

«Also schönen Feierabend», sagte mein Vater und streckte

unserem Nachbarn die Hand entgegen. Herr Kohlschmidt schlug herzhaft ein.

«Ach ja, weswegen ich eigentlich gekommen bin ...», unterbrach Herr Kohlschmidt die Verabschiedung und bedeutete mit einer Geste, dass er lieber ohne mich weitersprechen wollte. Es sah aus, als wische er einen unsichtbaren Krümel von einem ebenso unsichtbaren Tischtuch. Und zwar in meine Richtung.

«René!», sagte mein Vater.

Ich sagte «Tschüss» und verzog mich in mein Zimmer. Von dort hörte ich, wie mein Vater Herrn Kohlschmidt ins Wohnzimmer bat. Als ich nach einer Dreiviertelstunde Hunger bekam und in die Küche ging, um mir eine Teewurststulle zu schmieren, war Herr Kohlschmidt noch immer da. Ich hörte ihn laut lachen. Erst kurz vor neun machte er sich auf den Weg nach oben.

«Was war denn?»

«Nichts», sagte mein Vater. Auf dem Couchtisch stand eine Flasche *Napoléon* aus dem Intershop, daneben zwei Cognacschwenker.

«Gibt's was zu feiern?»

«Wer weiß das schon?» Mein Vater grinste und goss sich einen weiteren Schluck ein. Normalerweise trank er keinen Schnaps, er kam überhaupt nicht damit hinterher, den ganzen *Napoléon* zu vernichten, den ihm meine Oma zu jedem Feiertag schenkte. Weihnachten, Ostern, Geburtstag. Wir hatten mittlerweile ein richtiges Lager im Schrank unterm Abwaschtisch.

«Na, *du* weißt es vielleicht», sagte ich.

Mein Vater ließ sich in die Couch zurücksinken, schwenkte das Glas, nippte an dem Gesöff, schwenkte das

Glas eine weitere Runde und nippte wieder. Keine Ahnung, ob er die Spannung steigern wollte oder einfach vergessen hatte, mir zu antworten. Seine Augen waren jedenfalls ein bisschen glasig. Das ging vielleicht eine halbe Minute so, dann sagte ich: «Ich geh mal wieder rüber.»

«Zwei Männer haben sich nach mir erkundigt.»

«Hä?»

«Bei Herrn Kohlschmidt.»

«Was für Männer?»

«Polizei angeblich. Kripo. Aber Herr Kohlschmidt hat einen anderen Verdacht.»

«Und welchen?»

«MfS.»

«Staatssicherheit?»

«Ministerium für Staatssicherheit, du sagst es.»

«Was wollten die denn wissen?»

«Was für Besuch wir kriegen, ob es Auffälligkeiten gibt, et cetera.»

«Und was bedeutet das?»

«Tja», sagte mein Vater und nahm noch einen Schluck.

Ich fragte mich, ob er ein schlechtes Gewissen hatte. Wegen dem Westfernsehen. Oder weil wir uns vor Jahren heimlich mit seiner Westcousine getroffen hatten, was streng verboten war wegen seiner Arbeit. Oder wegen Dingen, von denen nicht mal ich etwas ahnte.

Also *wirklich* schlimme Sachen.

«Und was hat Herr Kohlschmidt denen erzählt?»

«Nichts Besonderes, sagt er. – Belanglosigkeiten.»

«Dann ist ja gut.»

«Willst du auch einen», fragte mein Vater und zeigte auf den *Napoléon*.

«Heut ausnahmsweise mal nicht», sagte ich und ging ins Bad, wo ich mich fragte, ob er das mit dem Schnaps ernst gemeint hatte.

«Gestern waren die Bullen bei uns», erzählte mir Mario am nächsten Tag auf dem Schulweg. «Zwei Zivile. So Typen mit Mantel und Schal. Und mit Hut, ohne Scheiß.»

«Echt jetzt?»

«Ja. Und mit Lederhandschuhen. – Und weißt du, warum?»

«Nee.»

«Wegen deinem Vater. – Ich soll's dir ausrichten, und zwar von meiner Mutter, und du sollst es ihm weitersagen.»

«Mach ich.»

Mario blieb stehen.

«Was ist denn?», fragte ich und blieb auch stehen.

«Hat dein Alter was ausgefressen oder was?»

«Keine Ahnung.»

«Du nimmst das aber ziemlich locker.»

«Und wenn schon.»

«Na ja, ist schließlich auch deine Sache.» Mario schien enttäuscht von meiner laschen Reaktion auf die Nachricht, die er für eine Sensation hielt.

«Eben», sagte ich, «aber trotzdem: danke für den Tipp.»

Auch bei Frau Wegener, die unter uns wohnte, war die Polizei gewesen, oder war es wirklich das MfS, und hatte sich nach unserem Alltagsleben erkundigt. Aber auch Frau Wegener hatte ihnen nichts erzählt, wie sie uns abends zwischen Tür und Angel gestand. Vermutlich eher, weil es wirklich nichts gab, was sie hätte ausplaudern können, als dass sie nicht gewillt gewesen wäre, Auskunft zu erteilen.

Unser einziges Vergehen, das Schwänzen der Arbeitseinsätze, überlegte ich später in der Nacht, kurz vor dem Einschlafen, glichen wir ja durch die gleichfalls geschwänzten Hausgemeinschaftsfeiern irgendwie wieder aus.

Keine Arbeit – kein Schnaps.

Was also war da los?

Einen Monat lang, bis Anfang März, lebten wir in Ungewissheit. Nichts passierte. Das heißt, es passierte nur der übliche langweilige Kleinkram. Wie es meinem Vater in der Zeit ging, wusste ich nicht, denn wir sprachen nicht über solche Dinge, die sich im Inneren abspielen, Gefühlswelt und so weiter. Ich jedenfalls begann, die Sache zu vergessen, nachdem Mario endlich aufhörte, über mögliche Straftaten meines Vaters zu spekulieren, sowohl kriminelle als auch politische. Und so wunderte es mich einigermaßen, als eines schönen Frühlingstages mein Vater lange vor Feierabend im Wohnzimmer saß und mit wichtiger Stimme verkündete, er werde mit einer Delegation in die Schweiz fahren, um über die Abrüstung von nuklearen Mittelstreckenraketen oder so was zu verhandeln.

Frieden!

Die Männer, die sich im Winter nach ihm erkundigt hatten, seien tatsächlich vom MfS gewesen. Ausgesandt, um seine Eignung als sozialistischer Reisekader zu überprüfen, dem in Kürze ein Diplomatenpass ausgehändigt werden würde.

Zur Feier des Tages wollte mich mein Vater ins bulgarische Spezialitätenrestaurant einladen, am Bassinplatz, wo es Grillplatten und Pommes frites gab.

Vorher jedoch musste ich Herrn Kohlschmidt noch eine

Flasche *Napoléon* aus unserer nie versiegenden *Napoléon*-Flaschen-Quelle hochbringen. Als Dank, weil er ja der Erste war, der damit angekommen war.

«Und warum muss ich das machen?»

«Weil gerade ein Tiefdruckgebiet aus Richtung Süden aufzieht», sagte mein Vater, grinste und drückte mir die Pulle für Herrn Kohlschmidt in die Hand.

Ich muss schon sagen: Er hatte sehr zufrieden gewirkt in jenem Moment.

Auf diese Art also war ich zu einer sturmfreien Bude für fast zwei Monate gekommen.

Und die fingen wann an?

Genau: *Jetzt!*

Und wisst ihr, was das Beste war?

DAS GANZE GELD

So viel davon hatte ich noch nie auf einem Haufen gesehen. Was heißt Haufen? In einem sauberen, exakt ausgerichteten Stapel lag es vor mir.

1000 Mark.

In Worten: eintausend.

Zehn blaue, nagelneue Hunderterscheine. Keine Knicke, keine Flecken. Vorne war Karl Marx drauf, hinten der Palast der Republik. Die Scheine hatten in einem Briefumschlag gesteckt, auf den mein Vater mit seiner zackigen Handschrift *René* geschrieben hatte. Auf dem Couchtisch lag neben dem Umschlag außerdem ein Päckchen von der Größe einer Schuhschachtel. Das Päckchen war in zerknittertes Weihnachtspapier aus dem letzten Jahr gewickelt, und es enthielt mein Geburtstagsgeschenk.

Ich nahm den Stapel und hielt ihn mir unter die Nase. Dieses Geld roch, wie nur eine Sache auf der Welt riecht: frisches Geld. Anders als manches neue Buch aus der Volksbuchhandlung stank es tatsächlich nicht. Genau, wie man es ihm nachsagte.

Und man sagte ihm ja auch noch anderes nach.

Dass es den Charakter verderben würde.

Oder die Welt regiere.

Ich drehte das Bündel vorsichtig zu einer Rolle. Ich ließ die Kanten der Scheine an meiner Daumenkuppe abblättern. Dann zog ich einen Schein aus dem Bündel heraus und steckte ihn mir in die Hosentasche, den Rest packte ich in den Umschlag zurück.

Tausend Mark waren eine Menge Kohle. Fast so viel, wie mein Vater in einem Monat verdiente. Ich nahm an, er wollte mit diesem Riesenbatzen ein bisschen sein schlechtes Gewissen kompensieren. Immerhin ließ er mich ganze sieben Wochen alleine. Keine Ahnung, ob es nicht ein Gesetz gab, das dergleichen verbot. Vernachlässigung von Kindern oder so was in der Art. Denn pro forma war ich noch für zwei Jahre und einen Tag Kind. Nur mal fürs Protokoll.

Klar, er hatte versucht, mich zu meinen Großeltern abzuschieben, in den Harz. Aber: Hey, ich war keine zwölf mehr, wo mich die Aussicht darauf gefreut hätte. Von wegen jeden Tag Wunschessen und Fernsehen bis zum Gehtnichtmehr, und zwar auf allen vier Sendern. *Detektiv Rockford*, *Straßen von San Francisco* und dieser Kram. Doch was sollte ich heutzutage zwei Monate lang in diesem elenden Kaff anstellen?

Die Berge anstarren?

Mich von den Hinterwäldlern vollquatschen lassen?

Sehnsuchtsvoll den Zügen Richtung Zivilisation nachwinken?

Es hatte ein paar Diskussionen darüber gegeben, aber weil mein Vater nicht gerne diskutierte und ich auch nicht, jedenfalls nicht mit ihm, hatten wir uns schnell darauf geeinigt, dass ich die Hälfte der Zeit allein in Potsdam bleiben durfte und für den Rest der Ferien zu meinen Großeltern fuhr.

Ich schaltete den Fernseher ein, aber es lief noch nichts, weshalb ich ihn wieder ausmachte. Dann nahm ich das

Päckchen mit dem Geburtstagsgeschenk hoch. Es war verdächtig leicht, so als enthielte es rein gar nichts. Als ich es schüttelte, raschelte es leise in seinem Inneren. Eher so ein kaum wahrnehmbares Schaben. Der Wohnzimmerchronometer zeigte halb elf. In dreizehneinhalb Stunden fing mein Geburtstag an. Aber so lieblos, wie das Geschenk verpackt war, wollte ich es, ehrlich gesagt, so schnell wie möglich aus den Augen kriegen. Mit einem Ruck riss ich das gebrauchte Papier mit den winkenden Schneemännern ab. Darunter kam tatsächlich ein Schuhkarton zum Vorschein. Immerhin einer von Salamander aus dem Exquisit. Kackbraune Treter waren da mal drin gewesen, die sich mein Vater mit Hilfe seiner Sekretärin gekauft hatte. Wenn er die mit seinem nagelneuen Trenchcoat kombinierte, dachte ich, erinnerte das ein bisschen an Vanillepudding mit Schokoladensoße.

Ich schüttelte noch mal. Aber das Geräusch klang auch ohne das dämpfende Geschenkpapier nicht vielversprechender. Ich nahm den Deckel ab und sah hinein. Meine niedrigen Erwartungen wurden keinesfalls enttäuscht. Auf dem Kartonboden lag ein Briefumschlag, auf den mein Vater mit seiner zackigen Handschrift mal wieder *René* geschrieben hatte. Dieser Umschlag glich jenem, den ich vorhin geöffnet hatte, nur dass er dünner war. Zwillinge quasi, und in ihm steckten, haltet euch fest, zwei weitere Hundertmarkscheine, über die ich mich sonst wahnsinnig gefreut hätte. Aber so war das nun mal: Wenn man schon unglaublich viel Geld besaß, dann machten zwanzig Prozent mehr den Braten auch nicht fetter.

Ich will trotzdem nicht meckern.

Neben den Scheinen steckte eine Osterkarte im Umschlag. So aufgeplatzte, fleischige Weidenkätzchen an Weidenkätzchen-Stöcken mit entsprechendem Behang: Eier, Hühner, Hasen, alle bester Laune. Auf der Rückseite der Karte stand:

«LIEBER RENÉ,
ALLES GUTE ZU DEINEM 16. GEBURTSTAG, GESUNDHEIT
UND SCHAFFENSKRAFT WÜNSCHT DIR
DEIN VATER.»

Schaffenskraft, oh ja.
Die brauchte ich natürlich besonders dringend.
Herzlichen Dank!
Ich steckte die zweihundert Mark zu den anderen hundert in die Hosentasche. Das Weihnachtspapier knüllte ich so fest zusammen, dass es unmöglich noch ein drittes Mal benutzt werden konnte. Dann stopfte ich es mit der Osterkarte in den Schuhkarton und setzte den Deckel drauf.
Ich sah auf die Uhr.
Noch war mein Vater nicht außer Landes. Seine Maschine ging erst um halb eins. Noch konnte alles rückgängig gemacht werden. Was, wenn er seinen Pass vergessen hatte? Dann stand er in drei Stunden wieder auf der Matte. Musste ich dann die tausend Mark wieder rausrücken? Erst, wenn er mich aus der Schweiz anrief, so wie wir es abgemacht hatten, konnte ich aufatmen und mich in der Wohnung breitmachen. Vorerst nahm ich nur den Umschlag mit dem Geld, ging in mein Zimmer und legte ihn in die oberste Schublade meines Schreibtisches.
Musste ja nicht jeder wissen, wie viel Kohle ich im Moment besaß. Michael oder Dirk oder Mario, wenn sie

einfach so hereinplatzten und dann den aufgeblähten Umschlag rumliegen sahen.

Bloß keine schlafenden Hunde wecken, war meine Devise.

Wo ich schon mal in meinem Zimmer war, machte ich ein bisschen Musik an. Und weil heute die Ferien anfingen und Frau Wegener von unten schon zur Arbeit war, genauso wie Frau Hermann, Marios Mutter, von eins drüber, ausnahmsweise ein wenig lauter:

I'd like to drop my trousers to the world
I am a man of means (of slender means)
Each household appliance
Is like a new science in my town

Meine Oma hatte mir vor zirka zwei Jahren einen Doppelkassetten-Recorder aus dem Intershop geschenkt. Ein Eins-a-Teil. Dauernd hockte seitdem jemand bei mir in der Bude, um sich was zu überspielen. *Siouxsie and the Banshees* und diesen Kram. Wenn man so ein Ding besaß, machte einen das nicht gerade unbeliebter.

Ich hatte den Recorder mitten im Jahr bekommen, einfach so. Kein Geburtstag in Sicht, wie heute, kein Weihnachten, nichts. Na gut, das stimmte nicht ganz. Drei Wochen vorher war durchaus was passiert. Ich wollte es ja eigentlich gar nicht erwähnen, weil ich kein Mitleid gebrauchen kann.

Mitleid nämlich ist so nützlich wie ein Wasserkopf.

Aber ich fürchte, ich hab's vorhin sowieso schon getan, das mit dem Erzählen dieser Sache, aus Versehen. Also, was soll's: Drei Wochen bevor ich den Recorder kriegte, war nämlich meine Mutter gestorben.

Das muss reichen an Information. Frage mich bloß keiner, wie oder woran oder warum. Das kann ich partout nicht ausstehen, da werde ich richtiggehend sauer.

Ich war zwar erst vierzehn damals, aber dämlich war ich nicht. Völlig klar, dass der Recorder mich von dieser Todessache ablenken sollte. Und vielleicht hatte sich meine Oma gedacht: doppelter Recorder gleich doppelte Ablenkung. Ihr Plan ging gewissermaßen sogar auf. Ich war zwei Wochen lang so sehr damit beschäftigt, die Gebrauchsanweisung zu studieren und mich in die ganzen Funktionen einzufuchsen, dass ich meistens total vergaß zu heulen. Das war ja schon gar keine Gebrauchsanweisung mehr wie bei den Geräten aus unserer Produktion, das war ein richtiges Buch.

Man konnte zum Beispiel von einem Kassettenteil auf das andere in doppelter Geschwindigkeit überspielen. Oder hinter jedem Lied eine kleine Pause lassen, um komfortabler zu spulen. Die Play-Taste blieb bei diesem Schnellspulen eingerastet, und wenn dann diese stummen drei Sekunden kamen, sprang der Rückspulknopf automatisch raus, und das Lied wurde wiederholt. Und vorwärts ging's genauso. Nur eben andersrum.

Es ließen sich mit dem neuen Recorder sogar eigene Mixe erstellen. Man suchte sich auf Kassettenteil A einfach eine coole Passage raus, sagen wir, das Maschinengewehr-Schlagzeug aus *Blue Monday*, ihr wisst schon, da, wo es erst so ein kurzes Stuka-Geräusch gibt, und danach geht es: drrrrrrrttt – bam bam bam bam – peng, und wenn man den Anfang der Passage hatte, drückte man auf Pause. Kam jetzt auf Teil B eine passende Stelle, sagen wir mal, dieses andere Stuka-Geräusch in der *Tainted Love*-Maxi-Single, wo *Tainted Love* allmählich in *Where did our Love go* übergeht, drückte man noch mal auf Pause, und schon ratterte das *New Order*-MG über das *Soft Cell*-Lied drüber weg. Das machte ziemlichen Spaß, aber es dauerte ewig, bis man den Dreh raushatte und es einigermaßen synchron hinbekam.

Was ich sagen will: Das war alles kostbare Zeit, die dann fehlte, um an die Toten zu denken.

(Mein Gerät stammt übrigens von *Sharp*. Nur falls ihr mal in die Verlegenheit kommt, euch im Intershop zwischen verschiedenen Doppelkassetten-Recorder-Modellen entscheiden zu müssen. Was ich inständig für jeden Einzelnen von euch nur hoffen kann.)

Ein Jahr nachdem meine Mutter unter die Erde gekommen war, wurde ich also fünfzehn und hatte mich an den Gedanken gewöhnt, den Rest meines Lebens alleine mit meinem Vater verbringen zu müssen.

Der Doppelkassetten-Recorder und das allgemeine Mitleid mit meinem schweren Schicksal, obwohl es total sinnlos im Allgemeinen war, und auch die Tatsache, dass ich nie in der Öffentlichkeit rumflennte, brachten mir einiges an Ansehen ein.

Bei meinen Kumpels sowieso, aber plötzlich auch bei ein paar Mädchen aus meiner Klasse. Und zwar bei ein paar von den guten Mädchen: Susanne, Daniela und Kathrin.

Bei solchen, die ihre Freizeit nur mit älteren Jungs verbrachten, sprich: mit solchen aus der zehnten. Manchmal sogar mit welchen, die schon in der Lehre waren und Sonnabendmittag auf ihren Mopeds vor dem Schultor auf ihre jüngeren Freundinnen warteten, mit Zigarette in der Hand.

Ich meine genau die Mädchen, die schon ein bisschen weiterentwickelt waren als die anderen, also vom Weiblichen her betrachtet, sekundäre Attribute und so, und die ihre Klamotten nicht aus der Jugendmode bezogen. Und die außerdem nicht mit ihren Müttern zum selben Friseur gingen, um sich dieselbe Frisur auf die Rübe basteln zu lassen: Fransen und Dauerwelle und alles. Die Mädchen, kurz gesagt, die gut aussahen, aber leider schlecht waren in Russisch.

Und in Mathematik.

Genauso wie in Sport.

Wobei Susanne und die anderen nicht anfingen, mir Liebesbriefe zu schreiben, nachdem sie spitzgekriegt hatten, was mit meiner Mutter passiert war. Das dann leider doch nicht.

Aber sie redeten jetzt plötzlich mit mir. Und zwar nicht mehr wie mit den anderen Jungs aus der Klasse, von ziemlich weit oben herab, als wären die Jungs geistig ein bisschen zurückgeblieben. Fast in dem Ton, in dem Eltern bekanntermaßen mit ihren kleinen Kindern redeten: halb, um sie zu verspotten, halb, um sie zu erziehen.

Sondern sie sprachen auf einmal mit ernsthafter Stimme zu mir, ein bisschen wie zu ihresgleichen, wenn sie in der Hofpause an unseren Kreis herantraten, wo die Üblichen beisammenstanden: Michael, Dirk und ich.

Und plötzlich alle Herzflattern kriegten.

Und andere komische Sachen.

Die man mühsam kaschieren musste, wenn Susanne ganz nah an einen rankam und über den Arm strich und fragte, wie es einem gehe und ob man etwas brauche und ob man die *Kiss*-Kassette von ihrem Freund auf dem Doppelkassetten-Recorder vervielfältigen könne, dreimal.

Nein, besser noch vier.

Und Susannes blonde Haare kitzelten einen dabei an der Wange und rochen unbeschreiblich gut, und man hätte gern an was anderes gedacht als an das ewige Kaschieren.

Ihr müsst wissen, dass wir damals, in der achten Klasse, noch keine schwarzen Klamotten trugen, keine Anzüge und nichts. Wir sahen aus wie die letzten Eimer, karierte Hemden, Konsumjeans, Turnschuhe und so. Aber die guten Mädchen aus der Klasse sprachen plötzlich mit mir, als sei ich mein eigenes Abbild aus der Zukunft von zwei Jahren.

Wenn wir endlich auch lässig geworden waren.

Das heißt: geworden sein würden.

Futur 2.

Quasi wie eine Schwester zum Bruder spricht, redete Susanne mit mir. Und eines weiß ich: Das war nicht das Schlechteste, wenn man ein einzelnes Kind war wie ich und obendrein die Mutter nicht mehr unter den Lebendigen wandelte.

Ich drückte jetzt zum vierten Mal den Schnellrücklauf und drehte die Lautstärke hoch:

And when I'm lying in my bed
I think about life
And I think about death

Als das Lied zu Ende war, ließ ich die Kassette einfach weiterlaufen und ging in die Küche rüber, um meinen Proviant zu inspizieren. Ein bisschen kam ich mir dabei vor wie Robinson Crusoe, keine Ahnung, warum.

Einsame Wohnung vermutlich oder so.

Während ich die H-Milch-Tüten im Vorratsschrank

zählte, die Apfelsaft- und Brause- und Cola-Flaschen, die mein Vater hier wochenlang angeschleppt hatte, die Fischsoljankakonserven und die Schmelzkäseecken, dachte ich: Das war sie ja im Prinzip schon gewesen, meine ganze Geschichte:

Vater in der Schweiz,
Mutter tot,
Doppelkassetten-Recorder aus dem Shop.

Kein Wunder, dass einen dann die Melancholie anfiel wie ein blutrünstiger Schwarm Moskitos, und ich wollte schon Bleistiftstummel und Notizheft zücken, als es an der Wohnungstür klingelte.
Und zwar Sturm.

CABARET VOLTAIRE

«Du machst 'ne ganz schöne Welle hier unten, Alter.» Mario stand vor der Tür, Zeigefinger demonstrativ in die Ohren gestopft, und schrie gegen die Musik an, die aus meinem Zimmer drang und jetzt volles Rohr in den Hausflur schepperte, *Calamity Crush, Foetus Art Terrorism*.

Irgendetwas war mit Marios Gesicht los.

Irgendwas stimmte da nicht.

«Mann, René, wegen dir fliegt mir da oben die Birne weg. Denk doch mal an die Schichtarbeiter. – Die schlafen am Tag.»

«Hier gibt's keine Schichtarbeiter im Aufgang. Und alle anderen Werktätigen sind längst aus dem Haus und gehen ihrem Tagwerk nach», sagte ich.

«Werktätige, die ihrem Tagwerk nachgehen?»

«Was denn sonst? Genau das ist schließlich deren Berufung.»

«Lässt du mich vielleicht mal rein?»

«Klar», sagte ich und trat einen Schritt zur Seite. «Aber nur wenn du mir sagst, was mit deinem Gesicht los ist.»

«Ich hab nämlich gerade dieses Buch angefangen», sagte Mario. «Aber bei dem Krach kann sich kein Schwein konzentrieren.»

«Was denn für ein Buch?»

«*Das Ekel.*»

«Der!»

«Was?»

«*Der* Ekel, Herrgott, nicht *das* Ekel. – Wenigstens den Titel solltest du auswendig lernen, wenn du hier schon ankommst, um mit deiner Lektüre anzugeben.»

«Jetzt mach doch endlich die Musik leiser!»

«Okay», schrie ich, ging in mein Zimmer und drehte die Lautstärke runter.

«Wo hast du das denn her?» Mario folgte mir in mein Zimmer und fläzte sich auf meine Mehrzweckliege. Er meinte *Calamity Crush*.

Was heißt Mehrzweckliege?

Das Ding, meine Schlafstatt, war im Prinzip ein Bett mit Bettkasten, das man tagsüber zu einer Couch zusammenschieben konnte. Mit eingebauten Regalen und verschiebbaren Rückenpolstern von einem traumhaften Kotzgrün. Und auf diesem Ding lag jetzt Mario, ohne seine dreckigen Schuhe ausgezogen zu haben.

«Von Burghardt Rausch», sagte ich und guckte ihn missbilligend an, «letzte Woche aufgenommen. Nennt sich *Industrial,* die Musikrichtung. – Kennst du *Cabaret Voltaire*?»

Ich wusste, dass er meinen bösen Blick wegen seiner Schuhe auf meiner Liege sowieso nicht interpretieren konnte. Da war er einfach nicht der Typ für. Keine Antennen für Subtiles.

«Klar, kenn ich die. – Dieses Video, das neulich in *Formel Eins* kam, wo der Sänger in so 'nem Nazi-Ledermantel rumrennnt, Haare nach hinten gekämmt und alles.»

«Ganz genau», sagte ich, «und *Cabaret Voltaire* sind so was wie die Ahnen des Industrial. – Wenn du willst, sogar ein Vorgänger von *Front 242*.»

«Cool: *Front 242. – There is no shuffle*», sagte Mario.

«Weißt du, wonach die sich benannt haben?»

«Keine Ahnung. – Nach Voltaire vielleicht?», versuchte es Mario vorsichtig.

«Und der Vorname von diesem Voltaire war Cabaret, oder was?»

«Erzähl's doch einfach, statt dich hier aufzublasen», blaffte Mario mich an. Und war sofort so verärgert, dass er sich aufrecht hinsetzte, was den schönen Nebeneffekt hatte, meine praktische Mehrzweckliege von seinen Schuhen zu befreien.

«Die heißen nach einem Nachtclub in Zürich, wo sich die Dadaisten damals getroffen haben. Das war so 'ne Stilrichtung in der Literatur. – Und in der Malerei.»

Aber weil ich Marios leeren Blick sah und mir langsam selber wie ein Klugscheißer vorkam, führte ich die Sache mit dem Dadaismus jetzt nicht weiter aus.

«Nach was hat sich eigentlich *Front 242* benannt?», fragte er nun.

«Was weiß denn ich?»

«Ist ja auch egal. Kommst du mit zur Kaufhalle, René?»

«Eigentlich nicht.»

War ja wirklich nicht mein Stil, stundenlang vor der Kaufhalle rumzuhängen, wenngleich vor unserer Kaufhalle immerhin Bänke standen, auf denen man das bequem und fast zivilisiert erledigen konnte. Anders als vor ein paar anderen Kaufhallen, die ich kannte, in anderen Wohngebieten unserer Stadt, wo man auf rostigen Fahrradständern hocken musste, die schlenkernden Einkaufsbeutel der Kunden auf Augenhöhe, und der geriffelte, rostige Stahl prägte einem dicke, geriffelte Striemen in den Hintern.

Unsere Kaufhalle dagegen, hier *Am Stern*, war Teil einer kleinen Fußgängerzone am Johannes-Kepler-Platz, was man sich ein bisschen wie das Zentrum unseres Neubaugebietes vorstellen muss. Es gab hier eine Buchhandlung, eine Apotheke, eine chemische Reinigung, eine Mehrzweckgaststätte, eine Drogerie, einen Springbrunnen und noch andere nützliche Gebrauchsgegenstände und Gebäude. Außerdem lagen ein paar Blumenrabatten fürs Auge rum, und dürre Bäume, die mit dicken Lederbändern an Holzkrücken festgebunden waren, reckten ihre dürren Äste in den Himmel über unseren Köpfen. Es war fast ein bisschen hübsch hier am Keplerplatz, wenn man sich erst mal daran gewöhnt hatte.

Ihr müsst euch vorstellen: Das Wohngebiet war wie eine eigene kleine Stadt in der größeren, zu der es gehörte: Potsdam.

Nur wenn man woanders arbeitete oder mal ins Kino wollte, hätte man es verlassen müssen. Vielleicht noch, um sich begraben zu lassen, denn ein Friedhof war neben einem richtigen Kino so ziemlich das Einzige, was hier fehlte.

«Was machst du eigentlich in den Ferien?», fragte Mario, als wir einige Zeit später auf den Bänken gegenüber der Kaufhalle saßen. Wie gesagt: war normalerweise nicht mein Stil, andererseits wollte ich kein Dogmatiker sein.

Ich hatte zweihundert Mark in der Hosentasche, und es war der erste Ferientag.

Also was sollte es.

Blauer Himmel hing in der Luft, Sonne schien und alles. Laue Brise ging, und die Fontäne des Springbrunnens plätscherte leise durch den frühen Nachmittag. Wir hatten uns jeder eine Flasche Cola aus der Kaufhalle geholt und zwei Schrippen, um Mittagspause zu machen.

«Keine Pläne. – Und selber?»

«Auch nicht», sagte Mario.

«Korrigier mich, aber du bist doch erst vierzehn. Du hättest noch ein letztes Mal ins Ferienlager gekonnt.»

«Haha.»

«War doch immer schön.»

«Ja, schon klar.»

«Du wärst jetzt da der Chef. – Alle kleinen Mädchen würden dich umschwärmen.»

«Hier in der Stadt umschwärmen mich auch die großen», sagte Mario trocken, grinste und hob die Colaflasche an die Lippen.

Ich antwortete nichts, denn ich muss sagen: Er hatte leider recht. Mario war vielleicht nicht der hellste Stern am Firmament, er las nicht gerne, und in seinem Zeugnis von letzter Woche hatten sogar zwei Vieren geprangt. Aber er war erst vierzehneinhalb und schon einen ganzen Kopf größer als ich. Nie bekam er Probleme in der Kaufhalle, wenn er mal eine Schachtel Zigaretten kaufte. Ich dagegen sollte jedes zweite Mal meinen Personalausweis vorzeigen, weil ich, was sich erst morgen ändern würde, noch keine sechzehn war. Und ich musste dann immer so tun, als hätte mir eine plötzliche Eingebung an der Kasse die Sinnlosigkeit des Rauchens eröffnet.

Mario besaß, das versteht sich von selbst, kein einziges Segelohr, und wenn er sich nicht rasierte, wuchs ihm schon ein dichter schwarzer Bart.

Dann sah er aus wie achtzehn.

Auffälliger aber noch waren sein dunkler Teint, seine

schwarzen, glänzenden Haare und die schrägen, etwas schmalen Augen, die seinem Blick etwas Schläfriges gaben. Alle drei Sachen hatte er von seinem Vater geerbt, der kurz nach Marios Geburt in den Libanon zurückgekehrt war, aus dem er einstmals angereist war, um an einer hiesigen Fachschule die Geheimnisse der Ingenieurswissenschaften zu ergründen.

Mario war von einem Aussehen, das meine Oma exotisch genannt hätte. Und genau das war ja das Schlimme, das heißt, aus Marios Sicht war es natürlich das Gute: Er hatte, Leseschwäche hin, Schulversagen her, einen mächtigen Schlag bei den Mädchen.

«Jetzt *weiß* ich endlich, was es ist», sagte ich, «du hast dir die Augen geschminkt.»

«Nur nachgezeichnet. – Mit Kajal», sagte Mario und zog einen schwarzen Stift mit Kappe aus der Hosentasche, als sei es das Natürlichste auf der Welt.

Ich meine, das mit den Klunkern war ja schon extrem gewesen, aber sich so richtig schminken? War *das* die wahre Dekadenz? Unsereiner schleppte einen Bleistiftstummel mit sich rum und er einen Kajalstift?

«Guck mich mal an!», sagte ich. Mario drehte den Kopf in meine Richtung und starrte mir für ein paar Sekunden in die Augen, ohne zu blinzeln. «Was sagt denn deine Mutter dazu?»

«Wird sich zeigen, wenn sie mich damit erwischt hat.»

«Ich weiß ja nicht.»

«Die sind doch alle geschminkt, Boy George, *Fad Gadget*, Adam Ant.»

«Du bist aber nicht Adam Ant.»

«Kann ja sein, Connie jedenfalls findet es gut.»

«Connie? – Wer ist denn jetzt schon wieder Connie?»

Das war nämlich das Allerschlimmste: Während ich nicht mal wusste, wie das Mädchen ohne Namen hieß oder wo genau im Wohngebiet es lebte, damit ich wenigstens ab und zu an seinem Block vorbeispazieren konnte, schleppte Mario alle zwei Wochen eine neue Freundin an. Er musste nichts machen dafür, wirklich gar nichts, außer irgendwohin zu gehen, und schon hatte er eine am Hals kleben. Anfangs hatte ich ja gehofft, dass auch für mich mal die eine oder andere abfallen würde, nicht gleich alle zwei Wochen, aber vielleicht einmal im Quartal oder so, Mädchen hatten ja meist Freundinnen dabei.

Aber: nichts!

Hoffnung ist ein stumpfes Schwert, wie Roger Whittaker schon wusste, ein Schlagersänger, den ihr nicht kennen müsst und den ich auch nur wegen meiner Oma kenne, die beim Abwaschen seine Lieder mitsummt, wenn sie im Radio laufen.

«Wir sind erst mal nur zur Probe zusammen», sagte Mario.

«Seit wann?»

«Seit Sonnabend, da war Disco im *Spartakus*.»

«Die ist doch ab achtzehn.»

«Weiß ich selber», sagte Mario, «aber guck mich an.» Er hob das Kinn und streckte den Oberkörper durch. «Deinen Freund Dirk hab ich auch getroffen.»

«Kommt Dirk da auch rein?»

«Klar: Der ist fast zwei Meter groß, der kommt da locker rein. – Und soll ich dir noch was sagen?»

«Wenn's nicht anders geht.»

«Er war mit jemandem da.»

«Mit einem Mädchen?»

«Ja, sie war zwar nicht so mein Typ, aber das ist ja nicht mein Bier.»

«Was soll das heißen? Nicht dein Typ?»

«Zu intellektuell für meinen Geschmack.»

«Du kennst ja Wörter!»

«Kannste mal sehen.»

«Und Michael?»

«Der war nicht da.»

Na, wenigstens etwas, dachte ich, aber ich merkte ganz genau, wie meine gute Laune sich langsam zu verkrümeln begann. Eine Weile stopften wir wortlos die trockenen Schrippen in uns rein und spülten mit Cola nach.

«Ich werd dich vermissen, Alter», sagte Mario, nachdem er den letzten Bissen runtergeschluckt hatte.

«Jetzt fang nicht auch noch damit an.»

«Wirklich», beteuerte er und sah mich aus seinen weit aufgerissenen Mädchentöteraugen an, die durch den Kajal noch dunkler wirkten als sonst, noch orientalischer oder wie das meine Oma genannt hätte. Und ich muss sagen, die Masche funktionierte in diesem Moment sogar bei jemandem wie mir, der das Ganze im Prinzip doch durchschaute.

«Ich bin ja nicht für immer weg», sagte ich und klopfte Mario auf die Schulter. «Ich glaube, jedes dritte oder vierte Wochenende darf ich nach Hause.»

«Alter, das sind unsere letzten Sommerferien.»

Seine Traurigkeit wirkte jetzt richtig echt.

So, als würden unsere vergangenen gemeinsamen Sommerferien gerade an ihm vorbeiziehen, wie an einem halb Toten, der im Sterben lag, sein Leben noch mal vorbeirollte.

Wie wir im Ferienlager gewesen waren zum Beispiel und

uns rausgeschlichen hatten, um am Bach hinterm Haus das allererste Mal zu rauchen. Wie wir mit den Freundinnen, die wir dort kennengelernt hatte, den ganzen August über in die Stadt gefahren waren, zum Eisessen, zum Schaufensterbummel und ins Kino. Wie wir mit denselben Freundinnen Abend für Abend stundenlang auf dem Spielplatz gesessen hatten, nur ein Jahr bevor wir die Disco entdeckten, wie die Dämmerung hereinbrach und es kühler wurde und die Mädchen Gänsehaut bekamen, Claudia und Anette, und wie sie sagten, als es schließlich richtig dunkel geworden war, gegen zehn, sie würden nur mal kurz hochgehen, um sich ihre Jacken zu holen. Und wie groß die Angst war, dass sie uns frierend alleine zurückließen, und wie unendlich die Freude, als sie eine Viertelstunde später doch wieder auftauchten und sogar blieben bis halb zwölf. Und dass die einzige Belohnung für das stundenlange Ausharren eine kalte Mädchenhand in der eigenen gewesen war und ein Wangenkuss zum Abschied.

«Quatsch», sagte ich, «und wenn schon, das Leben geht weiter. Außerdem: Dirk und Michael bleiben ja da.»

«Das ist was anderes», sagte Mario.

Meine Laune war jetzt ungefähr im Erdgeschoss angelangt. Und ich wusste ganz genau: Ein falsches Wort, und sie schlug im Keller auf. Denn Mario hatte recht: Das war der Sommer, nach dem sich unsere Wege trennen würden. Vielleicht für immer. Ich würde sie alle verlieren: Mario, Dirk, Michael. Und ganz besonders, auch wenn es vielleicht ein bisschen komisch klingt, das Mädchen, dessen Namen ich noch nicht mal kannte.

«Was ist denn mit Dirk und Michael anders?», fragte ich.

«Du weißt doch: Wir kennen uns so lange, wir sind

schon fast so was wie Brüder. – Seit damals im Prinzip, als der Westlaster umgekippt ist auf der Autobahn. – Weißt du noch?»

«Klar», sagte ich, «wie könnte ich das vergessen, wenn du immer wieder davon anfängst. – So wie jetzt gerade ja auch.»

«Stimmt», sagte Mario.

Wir meinten beide jenen sagenhaften Tag in unserer Kindheit, an dem es uns gepackt hatte, ein riesiges ...

JAGDFIEBER

Links und rechts der Autobahnbrücke befanden sich Kiefernwälder, in denen uns der Förster beigebracht hatte, Tierspuren zu lesen, wo wir Pflanzen gesammelt hatten, die wir zu Hause zwischen Löschpapier pressten und später mit schmalgeschnittenen Klebebandstreifen auf dem guten, holzfreien Zeichenblockpapier fixierten und beschrifteten:
Datum,
Fundort,
lateinischer Name.
Im Winter waren wir hier mit der Klasse durch den Schnee gestapft, flüsternd, jedes überflüssige Wort vermeidend, um das Wild nicht zu erschrecken, Rucksäcke voller Eicheln und Kastanien aufgeschnallt und einen Schlitten ziehend, der beladen war mit einer Zinkwanne schrumpliger Mohrrüben und einem Ballen Heu. All das luden wir an einer Futterkrippe ab, bevor wir uns an die nächste Jagengrenze zurückzogen, in die Hocke gingen und unsere Stullenpakete auspackten und die Trinkflaschen, deren Deckel man gleichzeitig als Becher benutzen konnte, mit heißer, stark gezuckerter Zitrone. Kauend sahen wir abwechselnd durchs Fernglas des Försters, dem die junge Klassenlehrerin in unserer Namen Fragen stellte. Eine Stunde später schlichen wir enttäuscht und frierend zurück, genauso leise, wie wir gekommen waren, insgeheim aber die Undankbarkeit von

Wildschwein, Hirsch und Reh verfluchend. Kein einziges Waldtier hatte sich gezeigt.

Seit nahe unserer Brücke ein Laster umgekippt war, einer von drüben, mochten wir den Wald noch lieber. Natürlich war es Kai-Uwe gewesen, der Älteste aus unserem Block, schon zweimal sitzengeblieben, der die Neuigkeit als Erster zu berichten gewusst hatte. Eine Plane habe sich gelöst, Paletten seien herausgefallen, und der Fahrtwind habe große Teile der Ladung verstreut, berichtete er uns atemlos auf dem Spielplatz. Und dass er jetzt Beutel und Taschen von oben holen würde, um so viel wie möglich von der herrenlosen Westware einzusacken und sie später im Wohngebiet weiterzuverkaufen.

Was es denn eigentlich sei, was dort aus dem Laster gefallen wäre, fragte einer der Jungen.

«Weiß ick doch auch nich, Mann», schrie ihn Kai-Uwe im Jagdrausch an. «Aber auf alle Fälle was Französischet! Aus *Frankreich*, verstehste? Ditt is auch Westen, du Holzkopp.»

«Mensch, Kai-Uwe, in echt?»

Und wenn wir uns beeilten, würden auch für uns noch ein paar Scheiben vom Braten abfallen. Aber wir müssten uns wirklich sputen, denn sein großer Bruder habe gesagt, dass die Typen aus der Gluckstraße, ein Haufen Kinder und deren große Brüder, auch schon Lunte gerochen hätten. Und wir wüssten ja selber, dass das Gluckstraßen-Wohngebiet viel näher an der Autobahn liege als unseres. Und weil es außerdem älter sei, würden die sich vielleicht einbilden, das Vorrecht zu haben auf die Beute.

«Oh Mann, diese Blödmänner von der Gluckstraße», stöhnte einer der Jungen.

«Quatsch nich, du Piepel! In fünf Minuten anner Teppichstange», schrie Kai-Uwe und rannte zu seinem Aufgang, und jeder, der seine Botschaft vernommen hatte, rannte gleichfalls los, und noch während wir die Treppen hochhasteten, Mario keuchend neben mir, fummelten wir uns die Schlüsselbänder von den Hälsen. Wir schnappten uns Rucksäcke und Einkaufsbeutel, stürzten die Aufgänge wieder runter und rissen unsere Räder aus den Ständern neben den Haustüren.

Wir waren vielleicht zehn Kinder, keine Mädchen ausnahmsweise. Aber wenn es hart auf hart käme, schwor uns Kai-Uwe ein, hätten wir paar Hanseln sowieso keine Chance gegen die ganzen Typen aus der Gluckstraße. Außerdem hätten die mehr Hochhäuser als wie wir mit unseren mickrigen beiden.

«Ey, wir haben aber drei.»

«Ey, wir haben sogar vier.»

«Nee, drei.»

«Und wir kriegen ja noch viel mehr dazu.»

«Avanti!», schrie Kai-Uwe, und unsere Plündererkarawane setzte sich mit knatternden Bierdeckeln in den Speichen, unter den wehenden Fahnen und Lumpenwimpeln unseres Neubaugebietes, in Bewegung und gewann schnell an Fahrt. Wir traten, wir keuchten, wir fuhren, wie auf eine Schnur gezogen, diszipliniert in Reihe, einer im Windschatten des anderen. Wir verließen den Asphalt und bogen auf den weichen Waldweg ein, wir traten heftiger, rollten über Wurzeln, sprangen mit hochgerissenen Lenkern über flache Senken. Wir keuchten, und wir versuchten zu spucken, ohne dass es der Hintermann abkriegte.

«Alle Mann halt!», brüllte Kai-Uwe in voller Fahrt, und

wir stiegen so plötzlich wie fest in den Rücktritt, dass es uns die Hinterräder wegriss und sich Schleuderkurven in den Waldweg frästen. Wir richteten uns wieder auf. Dann nahmen wir die Räder zwischen die Knie und schauten still, fast ehrfurchtsvoll in die Richtung, die uns Kai-Uwes Zeigefinger wies. Sehr deutlich konnte man es leuchten sehen, in einem Orange, das es bei uns so nicht gab, grell, wie von innen glänzend, wie von sich aus Signal. Es war, als hätte man unsere Version dieser Farbe in ein Desinfektionsbad gelegt, als wären unsere Kubaapfelsinen sandgestrahlt worden. Wir wischten uns mit den Ärmeln den Schweiß von der Stirn.

Es gab Dutzende davon, nein, viel mehr: Hunderte, vielleicht waren es sogar tausend, und sie lagen einfach so auf unserem dreckigen Waldboden herum, wie Orchideen. Es war genau so, wie Kai-Uwe gesagt hatte: Man musste sich nur noch bücken und sie einsammeln, und außerdem war kein einziger dieser Gluckstraßen-Typen weit und breit zu sehen, um sie uns abspenstig zu machen.

«Los, Männer, schnappt euch die Beute!», schrie Kai-Uwe, und wir ließen die Räder fallen und stürmten unter Indianergeheul ins Unterholz voran. Wir sammelten, wir rafften zusammen, wir füllten Beutel und Rucksäcke, zehn, zwanzig Sekunden lang, dann hielten die Ersten inne und begannen zu mosern.

«Ey, Kai-Uwe, was soll denn ditt sein?»

«Ditt is ja Betrug.»

Wir liefen, leicht gebückt, auf unseren Anführer zu. Kai-Uwe nahm eines der orangefarbenen Dinger in die Hand, hielt es sich vor die Augen und betrachtete es ausgiebig.

«Hier steht watt auf Ausländisch drauf, gleich auf zwei verschiedene Arten.»

«Mann, Kai-Uwe, ditt eine is Englisch und ditt andere Italienisch. Kannste an die kleinen Fahnen daneben erkennen.»

«Darum geht's ja auch gar nich. Steht ja auch auf Deutsch alles drauf, wa?: Gillette.»

«Das wird nicht Gil-lette ausgesprochen, sondern Dschüllett. Das heißt ja auch nicht Zitröhn, sondern Zitroeng. Hat mir mein eigner Vadder mal so erklärt.»

«Mann, du bist vielleicht 'n Krümelkacker.»

«Aber was isses denn nu eigentlich, Kai-Uwe?»

«Kannste nicht selber lesen, du Hirni: *Weltneuheit. Doppelklinge.*»

Wir schwiegen für einen Moment, sahen ein jeder auf die Dinger, die wir gerade eingesammelt hatten und lasen, einige mit bewegten Lippen, andere regungslos, selber noch einmal nach, was das angeblich war, das wir in unseren Händen hielten.

«Aber fällt dir denn gar nüscht auf, Kai-Uwe?»

«Ey, du Spast, ick seh selber, dass da was fehlt.»

«Na ja, ick würde mal meinen: Da fehlt fast alles, aber ehrlich jetze.»

«Genau, Kai-Uwe, ditt is doch nur die doofe Verpackung.»

«Ditt is sogar noch weniger als wie nur die doofe Verpackung.»

«Ey, ditt is doch einfach bloß 'ne olle Pappkarte, oder was?»

«Aber die is auf beide Seiten bedruckt, wa, Kai-Uwe? Und, ey, riecht mal dran. Riecht wie im Shop. Ganz neu.»

Wir rochen an den rechteckigen Pappkarten.

«Okay, Männer, mir is wurscht, was *ihr* jetzt macht. Ick

nehm jedenfalls ein paar von die Dinger mit nach Hause. Man kann nie wissen, wozu die noch gut sind, wa?»

«Von *die* ollen Pappdinger?»

«Einbahnfrei, Kai-Uwe, wir können die inne Schule verkaufen.»

«Wer will denn so watt schon haben, ey?»

«Du weißt doch, wie es is: Hauptsache aus'm Westen, egal, was.»

«Ick nehm auch 'n paar mit.»

«Ick auch.»

Wir sammelten das ganze Unterholz leer, gingen unter der Brücke hindurch und fanden auch im dahinter gelegenen Waldstück einige verwehte Exemplare.

Es war aber anders, als wir dachten: Niemand wollte die Pappkarten, nicht für zwanzig Pfennige und nicht für einen Groschen. Bis auf Kai-Uwe traute sich außerdem keiner von uns, das Zeug mit in die Schule zu bringen. Sabine aus dem Nachbaraufgang zeigte mir einen Vogel, als ich ihr vorschlug, mir für zwei Stück fünf Pfennige zu geben. Sie wollte sich partout kein Puppenhaus daraus basteln, nicht einmal, als ich anbot, ihr alle meine Exemplare, es waren mehr als hundert, zu überlassen, und zwar umsonst. Sie wollte die Dinger auch nicht klein schneiden und die Schnipsel in ein ausgewaschenes Konservenglas mit Schraubdeckel füllen, um so, wann immer sie Lust dazu hatte, den betörenden Geruch eines frischen Intershops zu inhalieren. Nur ein paar der jüngeren Kinder, Erst- und Zweitklässler, wechselten kurzzeitig die knatternden Bierdeckel an ihren Babyfahrrädern gegen unsere leuchtenden Pappkarten aus, doch sie merkten schon nach ein paar Stunden, dass die Karten zwar besser aussahen, aber auch deutlich schneller verschlissen.

Nach ein paar Tagen wurde mir die Sache zu heiß: Ich wusste nie, wann meine Mutter einen Rappel bekam und mein Zimmer aufräumte. Unten an den Mülltonnen, ich zog gerade einen Stapel Pappkarten unter meinem Pullover hervor, traf ich Mario. Er öffnete seinen Ranzen, und ich sah, dass er mindestens doppelt so viele Pappen hatte wie ich.

«Ey, nich wegschmeißen, Mensch. Wenn du deine nimmst und meine noch dazu, kannste dir was basteln. 'n Ford zum Beispiel für deine Cowboys und Indianer.»

«Brauch ick aber nicht, Mahjo, ick hab schon 'n richtiget Ford aus Holz, von meine Oma.»

«Na gut, wenn das so is. Aber ick hab 'ne andere Idee, die ist noch viel besser: Wie wär's denn damit: 'ne Riechdose, ey?»

«Warum machst du dir nich selber 'ne Riechdose?»

«Na, weil ick keine brauche, du Heinz.»

«Ich aber auch nicht. Außerdem würde mein eigenes Zeug völlig ausreichen, wenn ich mir eine machen will. Oder denkste, ick mach mir gleich ein ganzes Fass?»

Nachdem wir unsere Pappen weggeworfen hatten, zogen wir uns im Klimmzug am Mülltonnenrand hoch und sahen hinein: Da lag ungefähr die gesamte Beute unseres Raubzuges und bedeckte den kompletten Boden. Ein paar Fuhren durchgesuppten Mülls waren auch schon draufgekippt worden. Aber das nutzlose Orange war stärker, und es blendete uns von unten, sodass wir die Augen zusammenkneifen mussten, bis sie nur noch Schlitze waren.

CONNIE

«Was ist eigentlich aus Kai-Uwe geworden?», fragte ich. «Die Familie ist doch weggezogen, vor drei Jahren, 82 in dem Dreh.»

«Ja, 82», sagte Mario. «Nie wieder was gehört von dem. Wahrscheinlich das Übliche: nach der Achten von der Schule ab. Maurerlehre. Später Jugendwerkhof.»

«Alter, du hast es nötig!»

Mario lachte und sah auf die Uhr.

«Was machen wir heute noch? – *Mein Bruder?*», fragte ich.

«Warte mal, bin gleich wieder zurück.» Mario sprang von der Bank hoch und ging zügig zur Kaufhalle. Nach zehn Minuten kam er zurück, in der Hand eine weitere Cola.

Er gab mir die Flasche, dann fasste er in die rechte Tasche seines Jacketts – er trug heute trotz des sonnigen Wetters seinen anthrazitfarbenen Nadelstreifenanzug und ein schwarzes Hemd – und zog eine nagelneue Schachtel Club heraus, dann griff er in die linke, und zum Vorschein kam eine dieser Miniaturflaschen, wie sie die harten Trinker mal eben zwischen Tür und Angel wegzischten, damit sie keinen Tatterich kriegten. Irgendein billiger Weinbrand, braun und ölig, mindestens zwei Ligen unter der des guten alten *Napoléon*.

«Was ist denn *jetzt* kaputt?» Ich nahm die Zigarettenschachtel, die mir Mario entgegenhielt, aber ich machte sie nicht auf, sondern ließ nur das Zellophan zwischen meinen Fingerspitzen knistern.

Mir war jetzt keinesfalls danach, eine zu rauchen.

Schon die Kippe am Morgen war eine Ausnahme gewesen, der Nervosität geschuldet, die mich zusammen mit der plötzlichen Freiheit befallen hatte wie ein blutrünstiger Schwarm ... Stopp!

Wie ... wie ... na,

wie sonst was.

Normalerweise rauchte ich nur an zwei Tagen in der Woche: mittwochs und sonntags. Und immer nur, wenn Disco war in jenem Gebäude, das jetzt genau hinter uns lag, schräg gegenüber der Kaufhalle, ein flacher Kasten von quadratischer Grundform und ähnlich wie mein Bett nicht nur zu einem Zweck zu gebrauchen: die Mehrzweckgaststätte *Orion*. Sie hatte zwei Eingänge: vorne den schicken, mit Glasfront, Gardinen und allen Schikanen. Und zur Galileistraße hin, wo die Straßenbahn Richtung Stadt entlangdonnerte, den anderen, eine einfache Doppelglastür in der Betonwand und über die gesamte Mauerfront verteilt ein paar Fenster so groß wie Schießscharten.

Der gediegene Eingang an der Fußgängerzone gehörte zur HO-Club-Gaststätte, wohin mein Vater und ich uns mindestens einmal pro Woche zwecks Abendbrot begaben, seit meine Mutter nicht mehr für uns kochen konnte, und wo wir meistens Steaks aßen mit Pommes frites samt irgendwelchen rohen Spänen aus gehobeltem Gemüse. Denn nicht mal wir hielten sieben Tage hintereinander Teewurststullen durch, obwohl wir uns einiges angewöhnt hatten. Tütensuppen zum Beispiel und Schweinefleisch im eigenen

Saft aus der Blechbüchse. Nur durch den letzten lukullischen Tunnel waren wir noch nicht gekrochen: Spaghetti in Tomatensauce aus dem Glas. Ich sage euch, wer die einmal gesehen hat im Kaufhallenregal, vergisst das sein Lebtag nicht.

Der Eingang an der Straße führte in einen großen Saal, der tagsüber als Essenssaal der angrenzenden Schulen diente. Viermal im Jahr gab es einen Flohmarkt, des Weiteren Tanztee der Volkssolidarität, Kinderfilmvorstellung, Faschingsbesäufnis, Weihnachtsumtrunk und andere Kracher vom gleichen Kaliber.

Jeden Sonntag aber und jeden Mittwoch reisten die Mädchen und Jungs aus der gesamten Stadt mit Bussen und Straßenbahnen in unser Wohngebiet, um sich in jenem Saal zu treffen.

Man konnte sie schon von weitem erkennen, besonders in den dunklen Wintermonaten, wenn sie am späten Nachmittag die einzigen Passagiere waren in den neuen, roten Tatra-Waggons mit den Panoramafenstern. Sie kamen aus der Stadtmitte, aus dem alten Nowawes, aus Potsdam-West und aus den anderen Neubaugebieten, die autonom an der Peripherie der großen Stadt klebten, aus Waldstadt 1 und Waldstadt 2, vom Zentrum Ost, vom Kiewitt und vom Schlaatz. Wenn die grell erleuchteten Straßenbahnen über die aufgeschüttete Trasse jenseits der diesigen Nuthewiesen in Richtung *Orion* schossen, konnte man schon aus großer Entfernung ihre schwarzen Anzüge erkennen, die Fledermausärmel der schwarzen Blousons, ihre gefärbten Haare, die zu ungeheuren Skulpturen toupiert waren, und man ahnte das Glitzern der Ohrgehänge und der Diademe und der genauso falschen Broschen.

Am Mittwoch und am Sonntag traf sich die Jugend unserer Stadt vor dem Nebeneingang der Mehrzweckgaststätte, und genau dort, noch vor dem Einlass in den Saal, der mittwochs manchmal noch nach dem Schulessen des Tages roch, rauchte ich normalerweise die erste von fünf streng abgezählten Zigaretten.

Was ich sagen will: Ich rauchte nur an diesen Discotagen, und nur mittwochs, wenn das Mindestalter sechzehn betrug, trank ich mal eine Cola mit Wodka dazu, weshalb mich jetzt Marios Einkäufe viel weniger erfreuten, als er es sich wohl erhofft hatte.

«Hast du im Lotto gewonnen?», fragte ich, denn meist war Mario knapp bei Kasse. Seine Mutter hielt ihn an der kurzen Leine, was das Geld betraf. Nicht, weil sie keines hatte, sondern um ihn zu erziehen. Deshalb bezahlte oft einer von uns anderen seine Getränke und die Zigaretten im *Orion*. Oder eine seiner Freundinnen, die er vielleicht nur deshalb so schnell wechselte, damit sich nicht rumsprach, dass er sich quasi aushalten ließ.

Konnte lustig werden, dachte ich, wenn seine ganzen abgelegten Freundinnen sich mal zufällig auf einem Haufen trafen. Vierzehneinhalb war Mario alt.

Nur noch mal zum Mitschreiben.

«Sieh es mal so: Wenn meine Mutter nicht dauernd ihr Portemonnaie rumliegen lassen würde, dann würde dementsprechend nicht dauernd was drin fehlen.»

«Verstehe», sagte ich, «vollkommen logisch. – Aber was anderes: – Was, wenn wer vorbeikommt und uns mitten am Tag hier mit dem Fusel sieht?»

«Mann, du zierst dich heut wieder wie die Jungfrau am Spieß.»

«Hast du keinen besseren Vergleich auf Lager? Ich meine: für die Zukunft.»

«Nee, im Moment leider nicht und auch nicht für die Zukunft», sagte Mario, «es gibt nämlich keine Zukunft. – Für dich. – Und für mich. – In Englands Träumen.» Er grinste, hebelte mit seinem Wohnungsschlüssel den Kronkorken von der Cola und goss die Hälfte in seine leere Flasche von vorhin. Dann stellte er sich direkt vor mich, ganz nah, den Rücken zur Kaufhalle gewandt. Er machte sich dabei breit wie ein Uhu, damit die Passanten nicht sahen, dass er den Weinbrand auf die zwei halbvollen Colaflaschen aufteilte. Als er damit fertig war, warf er den leeren Schlucki in den Papierkorb, wo er scheppernd auf den Boden schlug, setzte ein feistes Grinsen auf, reichte mir eine der Flaschen, an die er anschließend seine schlug, sodass es laut klirrte.

Ein paar von den Fußgängern guckten jetzt tatsächlich zu uns rüber. Ziemlich schräg sogar. Lag aber wahrscheinlich gar nicht an dem Schnaps, der ja unsichtbar war in der Cola. Hing wahrscheinlich eher mit unseren Klamotten zusammen. Wer lief denn schon bei Kurze-Hosen-Wetter im Anzug rum? Schwarz wie die Nacht. Und dann noch den obersten Hemdknopf geschlossen wie der letzte Streber?

«Auf den Sommer!»

«Ja.»

«Und auf die Ferien!»

«So sei es», sagte ich, aber da hatte Mario schon den ersten Schluck genommen. Ich roch kurz an der Flaschenöffnung: Ging so. Dann nippte ich an dem Zeug.

«Ich kann's immer noch nicht glauben, dass du einfach

abhaust», begann er jetzt schon wieder mit seinen ungewaschenen Fingern in meiner offenen Wunde herumzustochern.

Aber im Grunde hatte er ja recht: Ich konnte ja auch kaum glauben, wie blöd ich gewesen war, damals, vor zwei Jahren, als der Typ von diesem Amt zu uns in die Schule gekommen war und mir die Sache angeboten hatte.

Keine Ahnung, was für ein Amt genau das war.

Eines jedenfalls, das Internatplätze verteilte in Halle an der Saale, ein Kaff, in dem ich noch nie gewesen war. Plätze für ein paar Auserwählte, wie mein Vater mir versicherte, als ich ihm am Abend von der Sache erzählte. Er kriegte sich gar nicht wieder ein vor lauter Freude. Meine eigene Begeisterung dagegen hielt sich in Grenzen. Wer flippte schon aus, wenn ihm angeboten wurde, die *Organisation der materiell-technischen Basis* zu studieren. So ähnlich jedenfalls nannte sich das Ding, aber der vollständige Name war noch viel, viel länger, sodass ich erst nachgucken müsste, um hier nicht zu lügen. Und zwar in Moskau, UdSSR, bei den sogenannten Freunden. So einen Platz im Internat bekam man ja überhaupt nur, wenn man gut in der Schule war und keine Kontakte zu Westverwandten pflegte. Leider konnte ich mit beidem ziemlich gut dienen.

Organisation der materiell-technischen Basis!
Ich bitte euch!

Kann sich nur ein Einziger unter der Sonne etwas darunter vorstellen? Außer wüste, öde, endlose Ebenen, die zu durchqueren sind?

Aber ihr müsst mich verstehen: Kurz bevor der Typ vom Amt mich gefragt hatte, war die Sache mit meiner Mutter passiert, und dann war der Doppelkassetten-Recorder gekommen und alles. Vier, fünf Wochen lang vergaß ich einfach, die Aktion abzublasen. Und wenn mich nicht alles täuschte, begann mein Vater, sich langsam an den Gedanken zu gewöhnen, dass ich eines nicht allzu fernen Tages auszog. Und obendrein wurde ich das dumme Gefühl nicht los, dass ihm dieser Gedanke durchaus gefiel, auch wenn er natürlich immer behauptete, nur mein Bestes im Sinn zu haben, zwecks meiner glorreichen Zukunft in irgendeinem Ministerium für sonst was.

Zack: Und mein Schicksal hatte sich entschieden, und seitdem hing ich im Getriebe fest wie ein Schluck Wasser, weswegen ich im Herbst nicht zusammen mit Dirk und Michael auf die erweiterte Oberschule in der Stadt wechselte, wie jeder normale Mensch, gleich gegenüber vom *Café Heider*, wo wir sowieso schon dauernd rumhingen und unsere Bleistiftstummel malträtierten, dass es krachte, sondern stattdessen diesen Internatskram an der Hacke kleben hatte.

«Also, wenn du auch keine Pläne hast, dann können wir die Ferien zusammen verbringen», sagte ich. «Drei Wochen bin ich auf jeden Fall noch hier.»

«Drei Wochen nur? Und was dann?»

«Dann fahr ich zu meinen Großeltern.»

«Also hast du doch schon was vor.»

«Ich will ja eigentlich nicht fahren, aber ich hab's so abgemacht, mit meinem Vater. Du weißt schon: Der ist seit heute in der Schweiz.»

«Ich hab euch gesehen vorhin, vor dem Haus. – Meine Mutter lässt ausrichten, falls irgendwas ist, kannst du jederzeit zu uns hochkommen.»

«Nett gemeint, echt», sagte ich, «aber was sollte denn sein.»

«Na mit der Wäsche was. – Oder wenn du mal was Richtiges essen willst. Was Warmes. Oder ein Rohrbruch.»

«Komm ich vielleicht drauf zurück. Wäsche kann ich selber. Muss ich sowieso dauernd machen. Aber das mit dem Essen klingt gut. – Weißt du, was?», sagte ich und nahm jetzt doch eine Zigarette aus der Schachtel, die mir Mario zum dritten Mal entgegenhielt.

«Nee», sagte Mario. Er riss ein Streichholz an und balancierte das dünne Flämmchen zwischen seinen Handflächen Richtung Zigarettenspitze. Ich zog leicht am Filter, bemühte mich aber gleichzeitig, nichts von dem Rauch in den Hals zu kriegen. Ich kannte das hässliche Kratzen des ersten Zuges sehr gut. Konnte peinlich werden, wenn man einen auf lässig machen wollte und dann einen Erstickungsanfall bekam.

Dabei schmeckten Zigaretten sowieso viel besser, wenn man sie nicht anzündete. Müsst ihr mal ausprobieren, einfach kräftig an der kalten Zigarette ziehen. Gibt ein gutes Aroma in der Nase, feuchtes Holz, Kräuter und alles. Kann man eine ganze Weile machen, und wenn man genug hat oder ein gutes Lied kommt, zu dem man tanzen will, steckt man sich die kalte Zigarette einfach hinters Ohr, wo sie nicht stört und wo sie außerdem jeder sehen kann. Kommt gut, wenn man knapp bei Kasse ist, oder im Winter, wenn man sowieso schon Bronchitis hat, inklusive Würfelhusten, sprich: Auswurf.

«Komm doch einfach mit zu meinen Großeltern», sagte ich und presste den Rauch aus meinen Nasenlöchern raus, ohne ihn vorher in die Lunge gelassen zu haben. Der Einfall kam mir wie eine Erleuchtung vor, was meiner Laune nicht gerade abträglich war. Zu zweit konnte man es mit den Hinterwäldlern durchaus aufnehmen.

«Nee, lass mal.»

«Fahrkarte geht auf mich.»

«Ich überleg's mir.»

«Aber wirklich, okay?»

«Ey, da kommt Connie», sagte Mario und stieß mir den Ellbogen in die Seite.

«Wo?»

«Na, dahinten beim *Orion*.»

Ja, da *kam* Connie.

Angelaufen.

Und sie war nicht zu übersehen.

Man brauchte quasi eine Sonnenbrille, um nicht augenblicklich zu erblinden. Sogar über eine Entfernung von zweihundert Metern, die sie jetzt noch von unserer Bank entfernt war. Und das lag daran, dass sie vollständig in Weiß gekleidet war. Schuhe, Hose, Blouson, alles weiß, und nicht dieses matte Weiß von Bettlaken oder Tischdecken, sondern dieses glänzende Weiß synthetischer Stoffe, das das reflektierte Licht der Nachmittagssonne jetzt zu grellen Lichtpfeilen machte, die einem sofort die Augen tränen ließen.

«So ein Zufall.»

«Na ja», sagte Mario und sah auf seine Armbanduhr, «eigentlich sind wir hier verabredet.»

Zack, war die Laune im Keller angelangt, während die gleißende Connie unaufhaltsam näher kam.

Nein: näher rollte, musste man schon sagen.

Es sah irgendwie komisch aus, wie sie sich bewegte, und

nachdem sie weitere zehn Meter näher gekommen war und jetzt zum Zeichen, dass sie Mario erkannt hatte, die Hand zum Gruß hob, wusste ich auch, woran es lag: am Schnitt ihrer Klamotten. Die enormen Schulterpolster ihres asymmetrischen Blousons verliehen ihr das Kreuz einer Leistungsschwimmerin, während die unzähligen Bundfalten ihrer Karottenhose ihre Hüften fast ebenso breit wirken ließen.

Connie sah aus wie das Michelin-Männchen aus der Westwerbung, dachte ich, anders noch: wie ein Schneemann, dessen drei Kugeln alle dieselbe Größe hatten. Ich musste mich sehr zusammenreißen, um das für mich zu behalten und nicht direkt Mario an den Kopf zu knallen, aus Rache, dass er den ersten Tag unserer letzten gemeinsamen Sommerferien lieber mit dieser Connie verbrachte, die er noch keine drei Tage kannte, als mit mir.

«Das ist René», sagte Mario, als Connie vor uns stand.

«Hi, René», sagte Connie und lächelte mich an.

Connie hatte eine dunkelblonde Dauerwelle, die aber auf Kinnhöhe radikal gekappt war, ein glatter Schnitt, wie mit der Heckenschere, und ihr Gesicht wirkte ganz normal, nicht aufgequollen oder sonst was. Woraus ich haarscharf schloss, dass es wirklich die total verschnittenen Klamotten waren, die ihrem Körper diese Schneemann-Proportionen verliehen.

«Kennt ihr euch vielleicht aus dem *Heider*?», versuchte Mario gute Stimmung zu verbreiten.

«Da gehe ich eigentlich nie hin», sagte Connie, «zu viele arrogante Angeber für meinen Geschmack, zu viele Klugscheißer von der Penne.»

«Vorsicht, Connie», sagte Mario, «René ist da so was wie ein Stammgast.»

«Ach, echt?», fragte Connie.

«Allerdings», sagte ich und versuchte, keine Miene zu verziehen.

«Woher kennt *ihr* beiden euch eigentlich?», fragte Connie und sah mir dabei direkt in die Augen, und ihre Stimme war jetzt eine Oktave höher gestellt, was wohl echte Neugier ausdrücken sollte.

«René ist fast so was wie ein älterer Bruder für mich ...», begann Mario.

«Älterer?», quatschte Connie sofort dazwischen.

«Genau: eineinhalb Jahre älter», sagte ich.

«Sieht man gar nicht. Ich hätte eher auf jünger getippt, wenn schon.»

«... und das Ganze begann ungefähr damals, als dieser Westlaster auf der Autobahn umgekippt war», fuhr Mario fort und erzählte schon wieder diese ganze Geschichte von Kai-Uwe und den orangenen Gillette-Pappen. Kein Wunder, dass man diesen Quatsch sein ganzes Leben lang nicht vergessen konnte.

Er erzählte genau bis zu jener Stelle, an der wir uns am Mülltonnenrand hochgezogen hatten und traurig auf unsere schöne, aber nutzlose Beute heruntergestarrten, die im stinkenden Abfall der Neubaublockbewohner unterging.

Mario schwieg ein paar Sekunden bedeutungsvoll und fuhr dann fort: «Aber die Sache hatte noch eine Pointe.»

«Nicht dein Ernst», sagte Connie.

«Irgendwer hatte in der Schule seine Klappe nicht gehalten, und kurze Zeit später gingen Gerüchte um, dass alle beteiligten Kinder einen Tadel bekommen würden. Denn wenn das Zeug aus einem Westlaster auf den Boden der

DDR gefallen war, dann gehörte es nicht keinem, sondern dem Staat. Und wenn man das Zeug einfach mitnahm, dann war das Veruntreuung von Staatseigentum oder so ähnlich. – Und entsprechend hatten wir alle die Hosen voll bis zum nächsten Fahnenappell. Und als dann wirklich unsere Namen aufgerufen wurden Montag früh, wurde es nicht gerade besser. Wir standen mit zitternden Knien vor der versammelten Schule und warteten auf unsere Verurteilung», sagte Mario, «aber weißt du, was dann passiert ist?»

«Nö», sagte Connie und zog eine kokette Schnute des Desinteresses.

«Genau das Gegenteil: Wir kriegten jeder eine Urkunde von der Pionierleiterin und vom Direktor noch 'nen feuchten Händedruck dazu.»

«Wieso denn das?», fragte Connie.

«Weil wir den Wald gesäubert hatten. Vom westlichen Müll. Und zwar in Eigeninitiative, ohne dass uns jemand dazu zwingen musste, wie sonst immer zu den ganzen nützlichen Taten. – Altstoffe sammeln und Kuchenbasar. – Stimmt's, René?»

«Ja, so war das damals», sagte ich und stand auf, «ich muss mal langsam los.»

«Jetzt schon?», fragte Mario und sprang von der Bank auf, «ich dachte, wir machen noch was zusammen. – Ey, heut ist der erste Ferientag.»

«Was sollen wir denn machen?», fragte ich.

«Wird sich schon was finden», sagte Mario.

«Ihr beiden und ich?»

«Klar. – Nur wegen mir und Connie musst du dir nicht vorkommen wie das dritte Rad am Wagen. – Oder Connie?»

«Nicht unbedingt», sagte Connie.

«Das *fünfte*», rief ich den beiden im Weggehen noch zu, «Mensch: Es heißt, das fünfte Rad am Wagen.»

Mario, du Intelligenzbolzen, dachte ich.

TEIL 2

Hot summer streets
And the pavements are burning
I sit around
Trying to smile but
The air is so heavy and dry

BANANARAMA, CRUEL SUMMER

ALL TOMORROW'S PARTIES

Fast hätte ich dann doch noch geflennt, am nächsten Tag, dem Dienstag, so gegen sechzehn Uhr fünfundvierzig. Ich geb's nur ungern zu, das könnt ihr glauben, aber so war es nun mal. Der einzige Grund, warum ich es dann doch nicht tat, war folgender: Ich fand es einfach unangemessen zu heulen, weil fast alle meinen Geburtstag vergessen hatten, aber als es die eigene Mutter damals in die ewigen Jagdgründe verschlagen hatte, es größtenteils zu unterdrücken.

Das heißt: unterdrückt zu haben.

Also hatte ich es auch gestern gelassen und war gegen siebzehn Uhr noch mal aus dem Haus gegangen.

Und ich muss sagen: Was für ein Glück.

Was für ein *Riesen*glück!

Aber der Reihe nach.

Der Tag fing eigentlich ganz passabel an. Kurz nach neun klingelte das Telefon. Meine Oma war dran, um mir zu gratulieren, und auch mein Opa stand mit in der Telefonzelle, was ich an seinem unrhythmischen Raucherhusten im Hintergrund erkannte. Sie fragte, ob ihre Geburtstagskarte schon angekommen sei und ob sich mein Vater bei mir gemeldet habe, was ich beides verneinen musste. Sie wünschte mir Gesundheit, Erfolg in der Schule, viel Glück und alles, und dann legten wir beide wieder auf.

Erst jetzt, nachdem mich meine Oma darauf hingewiesen hatte, merkte ich, dass sich mein Vater, anders als abgesprochen, noch nicht gemeldet hatte. Aber eigentlich machte ich mir keine richtigen Sorgen.

Genf–Potsdam: Das war ungefähr die Entfernung von der Erde zum Mars. Nicht nur, was die Kilometer anging, die dazwischenlagen, sondern hauptsächlich wegen der gesellschaftlichen Gräben zwischen unseren Systemen, sprich zwischen Kapita- und Sozialismus. Das waren ja zwei derartige Antagonisten, da konnte man nicht davon ausgehen, dass eine popelige Sache wie ein Telefonat auf Anhieb klappte. Von wegen so ins Blaue hinein einfach mit jemandem reden auf der anderen Seite des Mondes. Und wenn man nur die ewig lange Vorwahlnummer nicht zur Hand hatte, die man wahrscheinlich brauchte, um von der Schweiz aus bei uns durchzukommen.

Wobei es mit der Schweiz vermutlich gerade noch ging.

Die war ja neutral immerhin, keine NATO und dieses Zeug.

Wollte gar nicht wissen, wie es zum Beispiel war, aus England anrufen zu müssen, um seinen zurückgelassenen Kindern in der DDR die wohlbehaltene Ankunft mitzuteilen.

Oder aus den USA, wo noch eine Menge Wasser dazwischenschwamm.

Also machte ich mir erst mal keinen Kopf um meinen Vater, sondern haute mir lieber drei Spiegeleier in die Pfanne, nahm zwei Scheiben Toast dazu und eine Tasse krümeligen Kaffee, den mein Vater türkischen nannte.

Den Geburtstagskuchen vermisste ich gar nicht so sehr, weil es schon seit mindestens zwei Jahren keinen mehr gegeben hatte. Man musste schließlich auch mal erwachsen werden, wie mein Vater immer sagte. Man konnte ja nicht sein Leben lang am 2. Juli Kerzen auspusten, die auf einer Torte rumstanden, nur weil man als Kind mal damit angefangen hatte. Gerade jetzt mit sechzehn, wenn man schon legal Zigaretten erstehen konnte in der Kaufhalle und leichte Alkoholika, wie Wein und Bier. Damit ließen sich ganz andere Feste feiern als mit Kuchen und Kakao und Topfschlagen, dachte ich. Und mit Krakenwürstchen mit Pommes frites zum Abendbrot, die man über den Kerzen schwarz röstete mit seinen Freunden.

Nachdem ich aufgegessen hatte, ging ich in mein Zimmer rüber und drehte die Musik auf. Ich suchte extra einen Titel von *Front 242* raus, *W.Y.H.I.W.Y.G.* und spielte ihn mittels der Schnellspulfunktion fünfmal hintereinander ab, und zwar volle Lautstärke. Als ich mitkriegte, dass ich dabei die ganze Zeit an die Decke starrte, ließ ich es sein. Beim sechsten Mal trat ich obendrein im Takt gegen das Heizungsrohr, doch weil immer noch nichts passierte, steckte ich meinen Wohnungsschlüssel ein und ging das eine Stockwerk nach oben, wo Mario wohnte, und zwar genau in dem Zimmer über meinem.

Aber es war keiner zu Hause, weswegen ich zum Briefkasten runterging, wo mir der übliche Schwall Altpapier entgegenfiel. Drei Tageszeitungen, zwei in Deutsch, eine in Russisch, ein zweiwöchentliches Heft mit außenpolitischen Reportagen sowie eine Monatsschrift zur Theorie des Marxismus-Leninismus.

Ging heute sogar noch.

Keine *Pyongyang Times* dabei!

Die Postfrau musste denken, wir hätten einen an der Klatsche. Es war schon eine Obsession von meinem Vater, das ganze Papier zu sammeln, und wir waren wohl der einzige Haushalt weit und breit, der sogar über einen eigenen Raum dafür verfügte, zweieinhalb mal vier Meter, der offiziell als Arbeitszimmer meines Vaters firmierte. Im Grunde war es kaum betretbar. Überall standen mannshohe, bedrohlich schwankende Papierstapel herum, in denen noch all die bedeutsamen Artikel darauf warteten, ausgeschnitten und am Sanktnimmerleinstag nach Schlagworten archiviert zu werden.

Heute steckte außerdem der angekündigte Geburtstagsbrief meiner Oma im Kasten. In ihrer gleichmäßigen Volksschul-Handschrift wünschte sie mir dieselben Sachen wie gerade eben am Telefon. In die Klappkarte hatte sie einen Fünfzigmarkschein gelegt, was mich schon fast kaltließ, angesichts meiner riesigen Bargeldbestände. Hinzu kam jedoch ein Forumscheck im Wert von zehn D-Mark, mit dem man im Intershop einkaufen konnte. So was hatte es noch nie gegeben. Bekam man wahrscheinlich nicht sehr viel für zehn DM, schätze mal, zwei 90er Kassetten von BASF, was ja schon mal nicht zu verachten war, aber wenn man ihn zu den üblichen Mondkursen umtauschte, 1 zu 5 bis ein 1 zu 10, wurden daraus 50 bis 100 Mark unserer Währung. Das machte fünf 60er ORWO-Kassetten aus Wolfen, allerdings rauschten die stärker, besonders im Walkman, sodass man bei leiseren Liedern manchmal dachte, man stünde am Ostseestrand.

Oben in meinem Zimmer zählte ich noch mal durch: eintausendzweihundertfünfzig Mark, plus ein zehn DM-Forumscheck, plus zwei Hände Kleingeld aus all meinen Hosen- und Jackentaschen, die zusammen noch mal so fünfzehn Mark machten. Ich schwamm ja förmlich im

Geld, und das am Vorabend des Kommunismus, dachte ich, ihr wisst schon, auf welche Art: sarkastisch.

Als ich fertig gezählt und das überschüssige Geld zurück in meinen Schreibtisch verfrachtet hatte, ging ich ins Wohnzimmer rüber und machte den Fernseher an. Ich probierte einmal alle Programme durch, aber weil noch nichts lief, schaltete ich ihn wieder aus. Ferienprogramm kam erst um zwei, aber wenn ich hier anfing, Ferienprogramm zu gucken, mit sechzehn, dann konnte ich auch gleich zu Oma und Opa fahren und so tun, als herrsche noch die heile Kindheit von früher, mit Wunschessen und Butzemannhaus im Radio frühmorgens und der Abendfilmwiederholung um zehn und dem Ferienprogramm ab zwei.

Aber ohne mich!

Dennoch: Es herrschte kaum der zweite Ferientag, und schon war mir langweilig. Aber wenigstens war der halbe Tag schon rum.

Ich ging in die Küche rüber, weil mal wieder Mittagessenszeit ausgebrochen war, aber gerade als ich den Büchsenöffner an die Konserve mit Fischsoljanka ansetzen wollte, fiel mir auf, dass ich noch keinen Hunger hatte.

Statt was zu kochen, zog ich die große Küchenschublade heraus, in der wir alles abwarfen, was sonst herumlag, und nachdem ich mich ein Weilchen durch halbleere Rollen mit Stanniol- und Butterbrotpapier, durch Teigschaber, Messerschärfer, lose Cocktail-Spieße in Säbelform und rostige Rouladennadeln, einzelne Strohhalme und unzählige Flaschenöffner gewühlt hatte, fand ich endlich, wonach ich suchte: die Eiswürfelform. Ich füllte sie mit kaltem Wasser und stellte sie ins Tiefkühlfach. Wenn ich mich hier schon alleine langweilte, sollte das wenigstens mit Stil geschehen, sprich: Eiswürfel im Getränk.

Ich stellte sechs Flaschen Cola in den Kühlschrank. Ich war jetzt fest entschlossen, heute Abend ein paar Longdrinks anlässlich meines Geburtstages zu servieren. Für Michael und Dirk und für Mario.

Und ja, meinetwegen auch für diese Connie in ihrem Strahlenanzug.

Vielleicht besaß sie ja eine dezente Freundin.

Und wenn ich *Getränke* sage, dann meinte ich welche mit Alkohol, obwohl heute erst Dienstag war und nicht Mittwoch. Deswegen öffnete ich den Schrank unterm Abwaschtisch und zählte die *Napoléon*-Flaschen durch. Es waren sieben Stück. Gute Zahl. Konnte man zwei wegnehmen und die verbliebenen fünf ein bisschen lockerer arrangieren, und nichts fiel auf. Eine gerade Anzahl Flaschen, wo vorher eine ungerade gewesen war, stach dagegen ins Auge, wie ich fand.

Das Einzige, was fehlte, war Knabberzeug. Ich riss ein Stück von unserem Küchenblock ab und notierte mit meinem Bleistift: 2 × Salzstangen, 2 × Erdnussflips, 1 × Club. Ich unterstrich alles doppelt und dreifach, setzte noch ein paar Ausrufezeichen, so lange, bis die weiche Mine komplett abgerieben war. Dann ging ich rüber in mein Zimmer, spitzte meinen Bleistift zwei Runden an und legte mich anschließend mit einem Buch auf meine Mehrzweckliege, die heute im Zustand des ungemachten Bettes verblieben war.

Ich las durch bis drei Uhr: Waleri Brjussow, *Die Republik des Südkreuzes*, eine Erzählung des russischen Symbolismus. Spielt in der Antarktis, wo eine utopische Gesellschaft von einer Krankheit namens *Mania contradicens* heimgesucht wird und …

Ich fürchte, dafür haben wir jetzt echt keine Zeit, lest euch die Geschichte einfach selber durch. Lohnt sich.

Jedenfalls: Erst als ich Schritte in Marios Wohnung hörte, legte ich das Buch wieder zur Seite, ging nach oben und klingelte.

«Alles in Ordnung, René?» Frau Hermann, Marios Mutter, hatte die Tür aufgemacht und sah mich an.

«Ja, Frau Hermann. – Wieso?»

«Weil du geklingelt hast, als ob es brennen würde.»

«Ist mir gar nicht aufgefallen.»

«Ist nicht ganz einfach, so alleine.»

«Geht schon.» Hoffentlich gab's jetzt keine Extraportion Mitleid.

«Aber eigentlich auch schön, oder? Mal ganz ohne Eltern. Einfach mal machen können, was man will. Und keiner funkt dazwischen. – Also, ich würde das genießen.»

«Sie sagen es, Frau Hermann», sagte ich und rang mir ein Lächeln ab. «Eigentlich wollte ich fragen, ob Mario da ist.»

«Da muss ich dich leider enttäuschen. – Er hat schon gestern Nachmittag auf der Arbeit angerufen und ausrichten lassen, dass er woanders übernachtet. – In der Stadt, bei einer Freundin», sagte Frau Hermann und zwinkerte mir verschwörerisch zu, so als würde ich selber das nur allzu gut kennen, weil ja auch ich dauernd bei einer Freundin in der Stadt übernachtete.

Mit vierzehneinhalb!

War das überhaupt legal?

Da gab's doch bestimmt ein Gesetz, das so was verbot.

«Ach so», sagte ich und versuchte ein Lächeln, aber das war ziemlich anstrengend, vor allem um den Mund rum.

Tat richtiggehend weh.

«Nur ausnahmsweise», sagte Frau Hermann, «es sind doch Ferien.»

«Können Sie ihm was ausrichten, wenn er wieder da ist?»

«Gerne.»

«Er soll dann einfach runterkommen. Ich will nämlich ein bisschen feiern. Paar Freunde kommen. Musik hören und so.»

«Stimmt ja», sagte Frau Hermann und tat so, als würde sie sich vor die Stirn schlagen, «heute ist ja dein Geburtstag, René.» Sie fuhr ihre Hand in meine Richtung aus, und ich schlug ein. «Alles, alles erdenklich Gute wünsche ich dir», sagte Marios Mutter, und sie ließ meine Hand gar nicht wieder los. «Vor allem, dass du dich gut einlebst im Internat. – Wir kennen uns jetzt schon so lange, dass ich manchmal schon denke ... Ach ...», brach sie den Satz ab, zog dafür aber die Nase hoch.

«Ich geh dann mal wieder.»

«Willst du kurz reinkommen», fragte Frau Hermann, «und einen Kaffee trinken?»

«Nicht unbedingt heute. Ich hab's ein bisschen eilig, müssen Sie wissen.»

«Dann warte mal schnell.» Sie glitt barfuß in die Wohnung zurück und verschwand im Wohnzimmer. Ihre Zehen waren rot lackiert, ansonsten trug sie noch ihre Bürokleidung, einen hellbraunen, knielangen Rock und eine kurzärmelige Sommerbluse.

«Hier», sagte Frau Hermann, als sie wieder an der Tür stand, und hielt mir ihre geschlossene rechte Hand entgegen, «statt eines Geschenks.»

Ich wusste nicht, was ich machen sollte. Also streckte ich ihr abermals die Hand entgegen. Sie ergriff mein Handgelenk mit der linken und drückte meine Hand dann mit ihrer rechten wieder zu.

«Und feiert schön, ja?»

«Machen wir.»

Erst als ich wieder in unserem Wohnungsflur stand, öffnete ich meine Faust. Es war nicht zu fassen: Da lag, penibel auf quasi Briefmarkengröße zusammengefaltet, ein Zehnmarkschein.

Kurz vor vier ging ich ins Bad, kontrollierte die Haare, die ich auch heute in die verkehrte Richtung abstehen ließ, sodass mein Ohr bei näherer Betrachtung aussah wie ein angeschraubter Griff.

Dann ging ich aus dem Haus, ohne Jacke, denn der Wetterbericht hatte etwas von fünfundzwanzig Grad gesagt. Mir schien, dass es auf der Straße ruhiger war als sonst.

«Was willst du denn hier?» Zu Michaels Wohnung in der Galileistraße war ich nur gegangen, weil ich bei Dirk niemanden angetroffen hatte. Wir hatten alle ein bisschen Angst vor Michaels Vater, der mir in Unterhemd und kurzer Turnhose aufgemacht hatte. Er arbeitete beim Zoll.

«Äh, fragen …», sagte ich, «ob …»

«Jetzt drucks nich rum, Junge, ich muss gleich zur Schicht …»

«Na, ob Michael da ist.»

«Isser nicht.»

«Wissen Sie vielleicht …»

«Der ist vorhin mit dem Langen abgezogen. Mit dieser Bohnenstange, die du auch kennst.»

«Dirk?»

«Kann sein.»

«Könnten Sie ...?», versuchte ich vorsichtig die Bitte einzuleiten, Michael eine Nachricht zwecks meines Geburtstagstreffens zu hinterlassen, aber statt mich ausreden zu lassen, blaffte Michaels Vater nur «Tschüss» und knallte die Tür mit demselben Unmut zu, mit dem er sie aufgerissen hatte.

Der lief ganz eindeutig noch nicht im Sommermodus.

Arschloch, dachte ich.

Vor der Kaufhalle merkte ich, dass ich vergessen hatte, mein Geld nach dem Zählen wieder einzustecken. Aus Wut trat ich gegen den nächsten Papierkorb, gar nicht mal stark, nur symbolisch quasi. Und was machte das vermaledeite Ding? Löste sich aus der Halterung und fiel dann seitwärts zu Boden, gab seinen Inhalt frei, der scheppernd auf die Gehwegplatten unserer Miniaturpromenade schlug. Sprich: Zwei Bierflaschen und vier Schluckis fielen raus und eine zusammengerollte *Junge Welt*, wobei die beiden Bierflaschen zu Bruch gingen. Sofort kamen ein paar von den Einwohnern heran, um zu sehen, was die Stunde geschlagen hatte. Nicht gerade gerannt, aber im zügigen Stechschritt herbeigeeilt, um die Ordnung wiederherzustellen. Oder wenigstens um aufzupassen, dass die Ordnung von mir nicht akut bedroht wurde. Da half keine Flucht, da half nur demütiges Bereuen und das Aufsammeln der stinkenden Reste. Ich tat es mit gesenktem Kopf. Keiner sagte ein Wort, aber das Schweigen der fünf, sechs Leute um mich herum war Strafe genug. Ich hob kein einziges Mal den Kopf, weil ich nicht wissen wollte, wer mich eventuell bei dieser niederen Tätigkeit beobachtete, das Mädchen ohne Namen schlimmstenfalls oder eine seiner Freundinnen.

Zu Hause wusch ich mir die klebenden, nach schalem Bier stinkenden Finger, und ich holte die siebente der *Napoléon*-Flaschen aus dem Schrank. Ich gab vier Eiswürfel in eines der hohen, schmalen Longdrinkgläser aus original böhmischem Kristall, das meine Mutter so sehr geliebt hatte. Dann goss ich einen Daumenbreit von dem öligen Weinbrand übers Eis. Ich hielt das Glas gegen die Abendsonne, die durchs Küchenfenster fiel, und schwenkte es leicht, und der Klang des ans Kristall schlagenden Eises, der beißende Geruch des Schnapses, das mehrfach gebrochene Sonnenlicht machten mich mit einem Male ganz ruhig.

Viel mehr noch: fast schon träge.

Ich goss noch einen Daumenbreit *Napoléon* nach, dann füllte ich mit kalter Cola auf.

Ich schleppte den Doppelkassetten-Recorder ins Wohnzimmer und stellte ihn an, dann öffnete ich die Balkontür und setzte mich mit meinem Drink nach draußen. Ich trank den ersten Schluck und merkte, wie die eiskalte Flüssigkeit in meinen Magen rann und mir dort warm wurde. Ich nahm einen zweiten Schluck und einen dritten. Das Getränk schmeckte nicht gut, aber es schmeckte auch nicht schlecht. Und ich glaube, es war dieser Moment, in dem ich kapierte, dass es beim Alkohol nicht um den Geschmack ging, sondern um das gute, warme Gefühl im Bauch. Ich nahm einen weiteren Schluck und machte mir dann eine *Club* an. Zwei Züge lang rauchte ich auf Backe, beim dritten zog ich den Rauch vorsichtig in die Lunge ein. Fast sofort wurde mir schwindlig, sekundenlang hatte ich das Bedürfnis zu schlafen, aber schon im Moment danach war ich wacher als zuvor, ohne dass das

Schwindelgefühl ganz verschwand. Es verlor an Intensität, aber der Dusel in meinem Schädel ging nicht wieder weg.

Ich weiß nicht, wie lange ich das Spiel trieb, Rauchen, Trinken, Trinken und Rauchen. War ja alles neu und interessant. Ich merkte nur, wie sich aus dem Nichts urplötzlich eine Textzeile der Hintergrundmusik in mein Bewusstsein fräste:

*I Think about Life
And I think about Death.*

Und wie ich im allernächsten Moment an meine Mutter denken musste.

Mir schoss kein *Bild* von ihr ins Gedächtnis oder so was oder eine Erinnerung an ein gemeinsames Erlebnis von früher, das angeblich schön gewesen war.

Ich dachte einfach nur: meine Mutter.

Diese beiden Wörter, eine Buchstabenabfolge sozusagen. Mehr nicht.

Kein Ausrufe- und kein Fragezeichen hintendran. Nichts.

Ich wollte das nicht denken, schon gar nicht auf diese staubtrockene Art wollte ich das, aber irgendetwas zwang mich dazu. Aber wenn ich mich nicht zwingen lassen wollte, an etwas zu denken, was mir dermaßen auf den Magen schlug, musste ich mit aller Kraft versuchen, an etwas vollkommen anderes zu denken. Doch weil sich ersatzweise nichts Unbestimmtes denken ließ, geriet mir eben das Nächstbeste in den Kopf: mein Geburtstag, zu dem mir bisher keiner meiner Freunde gratuliert hatte.

Ich dachte also: mein einsamer Geburtstag.

Dann ging alles ganz automatisch weiter, lawinenmäßig:

Es kniff erst in der Kehle, ich musste ein paarmal trocken schlucken, Wasser geriet mir in die Augen und drohte auszulaufen. Ich will mich nicht in Details ergehen, ihr wisst selber, wie das abläuft. Ist peinlich genug das alles, aber da es trotzdem irgendwie dazugehört, zum Leben ja sowieso und auch zu dieser Geschichte, wollte ich es nicht total verschwiegen haben.

Ich kriegte mich überhaupt nur wieder ein, weil ich zu mir selber sagte: Ey, René, wie kannst du hier wegen einer Lappalie wie deinem Geburtstag rumflennen, während du dich in der Trauerzeit damals von einem Doppelkassetten-Recorder hast einlullen lassen. Zumal ja noch nicht mal feststeht, ob deine Freunde den Geburtstag überhaupt vergessen haben. Der Tag ist noch nicht zu Ende und der Abend noch mehr als jung.

Schämen solltest du dich!

Was du hier machst, nenne ich: *unverhältnismäßig*. Ja, ja, ein hässliches Wort, ich weiß, aber ein poetischeres fällt mir für den Mist, den du hier verzapfst, gerade nicht ein, René, tut mir herzlich leid, mein lieber Freund und Kupferstecher.

Ich stellte das Glas weg, ging in mein Zimmer und steckte mir wieder die zweihundert Mark in die Hosentasche. Ich musste raus, etwas Sinnvolles tun, um nicht endgültig Opfer der Melancholie zu werden. Machte sich in der Literatur zwar gut oder im Notizbuch, war aber im normalen Alltag eher hinderlich, dieser sogenannte Gemütszustand.

Oder nannte sich das: ein Temperament?

An der Straßenbahnhaltestelle in der Galileistraße fiel mir auf, dass es schon kurz nach fünf war. Es lohnte sich kaum noch, in die Stadt zu fahren und dort irgendwas exorbitant

Teures gegen die grassierende Schwermut einzukaufen. Ein Geschenk an mich selber, zu meinem Ehrentag. Ein Hemd vielleicht oder ein Pullover im Exquisit am Staudenhof, gleich hinter der Bibliothek. Oder ein Paar neue Treter im Schuh-Ex auf der Klement-Gottwald-Straße, dem sogenannten Boulevard, der verkehrsfreien Einkaufsmeile unserer Stadt. Ich hatte dort zwar erst im Mai ein Paar knöchelhohe Schuhe erstanden, bezahlt von Oma, aber die sahen mittlerweile aus, als seien sie in ein Säurebad gefallen. Weil ich das weiche, graue Leder mit schwarzem Reparaturlack überpinselt hatte, der leider abblätterte wie Huf. Ich kam fast nicht mehr hinterher mit dem Nachstreichen. Wenn andere ihre Schuhe putzten, zückte ich stattdessen Pinsel und Lackfläschchen.

Also verließ ich die Straßenbahnhaltestelle wieder und lief am *Orion* vorbei auf den Keplerplatz, wo ich bekanntermaßen vorhin schon gewesen war, um zwei zerbrochene Bierflaschen aufzusammeln. Jetzt war mein Ziel die Buchhandlung, danach wollte ich noch schnell in die Kaufhalle, um endlich das Knabberzeug zu besorgen, falls sich doch ein paar Gäste einstellten im Laufe des Abends. Das Schöne an den Volksbuchhandlungen war: Ich erwartete nichts und wurde folglich nie enttäuscht. Karl May ging mir am Allerwertesten vorbei, wie ihr wisst, genauso wie die volkseigene Poesie mit ihren volkseigenen Problemen. Das war eher was für ältere Menschen. In unserer Wohngebietsbuchhandlung war ich keine dreimal gewesen. Mir kam es vor, dass hier noch größerer Quark lagerte als in den Buchhandlungen in der Stadt, die wir regelmäßig durchstreiften, Dirk, Michael und ich. So Sachen wie *Zimmerpflanzen in Hydrokultur* oder *Haushaltstips für jung und alt* oder *Du und Deine Wohnung*. Keine richtigen Bücher, sondern eher so Anleitungen zum Überleben im Alltag bzw. zum Handwerken, die sich als Bücher tarnten. Und das Schlimmste war: Die Leute rissen sich regelrecht um diesen Schund.

Wir selbst besaßen ja diese Sachen, anders hätte ich euch gar nicht die Titel nennen können. Und trotzdem konnte mein Vater keinen geraden Nagel in die Wand hauen, Pflanzen existierten schon lange nicht mehr in unserer Behausung, die letzten waren vor zwei Jahren den Weg alles Sterblichen gegangen, kurz nach meiner …

Lange Rede, kurzer Sinn: Ich erwartete rein gar nichts von unserer Wohngebietsbuchhandlung.

Und wisst ihr, was ich stattdessen bekam?

Schlichtweg die Offenbarung.

Sie befand sich im hinteren Teil der Buchhandlung, in jener allerletzten Ecke, in die kaum noch das Tageslicht drang. Hier gab es warmes, künstliches Licht. Hier ruhten die Kostbarkeiten. Die Insel-Bände, mit den bunten Pappdeckeln, die jeder Schrankwand zur Zier gereichten, wenn man mindestens einen halben Meter davon besaß, ganz egal, was drinstand, oder die schweren Bildbände mit den glänzenden Schutzumschlägen, die für mich leider nicht in Frage kamen, weil die Kunst, die sie behandelten, nicht *dekadent* genug war.

Hier, in der Grotte der Exklusivität, trat man vorsichtig auf und verfiel automatisch in den Flüsterton. Und genau hier – und ich schwöre bei allem, was mir heilig ist, dass das Folgende weder übertrieben und schon gar nicht gelogen ist –, auf einem hölzernen, weiß gestrichenen Podest, in einem gläsernen Kubus und beleuchtet von einem eigenen, an der Decke montierten Licht, wartete ein Buch, auf das zu treffen ich in meinen tiefsten Träumen nicht erwartet hätte.

Es besaß einen matten azurblauen Umschlag, auf den ein Foto des Dichters gedruckt war.

Darüber stand in schwarzen, modernistischen Lettern:

Baudelaire
Sämtliche Werke/Briefe

Le Spleen de Paris
Gedichte in Prosa

Linksbündig unter dem Foto konnte ich den Namen des Verlages lesen: *Hanser.* Was war hier bloß los?

Ich hielt eine Minute inne und betrachtete das blaue Buch hinter dem Glas. Es stand ungefähr auf Höhe meiner Augen, und es strahlte Würde und Erhabenheit aus.

Was in aller Welt hatte dieses Buch ausgerechnet in unsere Wohngebietsbuchhandlung verschlagen? Wenn man überhaupt mal einen Titel aus dem Westen kaufen konnte, dann im *Internationalen Buch* in der Stadt. Außer Michael, Dirk und mir wusste sowieso niemand im Umkreis von zwei Kilometern, wer Baudelaire war.

Durfte man es überhaupt kaufen, oder war es nur ein Ausstellungsstück? Ich sah jedenfalls nirgendwo einen Preis draufstehen. Aber wenn es tatsächlich nur ein Exponat war, was sollte es dann den Kunden der Buchhandlung mitteilen? Etwa: Seht, welche wunderbaren Bücher es gibt, die ihr nie zu lesen bekommen werdet?

«Kann ich was für dich tun?» Lautlos war die Buchhändlerin an mich herangetreten und hatte mich mit gedämpfter Stimme angesprochen.

«Ich nehm das da», sagte ich, ein wenig zu forsch und ein bisschen zu laut, und zeigte auf das Buch hinterm Glas.

«Bist du dir sicher?»

«Ja!»

«Du darfst aber vorher nicht darin blättern.»

«Egal.»

«Nicht dass du es später bereust.»

«Glaube nicht.»

«Es ist ziemlich teuer, solltest du wissen.»

«Geld spielt keine Rolle.»

«Ach nein?»

«Nein.»

«Du willst also *wirklich* sechzig Mark für dieses eine Buch ausgeben.»

Sechzig Mark also!

«Ja, hier», rief ich und zog die beiden Hundertmarkscheine aus meiner Hosentasche und hielt sie ihr zur Ansicht entgegen.

«Du musst es ja wissen.» Das klang jetzt schon leicht resigniert.

«Ich hab heute Geburtstag», versuchte ich, meine Beharrlichkeit zu rechtfertigen.

«Na dann herzlichen Glückwunsch», sagte die Buchhändlerin, ohne mein Lächeln zu erwidern und mit einem Unterton, der einen schwer sarkastischen Schlag besaß. Wahrscheinlich war sie sauer, dass ich ihre aufwendige Dekoration durch meinen Kauf zerstörte. Dass sie jetzt ihren Buch-Altar neu bestücken musste. Und zwar kurz vor Feierabend. Sie verschwand jedenfalls im vorderen, hellen Teil der Buchhandlung und kehrte wenig später mit einer Kollegin zurück, die Arbeitshandschuhe trug und den Glaskubus anhob, während sie selbst das Buch mit spitzen Fingern vom Podest pflückte.

Sie ging zur Kasse, und während ich folgte, fing ich vor Aufregung fast ein bisschen zu zittern an. Meine Knie wurden ganz weich, und ich musste mich am Kassentisch abstützen, während die Buchhändlerin den blauen, exotischen Band in einen großen Bogen Packpapier wickelte, so vorsichtig, als sei er aus Meißner Porzellan.

Das immerhin.

Bevor sie mir das Päckchen reichte, schlang sie noch zwei Gummis drum herum.

«War das das letzte?» Ich hatte immerhin noch Geld für ein weiteres Exemplar in der Tasche.

«Es gab nur das eine.»

«Wirklich?»

«Und zwar für die ganze Stadt.»

Draußen auf dem Keplerplatz, unserer Schmalspurpromenade zwischen Mehrzweckgaststätte *Orion* und Kaufhalle, setzte ich mich auf dieselbe Bank, auf der ich gestern mit Mario gesessen hatte. Es war noch ruhiger geworden, nur vereinzelt kamen Leute aus der Kaufhalle. Ein paar Kinder spielten, mit Badehosen bekleidet, an der kleinen Fontäne. In den Fenstern der zwei Vierzehnstöcker, die unsere Einkaufszone flankierten, spiegelte sich das orangefarbene Licht der fallenden Abendsonne, und die Hochhäuser selbst warfen lange, verzerrte Schatten über den Platz.

Ich blieb ein, zwei Minuten sitzen.

Einfach so, ohne etwas zu tun, die Augen geschlossen.

Das Buchpäckchen lag neben mir auf der Bank, und meine rechte Hand lag auf dem Päckchen. Ich hörte das Wasser plätschern und die Kinder schreien, und ein leichter Geruch nach Algen und Meer wehte mir in die Nase.

Dann war endlich die Zeit gekommen, das Buch vom Packpapier zu befreien. Es in die Hand zu nehmen und sein Gewicht zu spüren, den Umschlag zu lüften, um mit den Fingern sanft über das schwarze Leinen zu fahren, es anzublättern und den Geruch des Papiers einzuatmen.

Erst als all das erledigt war, schlug ich das Buch auf.

Ich überblätterte die Briefe, warf nur einen flüchtigen Blick auf die folgenden Abbildungen und begann stattdessen sofort, das erste der Baudelaire'schen Prosastücke zu lesen:

DER FREMDLING

«Wen liebst du am meisten, rätselhafter Mensch, sprich? Deinen Vater, deine Mutter, deine Schwester oder deinen Bruder?»

«Ich habe weder Vater noch Mutter, weder Schwester noch Bruder.»

«Deine Freunde?»

«Du bedienst dich da eines Wortes, dessen Bedeutung mir bis heute unbekannt geblieben ist.»

«Dein Vaterland?»

«Ich weiß nicht, auf welchem Breitengrad es liegt.»

«Die Schönheit?»

«Wie gerne liebte ich sie, die göttliche, unsterbliche.»

«Das Gold?»

«Ich hasse es, wie du Gott hassest.»

«Was liebst du denn, seltsamer Fremdling?»

«Ich liebe die Wolken ... die ziehenden Wolken ... dort ... dort in der Ferne ... die wunderbaren Wolken!»

Wisst ihr, was Glück ist?

Genau das hier: Das war das Glück!

Das war der vollkommene Moment!

Niemals zu überbieten.

Es war wie ein Wunder, jemanden zu treffen, der genau wusste, was man selber gern gesagt hätte. Und der es für einen in Worte kleiden konnte, die schön klangen und die in einem Buch geborgen waren, das so edel wirkte wie eine Schatzkiste.

Aber soll ich euch noch was sagen?

Als ich hochschaute von diesem göttlichen Buch, um den Himmel nach Wolken abzusuchen, die eventuell in die Ferne zogen und an die ich für ein paar Sekunden meine Gedanken hätte anheften können, da war schon längst etwas anderes im Gange: Das zweite Wunder dieses so sonderbaren Tages.

Ich erkannte im Augenwinkel, wie es sich anbahnte. Gerade eben: In dem Moment, als ich den Blick wieder senkte, weil der Himmel zwar schon grandios zu glühen begann im aufziehenden Abendrot, aber wolkenlos war.

Denn da sah ich sie.

Das heißt: es.

DAS MÄDCHEN OHNE NAMEN

Ich sah, wie es sich in genau dem Moment abwenden wollte, als mein Blick wieder zur Erde zurückkehrte. Was bedeutet, dass es mich eine Weile beobachtet haben musste, als ich nach oben gestarrt hatte, in den Himmel. Und wie es innehielt, als es bemerkte, dass ich es erkannt hatte:

Das Mädchen, dessen Namen ich nicht wusste.

Das allerschönste auf der ganzen, weiten Welt.

Das im *Orion* nie zur falschen Musik tanzte.

Und wisst ihr was?

Ich blieb ganz ruhig. Höchstens, dass mein Herz ein bisschen schneller klopfte. Und als sich unsere Blicke trafen, guckte ich, anders als sonst, nicht sofort wieder weg. Denn natürlich hatten sich unsere Blicke schon oft getroffen, im *Orion*, zwischen den Regalreihen der Kaufhalle oder an der Straßenbahnhaltestelle. Und die letzten drei Male hatten wir uns sogar zugelächelt, aus der Ferne und keine ganze Sekunde lang und nur wenn es einen gewissen Sicherheitsabstand gegeben hatte von mindestens zwanzig Metern, bevor wir uns wieder unseren Freunden zugewendet hatten oder wem auch immer.

Diesmal aber hielt ich ihrem Blick stand, und auch sie sah ein bisschen länger zu mir rüber als sonst, wie mir schien, bevor sie ihren Blick schließlich doch auf die Gehwegplatten fallen ließ, direkt vor ihre Füße.

In den Staub.

Aber da musste sie längst gesehen haben, wie ich meine Hand gehoben hatte, um ihr zuzuwinken.

Ich glaube, es lag ein bisschen an Baudelaire, dass ich mich das heute traute, an dem, was ich gerade gelesen hatte.

Denn wer, wenn nicht ich, war dieser Fremde.

Was konnte diesem Fremden schon noch passieren?

Es war ja alles schon vorbei für ihn.

Wovor also Angst haben?

Es lag an Baudelaire und vielleicht ein bisschen an dem komischen Nebel in meinem Kopf, der sich noch immer nicht verzogen hatte.

Ich nahm die Hand wieder runter und klappte das Buch zu, und sie stand da und starrte ihre Schuhspitzen an. Erst jetzt bemerkte ich das Einkaufsnetz, das an ihrem Handgelenk baumelte. Ich erkannte eine grüne Gurke darin, zwei Flaschen Milch und ein Päckchen Knäckebrot. Sie kam aus der Kaufhalle, und trotzdem sah sie aus, als wolle sie zur Disco gehen, ins *Orion*: schwarze Hose, schwarze Bluse mit Rüschenärmeln, hoher Stehkragen aus Spitze, und an den Füßen trug sie die gleichen weißen und knöchelhohen Adidas-Turnschuhe, wie sie Robert Smith seit neuestem anhatte, der Sänger von *The Cure*, nur ganz locker geschnürt und mit dieser dicken, herausstehenden Lasche vorne. Ihre Haare waren schwarz, im Nacken und an den Seiten kurz, der Rest stand, toupiert und mit Haarspray gefestigt, vom Kopf ab. Ihr müsst euch das vorstellen: Die Strähnen vorne gingen ihr bis zum Kinn.

Sie hatte sich also richtig zurechtgemacht, obwohl sie nur Milch holen gegangen war, dachte ich, so ähnlich wie ich es selber getan hatte, gestern, nur um für fünf Minuten meinen Vater vor dem Haus zu verabschieden, und indem ich das bemerkte, wurde mir ganz warm ums Herz.

Jetzt hob sie den Blick wieder und sah mich an, und ...

... sie lächelte und ...

... sie wandte sich nicht ab, sondern – im Gegenteil – kam langsam heran.

Ich fixierte die hochstehenden Laschen ihrer Adidas-Schuhe. Sie wurden immer größer, sie kamen immer näher, und ich wusste nicht, was ich machen sollte.

Aufstehen?

Sitzen bleiben?

Hand zur Begrüßung reichen?

Von Baudelaire anfangen?

Vom Fremden und von den Wolken?

Meinen Geburtstag erwähnen und sie einladen zu der Feier, die möglicherweise gar nicht stattfand?

«Hi», hörte ich sie sagen, als die Spitzen ihrer weißen Turnschuhe keine dreißig Zentimeter mehr von den Spitzen meiner abblätternden, schwarzen Säuretreter entfernt waren. Zwei schöne Paar Schuhe, dachte ich, die passen ganz hervorragend zusammen.

«Hi.» Leider fiel mir nichts Originelleres als Entgegnung ein.

Ich hatte eine Gänsehaut bekommen. Sie war jetzt wirklich ganz nah bei mir. Mit der ausgestreckten Hand hätte ich ihren Bauch berühren können. Und dann diese Stimme. Klar, es war eine ganz normale Stimme, was soll man schon sagen über eine Stimme, nicht zu hoch, nicht zu tief, aber es war eben *ihre*.

Mir fiel auf, dass ein paar Leute, die über den Keplerplatz schlenderten, uns komisch anguckten, aber bis auf die Rentner, die das frontal taten, mit offen stehenden Mündern und missbilligenden Falten um die Augen, immer nur in den Momenten, in denen sie dachten, selbst unbeobachtet zu sein. Es war immer das Gleiche: Man musste nur schnell und ruckartig den Kopf in irgendeine Richtung drehen, und schon hatte man jemanden erwischt beim Starren, obwohl nicht mehr viel los war um diese Zeit, ein paar übriggebliebene Kinder, Normalo-Jugendliche in kurzen Hosen, Erwachsene auf dem Weg in die Gaststätte.

«Geht's dir gut?» Das Mädchen sah zu mir herunter. Tonfall ironischer Sorge, Gesicht leicht spöttisch. «Du hast gerade gezuckt.»

«Ich hab was ausprobiert.»

«Was denn?»

«Ach ...» Ich winkte ab. Es schien mir in diesem Augenblick unmöglich, ihr zu erklären, was das Kopfrucken für einen Sinn hatte. Nämlich die Glotzer in flagranti zu ertappen.

«Sag ruhig!»

«Du hast schöne Schuhe», sagte ich stattdessen.

«Danke», sagte das Mädchen, dessen Namen ich nicht wusste, «du auch.»

«Na ja. – Willst du dich hinsetzen?»

«Ja.» Jetzt war nur noch mein Buch zwischen uns, das auf seinem Packpapierbett lag und blau schimmerte. «Liest du gerne?»

«Ja, schon», sagte ich.

«Das ist schön.»

«Findest du?»

«Na und ob. – Ich lese auch gern.» Wir schweigen ein paar Augenblicke lang. Ich traute mich nämlich keinesfalls zu fragen, was sie so las, denn ich wollte nicht enttäuscht sein, wenn es irgend so ein herkömmlicher Müll war.

Weil wir nebeneinandersaßen, mussten wir uns jetzt nicht mehr ansehen, das heißt, wir mussten es nicht mehr vermeiden, uns anzusehen, indem wir knapp aneinander vorbeiguckten. Wir blickten jetzt einfach geradeaus, zum Eingang der Kaufhalle, aus dem nur noch hin und wieder ein paar Kunden herauströpfelten.

«Am Anfang fand ich es ja gar nicht so gut, als Robert Smith mit diesen Turnschuhen ankam», sagte ich, um das Schweigen nicht peinlich werden zu lassen.

«Ich auch nicht», sagte sie und sah kurz zu mir rüber.

«Aber mittlerweile schon», sagte ich. «Ist eigentlich ziemlich clever von ihm, in weißen Turnschuhen anzukommen und die Erwartungen seiner Fans zu unterwandern. – Er scheint einen Sinn für Selbstironie zu haben.»

«Hab ich noch gar nicht so gesehen», sagte das Mädchen, «aber klar, könnte hinkommen. – Die Musik ist ja auch nicht mehr so düster wie früher.»

«Ich fand aber die düsteren Sachen besser.»

«Ich auch.» Wir sahen uns in die Augen, und weil sie lächelte, lächelte ich zurück. Dann wendeten wir uns wieder der Kaufhalle zu und schwiegen. Ich überlegte, ihr eine Zigarette anzubieten, aber da war wieder das Problem mit dem Husten beim ersten Zug. Diesmal jedoch beendete sie das Schweigen, bevor es unangenehm auf uns drücken konnte.

«Dieses Zucken vorhin ...»

«Das war nur ein Test», sagte ich.

«Und was für einer?»

«Du guckst nach vorne und stellst deinen Blick unscharf. Dann wartest du eine Weile. – Und wenn du im Augenwinkel einen Passanten bemerkst, reißt du ruckartig den Kopf in seine Richtung und stellst gleichzeitig die Augen scharf.»

«Ach ja?»

«Ja!»

«Und?»

«Du erwischst ihn dann hundertprozentig, wie er dich gerade anstarrt, wegen deiner Klamotten, wegen der Frisur und allem.»

«Wirklich?»

«Probier's mal aus!»

Das Mädchen probierte es aus, und zwei von drei Malen wurde sie angestarrt. Das heißt: wurden wir angestarrt, wie wir von Kopf bis Fuß in Schwarz den Einwohnern unseres Wohngebietes den Anblick des schönen Sommerabends verschandelten.

«Weißt du was?», fragte das Mädchen dann.

«Nein.»

«Ich würde gern der alte Mann da drüben sein.» Sie deutete auf einen weißhaarigen Mann im kurzen Karohemd, der, zwei Bierflaschen im Netz, auf seinen Stock gestützt vor der Kaufhalle stand und uns ungeniert musterte.

«Ich auch», sagte ich.

«Und warum du?»

«Sag du zuerst!»

«Weil ich uns beide dann von außen sehen könnte. – Und ob wir zueinanderpassen.»

Das machte mich sprachlos.

Denn das machte mich unglaublich froh.

«Und jetzt du», sagte sie und guckte kurz zu mir rüber.

«Ich auch. – Ich würde uns auch gerne zusammen sehen», sagte ich, «also ich meine: so von außen betrachtet.»

Sie lachte.

Ich winkte dem alten Mann zu, und der alte Mann guckte schnell woandershin und verzog sich dann grummelnd.

Als er weg war, erzählte ich dem Mädchen von dem seltsamen Paar, mit dem ich gestern verabredet gewesen war und das so gar nicht zueinandergepasst hatte: mein bester Freund Mario nämlich und seine neue Flamme Connie.

Er: dünn und groß und fast komplett in Schwarz, und sie in diesem außerirdischen Weiß, das man ohne Schutzbrille quasi nicht anschauen konnte. Wie ein Schornsteinfeger und ein Schneemann hätten sie zusammen ausgesehen, wie zwei Figuren aus einem dieser kleinen Gestecke, die man sich zu Silvester schenkte, aus Gründen des Aberglaubens, mit einer noch grünen Narzisse in der Mitte. Hätten sie obendrein ein rosa Ferkelchen an der Leine mitgeführt, das auf einem vierblättrigen Kleeblatt herumkaute, wäre das Bild vom totalen Glück perfekt gewesen, sagte ich.

Das Mädchen lachte sehr, als ich ihm von Mario und Connie erzählte, einmal so stark, dass ein winziger Tropfen Spucke durch die Luft flog und mich voll an der Wange traf. Aber ich tat so, als hätte ich nichts bemerkt, weil ihr ja auch nichts aufgefallen war, und schon gar nicht wischte ich den Tropfen ab, sondern ich ließ ihn unauffällig antrocknen.

Was ich sagen will: Mit einem Mal war sie weg, die Melancholie, die Gedanken an Leben und Tod und treulose Freunde.

Alles war leicht, und alles hatte einen Sinn.

Es gab sie einfach nicht mehr, diese dräuende Schwermut, so wie es heute Abend eben auch keine Wolken gab, denen man hinterhersinnen konnte. Selbst der Dunst in meinem Schädel löste sich langsam auf. Ich atmete tief ein und dann vorsichtig wieder aus, damit es nicht komisch aussah. So nach Erleichterung. Manchmal war eben alles gut, und man fand einfach keine Haare in der Suppe.

«Wo wohnst du eigentlich», fragte ich.

«Da drüben», sagte sie und zeigte auf den Vierzehnstöcker neben der Kaufhalle, «und du?»

«Grotrianstraße 20.»

Das Mädchen stand auf.

«Musst du schon los?» Ich stand auch auf, und jetzt, wo wir uns gegenüberstanden, bemerkte ich, dass sie zwar nicht größer war als ich, aber auch nicht kleiner. Ihre Augen befanden sich ungefähr auf der gleichen Höhe wie meine, und sie waren von einem dunklen Blau. Wenn überhaupt, überragten ihre Haare die meinen um zwei, höchstens drei Zentimeter, aber das zählte nicht. Das war fakultativ.

«Du, meine Mutter wartet wahrscheinlich schon. Ich sollte nur schnell Milch holen fürs Abendbrot. – Grießbrei», sagte das Mädchen.

«Ich mag keinen Grießbrei.»

«Ich auch nicht», sagte sie, «aber meine Schwester liebt ihn.»

«Du hast eine Schwester?»

«Sie ist acht.»

«Das ist schön», sagte ich, «das ist echt schön. Da ist man nie richtig alleine.»

«Wenn du wüsstest. – Man kann auch sagen: Da hat man nie seine Ruhe. Und: Da muss man dauernd die Ersatzmutter spielen.» Sie lachte.

«Das geht irgendwann vorbei.»
«Wahrscheinlich. – Dann hast du keine Geschwister?»
«Nein. – Leider nicht.»
«Ich kann dir Fritzi ja mal ausleihen.»
«Deine Schwester heißt Fritzi?»
«Wieso?»
«Weil ich das ganz großartig finde! Ehrlich! Fritzi! Das ist großartig!»

«Also, ich muss dann mal los. Die großartige Fritzi hat nämlich Hunger. Und wenn Fritzi Hunger hat, wird sie schnell sehr ungemütlich.» Sie nahm das Netz, und die Milchflaschen klapperten. Und sie sah mich an. Freundlich. Ihre Augen lächelten dabei, obwohl sie um den Mund herum fast ernst wirkte.

Ich wusste, dass ich jetzt irgendetwas sagen sollte. So was wie: ob sie nach dem Abendbrot nicht noch einmal herunterkommen könne. Um spazieren zu gehen oder in der Club-Gaststätte einen Gin Tonic zu trinken. Oder einfach nur, um weiter auf der Bank zu sitzen und etwas zu reden und etwas zu schweigen, das aber zusammen.

Nah beieinander.

Doch ich konnte dem Mädchen keine solche Frage stellen, denn wie aus dem Nichts war die dumme Angst zurückgekommen, die Angst vor dem Nein.

«Klar», sagte ich, «du solltest Fritzi nicht noch länger warten lassen.»

«Also dann …», sagte sie und ging langsam los.

«Kommst du morgen ins *Orion*?»

Sie blieb stehen und drehte sich um: «Kommst *du* denn?»

«Ja, logisch.»

«Dann komm ich auch.»

«Okay.»

«Okay.»

«Mach's gut», sagte ich.

«War schön», sagte sie und drehte sich endgültig um.

Ich ließ mich auf die Bank zurückfallen, und während sie die fünfzig Meter zum Hochhaus hinüberlief, zündete ich mir eine Zigarette an, um den Nebel der Gleichgültigkeit in meinem Schädel zu erneuern.

Ich sah, wie sie den Schlüssel aus der Hosentasche zog, als sie am Eingang ihres Hauses angelangt war, und wie sie sich noch einmal umdrehte, um mir zu winken. Ich winkte zurück, und kurz darauf verschluckte der Vierzehnstöcker das Mädchen, dessen Schwester Fritzi hieß, und mein Herz wurde augenblicklich zu einem toten Klumpen aus Granit.

SCHWARZ SIND ALLE MEINE KLEIDER

Nur fürs Protokoll: Niemand kam am Abend meines sechzehnten Geburtstages vorbei, um mit mir zu feiern. Kein Einziger. Nicht Dirk und nicht Michael, nicht Mario und auch die strahlende Connie nicht.

Und soll ich euch noch was sagen?

Es machte mir rein gar nichts aus. Denn schon auf dem Nachhauseweg war mein Herz wieder weich geworden. Und das wollte was heißen, bei gerade mal fünf- bis sechshundert Metern, die zwischen unseren Häusern lagen.

Ein Katzensprung!

Wir lebten nur einen Katzensprung voneinander entfernt!

Und in nicht mal vierundzwanzig Stunden würden wir uns wiedersehen!

Eine Weile ärgerte ich mich zwar, dass ich es versäumt hatte, sie nach ihrem Namen zu fragen, aber der Gedanke, das morgen im *Orion* nachholen zu können, tröstete mich ungemein.

Ihr müsst das so sehen: Gestern wusste ich noch gar nichts von dem Mädchen und heute schon, wo es wohnte und dass es eine achtjährige Schwester namens Fritzi besaß, die im Gegensatz zu ihm gerne Grießbrei aß.

Und weil ich diese neuen Informationen nicht ungenutzt verkommen lassen wollte, beschloss ich, das Mädchen, dessen Namen ich noch immer nicht kannte, bis morgen Abend *Fritzis große Schwester* zu nennen. Und indem ich das ein paarmal in Gedanken so tat, fühlte ich mich ihr sehr nah. Fast so wie vorhin, als sich unsere Schuhspitzen angeguckt hatten und ich theoretisch ihren Bauch hätte berühren können.

Und später beim Abschied, als ich in ihre Augen gesehen hatte, die dunkelblauen.

Aus unserer großen Geröllschublade in der Küche holte ich zwei Kerzen, die wir dort aufbewahrten, nicht wegen der Gemütlichkeit, sondern falls der Strom mal ausfiel. Denn offiziell hatten wir keine Zeit für Schönheit und Kontemplation. Wir mussten gut sein in der Schule und auf der Arbeit, dann wurden wir nämlich ins Internat verfrachtet oder durften zu Konferenzen reisen in die Schweiz.

Jedenfalls befestigte ich die Kerzen mit flüssigem Wachs auf zwei Untertassen, machte mir eine Büchse Fischsoljanka warm und aß sie im Stehen aus dem Topf. Ich braute mir eine Cola samt *Napoléon* und Eis und setzte mich mit den Kerzen, meinem Getränk und dem *Spleen von Paris* auf den Balkon.

Als es dunkel wurde, fingen die Grillen an zu zirpen.

Ich rauchte auf Lunge, und ich trank in kleinen Schlucken, nur lesen konnte ich nicht mehr. Immer wenn ich ein anderes Gedicht als das über die Wolken und den Fremden begann, schweiften meine Gedanken sofort zu Fritzis großer Schwester ab, zu unserer Begegnung am Nachmittag. Ich überlegte, was ich richtig gemacht hatte und was falsch, und ich führte mit ihr imaginäre Dialoge über Gott und die Welt, über Milchreis und Hefeklöße, über die *Sisters of Mercy* und *The Mission*, deren lahme Nachfolger. Sogar über den kanarienvogelgelben Trenchcoat meines Vaters unterhielten wir uns in meiner Vorstellung. Und wenn sie zuhört, pustete sie sich manchmal selbstvergessen die lange Strähne aus dem Gesicht.

Sogar als ich im Bett lag, redete ich in Gedanken weiter mit ihr, bis hinein in meinen ersten Traum der Nacht, in dem Fritzis Schwester zum ersten Mal mitspielte.

Den Mittwochmorgen begann ich so geräuschlos wie möglich. Ich erledigte alles auf Zehenspitzen. Ich vermied es, mit dem Geschirr zu klappern, ich verzichtete auf Musik. Kurz überlegte ich sogar, auf die Klospülung zu verzichten und stattdessen einen Eimer Wasser nachzukippen. Aber das war mir dann doch zu blöd. Und alles nur, um meinen sogenannten Freund Mario nicht anzulocken. Aber wie sagte schon Baudelaire, Chef-Brigadier aller dekadenten Dichter:

«*Freunde?*»
  «*Du bedienst dich da eines Wortes, dessen Bedeutung mir bis heute unbekannt geblieben ist.*»

Ich hatte einfach keinen Bock auf Marios Mitleid zwecks meines vergessenen Geburtstags und erst recht nicht auf seine Connie-Seligkeit und die ganzen Geschichten à la was sie zusammen gemacht hätten, gestern und vorgestern, ohne mich, das berühmte dritte Rad am Wagen.

Klar hätte ich ihm ganz gerne von Fritzis großer Schwester erzählt, die ja auch er vom Sehen kannte, aus dem *Orion* und von der Haltestelle. Aber alles hatte seine Grenzen, und das totale Vergessen meines Geburtstags war so eine Grenze. Und wenn man die erst mal überschritten hatte, stand man vor der Mauer meines Stolzes und kam nicht weiter. Dasselbe galt im Übrigen für die beiden anderen, Michael und Dirk.

Es war halb elf, als ich mit Frühstück, Anziehen und den Haaren fertig war, heute wieder in die richtige Richtung, mit kaschiertem Ohr.

Siebeneinhalb Stunden musste ich noch totschlagen, dann fing endlich die Mittwochsdisco im *Orion* an. Lesen konnte ich heute nicht, das merkte ich, ohne es zu probieren. Im Fernsehen kam nichts, das wusste ich, und das Einzige, was ich gerne gemacht hätte, auf einer der Bänke des Keplerplatzes zu sitzen und zu warten, dass das Mädchen zufällig vorbeikam, dessen kleine Schwester Fritzi hieß, schied aus. Niemand wollte mit jemandem zusammen sein, der so aufdringlich war wie eine Klette. Das heißt: so anhänglich.

Geduld, René, sagte ich zu mir selber.

Geduld und Stolz.

Und Selbstachtung.

Das waren jetzt die Sachen, auf die es ankam.

Ich zählte dreihundert Mark ab, steckte sie in die Hosentasche und ging zur Straßenbahnhaltestelle in der Galileistraße. Normalerweise stieg ich eine Station früher ein, weil es näher war. Aber wenn ich am *Orion* einstieg, musste ich vorher noch den Keplerplatz überqueren. Ich kam an der Wohngebietsbuchhandlung vorbei, an Kaufhalle, Wasserspiel und dem Vierzehnstöcker, in dem das Mädchen wohnte. Ich brauchte eine halbe Stunde für die paar Meter. Dreimal ging mir der Schnürsenkel auf, ich rauchte zwei Zigaretten auf Backe, während ich die Schaufenster von Apotheke und Buchhandlung studierte sowie die Speisekarte der Club-Gaststätte, was die meiste Zeit fraß. Aber alles umsonst, nichts passierte, außer natürlich, dass einer von diesen herumlungernden Wohngebietsrentnern mich zu fixieren begann, weshalb ich den Versuch, hier unauffällig auf mein Glück zu warten, lieber abbrach, bevor der Typ noch auf die Idee kam, mich beim ABV anzuschwärzen.

Ich fuhr mit der 6 in die Stadt, stieg am Filmmuseum aus und schlenderte zum Staudenhof rüber, wo das Ex war. Eine der duftenden Verkäuferinnen kam und fragte lächelnd, ob sie mir helfen könne. Sie war an den Wangenknochen stark geschminkt, und ich sagte, dass ich ein Hemd suchen würde oder einen einfachen Pullover. Möglichst ohne dämliches Wort vorne drauf wie *Beach* oder *Peace*.

Ihr wisst ja, die Verkäuferinnen im Ex sind wirklich freundlich, weil das Zeug, das sie dort verhökern, ja ein Schweinegeld kostet. Sie müssen sich ein bisschen einschmeicheln, um die Leute bei Laune zu halten. Nicht so wie die in der Jugendmode, wo alles billig ist und einem nachgeworfen wird.

Weshalb mich diese Verkäuferin hier jetzt auch angrinste und sagte: «Lassen Sie mich raten, in Schwarz?»

Ich sagte: «Wie kommen Sie denn da jetzt bloß drauf?» Die Verkäuferin lachte und verschwand mit wackelndem Po in den Untiefen des Verkaufsraumes.

Sie kam mit genau zwei Kleidungsstücken wieder, einem Hemd und einem Pullover.

«Das müsste passen», sagte sie, «Größe 46, eher noch ein bisschen zu weit. – Wollen Sie in die Umkleidekabine?»

«Das hier nicht», sagte ich und gab der Verkäuferin das Hemd gleich zurück. Es hatte einen Stehkragen, und der war grau abgesetzt, aber das Schlimmste war die Knopfleiste, die asymmetrisch von rechts unten nach links oben verlief. Darin sah man aus wie dieser Hirni von *A Flock of Seagulls*, nur in Schwarz, was immerhin schon ein erster Schritt zwecks Besserung gewesen wäre. Ich meine diesen Sänger da mit der explodierten Frisur aus schütteren Haaren.

«Wird aber gerne genommen», sagte die Verkäuferin.

«Aber nicht von mir», sagte ich und verkrümelte mich mit dem Pullover in die Umkleidekabine. Normaler Kragen, Wolle, schwarz, saß locker, hing aber trotzdem nicht wie ein Sack an einem runter, keine Fledermausärmel, kein Schnickschnack reingestrickt wie Zöpfe, Rauten oder geheime Friedensbotschaften: passte.

«Den kann man auch gut im Sommer tragen. Gerade an kühleren Tagen wie heute», sagte die Verkäuferin, als wir an der Kasse standen. «Nur ein Unterhemd drunterziehen oder ein Nicki oder einfach gar nichts. Ist angenehm auf der Haut und – macht hundertzwanzig Mark.» Sie hackte den Betrag in die Registrierkasse, und die Schublade sprang scheppernd auf.

«Da muss 'ne alte Frau aber lange für stricken», sagte ich und reichte ihr hundertfünfzig von meinem Geburtstagsgeld, und ich dachte: Ein Pullover aus dem Ex entsprach zwei West-Bänden Baudelaire.

«Wenn 'ne alte Frau stricken kann, muss sie keine Pullover mehr bei uns kaufen», sagte die Verkäuferin und gab mir das Restgeld zurück.

Wir grinsten uns an.

Mannomann, die Verkäuferinnen im Ex sahen nicht nur gut aus für ihr vorangeschrittenes Alter von zwanzig oder dreißig Jahren, sie verfügten auch noch über Humor. Und das Beste: Sie duzten einen nicht ungefragt wie die aus der Wohngebietsbuchhandlung. Und die aus der Kaufhalle in ihren versifften Dederonkitteln, die einen dauernd nach dem Ausweis fragten, wenn man mal Zigaretten wollte.

Ich hatte richtig gute Laune, als ich aus dem Ex rausspazierte. Ich lief an der Bibliothek vorbei zum Platz der Einheit, wo ich erst mal Rast machte bei Bockwurst und einem Glas Fassbrause. Auch hier in der Innenstadt lief das Leben entspannter ab, wenn schulfrei war. Ich sah viele jüngere Mädchen, die in kleinen Gruppen ziellos umherliefen, Eis lutschten, kicherten und sich von kleinen Schwärmen mürrisch blickender, struppiger Jungs bewundern ließen, die ihnen im Abstand von fünfzig Metern folgten. Die Jungen gingen vielleicht in die Achte oder Neunte, und wenn sie sich laut etwas zuriefen, ließ der Stimmbruch ihre Sätze oft in ohrenzerfetzender, schriller Höhe enden. Und alle, wirklich alle von denen trugen stolz diesen grässlichen Flaum auf der Oberlippe, den ich selbst seit anderthalb Jahren abrasierte, ohne dass sich unterdessen ein so dichter Bartwuchs bei mir eingestellt hätte wie bei Mario.

Natürlich bummelten auch Mädchen in meinem Alter durch die Stadt, zu zweit oder zu dritt, und ich bemerkte, dass ein paar von ihnen tuschelten, als sie mich sahen, und wie sich einige von ihnen in mein Blickfeld drängelten, um mir Zeichen zu geben mit ihren Blicken oder um mir eine halb ironische Kusshand zuzuwerfen. Und normalerweise machte ich diese Spielchen auch mit, fing die Kusshand auf und warf sie zurück und griff mir mit schmachtendem Blick ans Herz und ging in die Knie und alles, selbst wenn mir die Mädchen meist zu bunt waren. Aber heute ging das nicht, heute dachte ich nur an die eine, an die Schönste von allen, deren Namen ich an diesem Abend erfragen würde.

Im Schallplattengeschäft in der Friedrich-Ebert-Straße, gleich neben dem Lichtspieltheater *Melodie*, kaufte ich zwei leere ORWO-K-60-Kassetten, was mich um weitere vierzig Mark leichter machte. Das war überhaupt das Einzige, was man hier kaufen konnte, außer den Klassikplatten vielleicht noch, aber von denen hatte ich keinen blassen Schimmer. Dann bog ich in die Klement-Gottwald-Straße ein, die Fußgängerzone unserer Stadt, wo ich in der Werkzeugabteilung des Konsument-Warenhauses zwei Fläschchen Reparaturlack erstand, einmal in Schwarz und einmal in Rot, weil es Silber mal wieder nicht gab, sowie eine Büchse Verdünnung für verkrustete Pinsel.

Kurz vor vierzehn Uhr war ich mit meinen Einkäufen fertig. Ich fuhr mit der Bahn ins Wohngebiet zurück, besorgte in der Kaufhalle ein Brot, das Knabberzeug, auf das ich gestern verzichtet hatte, und eine Schachtel *Club* für den Abend. Als ich an der Kasse nach meinem Ausweis gefragt wurde, zog ich ihn einfach heraus und hielt ihn der Verkäuferin grinsend vor die Nase.

«Aber gerade so», sagte sie verächtlich. Sie wusste ganz genau, dass sie mir von nun an nichts mehr anhaben konnte. Und ich wusste ganz genau, dass sie mich gerade deshalb immer wieder den Ausweis vorzeigen lassen würde. Aus reiner Schikane. Die Rache des kleinen Mannes. Und die der kleinen Frau. Aber was sollte es: Noch viereinhalb Stunden, dann begann die sogenannte Jugendtanzveranstaltung in der sogenannten Mehrzweckgaststätte *Orion*.

Zu Hause riss ich eine Tüte Erdnussflips auf, aß drei, vier Handvoll von dem Zeug und spülte mit eiskalter Cola nach. Und dann machte ich mich ans Werk. Die Papiereinleger warf ich weg, und alles andere an den beiden ORWO-Kassetten pinselte ich dick mit schwarzem Reparaturlack ein: die durchsichtige Hülle, die Aufkleber, alles. Ich trug mehrere Schichten auf, und wo ich schon mal dabei war, strich ich zwischendurch, wenn die jeweils letzte Schicht gerade trocknete, meine Schuhe.

Ich malte so lange, bis alles fett und schwarz glänzte und die ganze Wohnung giftig roch und mir ein bisschen schwindelig war von den ganzen Dämpfen. Aber ich durfte nicht schlappmachen, langsam wurde die Zeit nämlich knapp. Nur noch dreieinhalb Stunden, und es war besser, wenn man nicht erst um Punkt sechs vorm *Orion* antanzte, sondern mindestens eine halbe Stunde früher. Also hielt ich mich ran und suchte ein paar Songs raus, von denen ich dachte, sie könnten der Schwester von Fritzi gefallen. Aber weil sich die schwarz gestrichenen Kassettenseiten nicht mehr unterscheiden ließen, malte ich vorher mit dünnem Pinsel und in rotem Reparaturlack *Dark Side* auf die eine und *Bright Side* auf die andere Seite. Ins Innere der Hülle schrieb ich: *Für Fritzis große Schwester, R.*, wobei ich um das R. herum einen Kreis zeichnete, so, wie es die Panikrocker aus dem *Orion*, die sich selber Punks nannten, mit jedem A machten, das ihnen über den Weg lief. Als das erledigt war, schmiss ich meinen Doppelkassetten-Recorder an und spielte auf die dunkle Seite:

The Cure, Strange Day
Clan of Xymox, One Day
Sisters of Mercy, Temple of Love
Echo and the Bunnymen, Killing Moon

Cocteau Twins, Wax and Wane
Durutti Column, Sketch for Summer
This Mortal Coil, Song to the Siren

und auf die helle:

Aztec Camera, Walk out to Winter
The Smiths, Nowhere fast
The Triffids, Hell of a Summer
Killing Joke, Love like Blood
Simple Minds, Someone Somewhere in Summertime
Billy Bragg, New England
Prefab Sprout, Faron Young
Lloyd Cole and the Commotions, Are you ready to be heartbroken?

Ich hatte die Lieder alle selber aus dem Radio aufgenommen, und als ich nach Urzeiten endlich fertig war mit dem Überspielen, nahm ich noch mal den dünnen Pinsel in die Hand, der im Fläschchen mit rotem Reparaturlack steckte und schon langsam festklebte. Ich wollte noch irgendwas auf die glänzende Hülle schreiben, eine Art Motto, eine Botschaft für Fritzis Schwester, um ihr zu sagen, dass ich sie ganz gut fand. Aber weil mir nichts einfiel und ich mich allmählich sputen musste wegen der Disco, beschloss ich, einfach einen der Songtitel auf die Hülle zu schreiben. Nach grober Vorauswahl blieben drei Kandidaten übrig:

Sketch for Summer
Hell of a Summer
Are you ready to be heartbroken?

Letzteres konnte allerdings etwas aufdringlich wirken, dachte ich, und ein Titel, in dem der Sommer vorkam, war sowieso besser, schließlich stand der Sommer bekanntermaßen gerade in voller Blüte.

Nach kurzem Hin und Her entschied ich mich für *Sketch for Summer*. Was ja so viel bedeutete wie Skizze des Sommers oder Skizze *eines* Sommers. Das konnte man so genau nicht sagen, weil ja der Artikel fehlte. Möglicherweise aber stand ich auch komplett auf dem Holzweg, und es handelte sich um eine Skizze, für ein Mädchen, das Summer hieß.

Leider fehlte mir für derartige Haarspaltereien im Moment die Muße. Einerlei: So ein Spruch jedenfalls war weder falsch, noch war er richtig: Also genau das, was ich brauchte.

Leider schaffte ich es nicht mehr, die zweite Kassette mit derselben Musik in derselben Reihenfolge zu bespielen, die ich für mich haben wollte. Ihr wisst schon: Wenn wir die gleiche Musik hörten, gab's da ein unsichtbares Band zwischen uns. Das war schon etwas mehr als die gemeinsame Abneigung gegen Grießbrei.

Gerade als ich im Bad den Lack auf meinen Schuhen trockenföhnte, klingelte das Telefon.

Ich nahm den Hörer ab und sagte: «Ja?»

«Hier ist dein Vater», sagte mein Vater. «Bist du nie da, oder gehst du bloß nicht ran?»

«Wieso denn?»

«Ich habe jetzt schon dreimal versucht, dich zu erreichen.»

«Ich war vorhin in der Stadt», sagte ich, «Geburtstagsgeschenke kaufen. Und gestern ...»

«Na ja, ist ja schon gut», unterbrach mich mein Vater,

«ich habe jetzt eigentlich auch gar keine Zeit, um lange zu reden. – Ich wollte nur sagen, dass ich angekommen bin.»

«Ach so.»

«Bei dir alles in Ordnung, René?»

«Alles klar hier.»

«Falls doch mal was sein sollte, geh zu Frau Hermann hoch oder zu den Kohlschmidts. – Oder schreib Oma ein Telegramm.»

«Ja, mach ich.»

«Na dann: bis zum nächsten Mal.»

«Tschüs.»

«Mach's gut», sagte mein Vater und legte den Hörer auf.

Kurz vor drei viertel sechs waren meine Schuhe endlich trocken. Ich suchte eine schwarze Hose raus, die zu einem Fünfziger-Jahre-Anzug meines Opas gehört hatte und trotzdem aus derbem, beinahe schon rauem Stoff bestand und unten etwas schmaler geschnitten war als oben. Die Hose krempelte ich bis zu den Fußknöcheln hoch, und anschließend schlüpfte ich in meine frisch renovierten Schuhe, ohne Socken, versteht sich, denn es war Sommer und sah außerdem besser aus. Wie mir die Verkäuferin geraten hatte, zog ich nur eines von diesen schwarzen Turnhemden unter meinen neuen Pullover. Zum Schluss überprüfte ich meinen Anblick im großen Flurspiegel. War ganz okay, was ich darin sah.

Ich steckte die schwarze Kassette ein, fünfzig Mark, Zigaretten, Streichhölzer und Schlüssel und machte, dass ich rauskam.

SONJA

Sobald ich auf der Straße stand, merkte ich, wie heftig mein Herz pochte. So sehr, dass ich meine Regel brach und mir schon vor unserem Block die erste *Club* anzündete.

Ich rauchte auch gar nicht richtig, sondern zog nur ab und zu an der Zigarette, damit sie nicht ausging.

So hatte ich was zum Festhalten.

Ich rauchte quasi symbolisch.

Vor dem *Orion* stand die übliche Schlange, zwanzig Meter, vielleicht dreißig, die in der Nähe des Eingangs in einem unordentlichen Pulk aufging, und ganz vorn an der Tür, gleich neben dem Einlasser mit der roten Armbinde, stand wie üblich Sonja und suchte mit ihren schwarzen Radaraugen die Gegend nach Bekannten ab.

«Ey, René!»

Da hatte sie mich auch schon geortet.

«Mann, ihr Penner, lasst mal René durch!», schrie Sonja, und der Pulk vor dem Eingang teilte sich wie einst das Tote Meer. Ich brauchte nur noch durchzuspazieren, und schon war ich an der Tür.

Ihr müsst wissen, Sonja war eigentlich gar nicht von hier. Sie war in Chile geboren, aber 73, als Pinochet den Präsidenten Allende weggeputscht hatte, musste sie fliehen, als Baby quasi, und zusammen mit einem Haufen anderer Chilenen, die jetzt auch in unserem Neubaugebiet wohnten. Sonjas Eltern nämlich waren nicht nur Sozialisten, wie Allende einer gewesen war, sondern schlimmer: Sie waren *Kommu*nisten. Pinochet dagegen war so ein richtig mieser Drecksack, Faschist und alles, der leider immer noch am Leben war und sein Unwesen trieb, samt Folter.

Mit Sonja war ich zusammen im Kindergarten gewesen, selbe Gruppe, und weil Sonja eine treue Seele hatte, ließ sie mich und meine Freunde, seit wir ins *Orion* gingen, jeden Mittwoch und jeden Sonntag vordrängeln, obwohl wir gleich nach dem Kindergarten auf verschiedene Schulen gekommen waren.

Man muss schon sagen, dass die Chilenen anders aussahen als unsereiner, und ich meine nicht die schwarzen Haare, die die meisten von ihnen hatten, oder die dunklen Augen. Ich meine die Klamotten, in denen sie rumliefen. Wie frisch aus einem der Quelle-Kataloge gefallen, die meine Oma jedes Jahr aus dem Westen geschickt bekam, ganz rosig irgendwie und porentief rein und immer gekämmt und gestriegelt und nicht mit diesen selbstgezimmerten Frisuren auf dem Schädel, mit denen wir anderen hier immer um die Ecke kamen.

Ich garantiere: Nicht einer von deren Jungs trug keinen Fassonschnitt!

«Alles von C&A», hatte Sonja stolz gesagt, als ich sie einmal auf ihre Klamotten angesprochen hatte. Und wenn Sonja C&A sagte, dann meinte sie nicht diese verblichenen Sachen kurz vor dem Ausleiern, die mir meine Oma früher manchmal gegeben hatte aus irgendwelchen Westpaketen, sondern das bedeutete: nagelneue Sachen aus einer C&A-Filiale in Berlin. Und zwar: in *West*-Berlin, logisch.

Denn unsere Wohngebiets-Chilenen waren nicht nur

Kommunisten, wie ein paar von den Einheimischen hier auch, sondern sie durften mit ihrem chilenischen Pass obendrein in den Westen. Ideale Kombination, wenn ihr mich fragt.

Und genau aus diesem Grund riskierte Sonja an der Tür des *Orions* dauernd die große Lippe, obwohl sie genau genommen gar nichts zu sagen hatte. Aber wahrscheinlich brachte sie der Einlasser-Clique von der FDJ ab und zu mal was von drüben mit, Schachtel *Marlboro*, die sie selber immer rauchte, oder eine Flasche *Granini*-Saft mit Bananengeschmack. Und zum Dank dafür durfte sie all ihre Freunde und Bekannten durchwinken.

«Glückwunsch, René», sagte Sonja und gab mir einen Kuss auf die linke und dann einen auf die rechte Wange, so wie sie es immer machte mit denen, die sie nach vorne rief, «ich hab gehört, du hattest Geburtstag gestern.»

«Danke, Sonja, und: ja.»

«Die warten schon alle auf dich.»

«*Wer* wartet auf mich?»

«Na die üblichen Pappenheimer», sagte Sonja, «bis gleich. – Wir stoßen nachher noch an, okay?»

Ich bezahlte die 2 Mark 10 für meine Eintrittskarte und ging rein.

Das *Orion* müsst ihr euch ungefähr so vorstellen: Gleich hinter dem Eingang liegen die Toiletten, daneben befindet sich die Garderobe, die im Sommer natürlich nicht besetzt ist. Im hinteren Teil des Saales gibt es einen Ausschank für Cola und am Mittwoch auch für Bier und Longdrinks. Daneben führt eine Schwingtür in die Küche der HO-Club-Gaststätte, aus der man sich einen Imbiss kommen lassen kann. Eine Bockwurst, wenn es denn partout nicht anders geht, oder eine Knacker, aus der das flüssige Fett rausgeschossen kommt, wenn man arglos reinbeißt, sodass alle Umstehenden besudelt werden.

Genau gegenüber, am anderen Ende, befinden sich die Tische des Discjockeys. Die meisten Discjockeys haben nur zwei Kassettendecks dabei, ein Mischpult, einen Kopfhörer und einen Pilotenkoffer voller West-Kassetten. Das ist so was wie deren Ehrenkodex: nur Kassetten aus dem Westen, und wenn es die fiesen *Scotch*-Dinger sind, die sich im Recorder nach einer Weile von selbst abwickeln.

Manche besitzen zusätzlich ein Brett voller Schalter, mit denen sich die Lichtanlage manuell steuern lässt. Und wenn sie clever sind, tun sie das nicht selber, sondern drücken einem der Normalos von der linken Saalseite fünf Mark in die Hand, damit er an ihrer Stelle vier Stunden am Stück und möglichst im Rhythmus der Musik auf den Schaltern herumkloppt.

Und dann gibt es die Tische, die in kurzen Reihen aufgebaut sind, rechts und links der Tanzfläche, über der eine große Discokugel rotiert. Auf allen Tischen liegen weiße, gestärkte Tischdecken, die richtig gut riechen anfangs, nach Wäscherei und purer Hygiene. Und die später immer aussehen wie Sau, von der verschmierten Zigarettenasche und den Cola-Lachen, Lippenstiftschlieren, Senfflecken und Fettspritzern. Was man wissen muss als Neuling, nur falls ihr mal zu Besuch seid in unserem Wohngebiet: An den Tischreihen links von der Tanzfläche sitzen die, die draußen in der Schlange warten müssen, an den Tischen rechts alle, die Sonja vorlässt. Wobei der erste Tisch rechts, direkt neben dem Discjockey, den Chilenen selbst vorbehalten ist.

Wenn ihr also mal ins *Orion* kommt, als Frischlinge,

dann setzt euch auf die linke Seite. Nach rechts kann man immer noch befördert werden.

Dauert vielleicht etwas, ist aber nicht unmöglich.

Vor allem: Stellt euch gut mit Sonja.

Ihr könnt sie ja von mir grüßen, wenn es unbedingt sein muss.

Bevor ich heute den Saal betrat, zündete ich mir die nächste Zigarette an. Aber weil ich so nervös war, zitterte mir die Hand mit dem brennenden Streichholz. Ehrlich gesagt, stand ich kurz vor einem Herzkasper.

Ich rauchte zwei Züge auf Backe und sah mich um, und obwohl es schon ziemlich voll war, erkannte ich sofort, dass auch das schönste Mädchen der Welt gekommen war: Fritzis große Schwester, und komischerweise machte mich ihr Anblick jetzt sogar ein bisschen lockerer.

Sie saß dort, wo sie immer saß: rechte Seite, gleich am Nachbartisch der Chilenen, von denen sie wahrscheinlich auch einen kannte, denn noch nie hatte ich sie in der Schlange anstehen sehen. Sie kehrte mir den Rücken zu und unterhielt sich gerade mit ihrer Freundin, die praktisch aussah wie sie selber.

Nur mit blond gefärbten Haaren.

In uninteressant.

Für meine Begriffe.

Aber noch bevor ich losgehen konnte, um sie zu begrüßen, hob auf einmal ein Riesengetöse an. So eine Art Johlen, garniert mit Klatschen. Es kam auch von der rechten Seite, von etwas weiter hinten, wo wir immer saßen. Und da brannten doch tatsächlich Kerzen auf einem der Tische, und noch bevor ich mich fragte, ob es nicht verboten war, hier im *Orion* Kerzen anzuzünden, wegen Brandschutz und so, musste ich daran denken, dass jetzt womöglich auch noch Kerzenwachs zu dem ganzen anderen Schmodder hinzukam, wenn es darum ging, die Tischwäsche zu verdrecken.

Im Kerzenschein erkannte ich allmählich die ersten Gesichter, die sich da um das Feuer geschart hatten.

Mario zum Beispiel, mein sogenannter bester Freund.

Connie, seine Flamme, heute in Feuerwehrrot.

Dirk, in einem weißen Kosakenhemd aus dem Ex.

Und Michael, mit schwarzem Anzug zum weißen Hemd, was ihm den Charme eines Oberkellners verlieh, sowie ein paar andere Gestalten, die immer um uns rumschwirrten.

Als sie sahen, dass ich zu ihnen rüberguckte, fingen sie obendrein zu singen an, und zwar ausgerechnet «Happy Birthday to you, Happy Birthday to you», wobei aus dem ganzen Krächzen und Jaulen eine Stimme besonders schrill hervorsprang. Sie gehörte einem Mädchen, das ich vage vom Sehen her kannte, aus der Stadt und von der linken Seite des *Orions*, und weil es aussah wie Connie, in ein klein bisschen hübscher, schloss ich haarscharf, dass es eine von Connie mitgebrachte Freundin war.

Aber singen konnte sie weiß Gott nicht.

Sogar ein paar von den Leuten an den Nachbartischen, mit denen ich noch nie was zu tun gehabt hatte, fielen in das Geburtstagsständchen ein. Ich merkte, dass ich rot wurde, aber weil es ein bisschen schummrig war, zwecks Gemütlichkeit gleich beim Tanzen, fiel es hoffentlich niemandem auf.

Natürlich glotzte jetzt der halbe Saal in meine Richtung, und das Klatschen brandete leider auch nicht unbedingt ab.

Wurde Zeit, loszulaufen, dachte ich, vielleicht ließen sich

unterwegs ein paar von den Blicken abschütteln. Und genau in diesem Moment drehte sich Fritzis große Schwester um, und als Fritzis Schwester bemerkte, dass *ich* der Grund für den dämlichen Aufruhr hier im Saal war, lächelte sie mir zu und winkte.

Ich winkte zurück, zu lächeln vergaß ich leider an dieser Stelle. Aber ich merkte ganz genau, wie sich ein paar Leute an unserem Tisch die Hälse verrenkten, um zu sehen, wem ich da gewunken hatte.

Dann ging ich endlich los, ein bisschen wackelig, aber ansonsten ganz gerade, Zigarette zwischen den Fingern, die langsam heiß, weil immer kürzer wurde, und ich sah, wie die Freundin von Fritzis Schwester zu Fritzis Schwester etwas sagte, und zwar mit dem fragenden Blick des Erstaunens.

Vielleicht so was wie: «Was, ihr winkt euch jetzt sogar schon zu? Wie lange geht das denn mit euch? Und warum weiß ich davon noch nichts, wo ich doch deine beste Freundin bin, ey?»

Während dieser kurzen Ansprache ihrer Freundin sah Fritzis Schwester noch immer zu mir rüber, freundlich, würde ich sagen.

Als ich an unserem Tisch ankam, ließ ich mich auf den Stuhl fallen, den Mario für mich besetzt gehalten hatte, und das Geklatsche hörte endlich auf. Jetzt sah ich auch, was es mit den lodernden Kerzen auf sich hatte. Sie standen auf einer großen Erdbeertorte herum, auf die irgendwer mit windschiefen Sahnebuchstaben meinen Namen geschrieben hatte und darunter eine Zahl: 16. Leider wurde das Vergnügen etwas getrübt, weil der Tortenbeschreiber vergessen hatte, meinem Namen den *Accent aigu* beizulegen, das ist dieser Haken da, über dem zweiten e von René. Aber ich will mich hier nicht sinnlos echauffieren, was zählte, war ja die gute Absicht.

Rechtschreibung kam erst an zweiter Stelle.

«Jetzt wird unser Küken langsam flügge», sagte Michael und haute mir auf den Rücken. «Alles Gute!»

«Willkommen im Zwischenreich der Halberwachsenheit, mein lieber René!», sagte Dirk und steckte sich eine *Club* zwischen die Lippen.

«Mach doch mal einer die Flasche auf!», rief Mario, und erst jetzt bemerkte ich die anderen Gegenstände, die meine Geburtstagstafel bevölkerten. Als da waren: ein Sektkühler samt einer Flasche Sekt, ein rundes Tablett mit Sektgläsern darauf, ein Haufen zerkratzter Alu-Gabeln von der Schulspeisung, ein Stapel von diesen Bockwurstpappen, auf denen die kleinen Imbisse hier immer serviert wurden, ein langes, dünnes Messer, ein silberner Tortenheber sowie ein bisschen verstreutes Konfetti zur Dekoration.

«Danke, danke», sagte ich, «aber eine Frage: Seit wann darf man hier denn Kerzen entzünden.»

«Wer mit Sonja im Kindergarten war wie du, darf hier fast alles», sagte Dirk, «da ist die Ausnahme die Regel.»

«Ja, kannste dich echt bei Sonja bedanken, Alter», sagte Mario.

«Du redest heute wieder wie ein dahergelaufener Bierkutscher, mein Lieber», sagte Dirk und grinste ihn an.

«Ich bin wirklich ein bisschen gerührt, meine Freunde», sagte ich, und das stimmte sogar, obwohl es natürlich ironisch klang und es mir folglich keiner abnahm.

Aber so war das nun mal mit der Ironie, nie konnte man ausdrücken, was man wirklich sagen wollte. Und wenn man mal ernsthaft was sagte, dann machten sich die Leute über einen lustig. Ich meine jetzt nicht Mario oder Connie, ich meine die beiden anderen: Dirk und Michael. Aber was noch schlimmer war: wenn sie das ernsthafte Sprechen für eine besonders feine Form der Ironie hielten.

Was ich sagen will: Im Prinzip konnte man sich mit bestimmten Menschen gar nicht mehr richtig unterhalten. Wenn es nur noch darum ging, dass das, was man sagte, möglichst gut klang, war das Sprechen auf Dauer ziemlich anstrengend.

«Den Kuchen hat Connie gebacken», sagte Mario.

«Zusammen mit Bianca», sagte Connie und zeigte auf das Mädchen mit der Todesstimme.

«Wirklich?», fragte ich und sah Bianca an, die mir gegenübersaß.

«Ja», sagte Bianca und lächelte, «und auch von mir herzlichen Glückwunsch zum Geburtstag.»

Sie reichte mir die Hand, und weil ich höflich war, griff ich natürlich zu. Sie ließ meine Hand gar nicht wieder los und fing sogar an, daran herumzureiben. Man sah es nicht von außen, weil meine Hand dabei oben lag, aber ich konnte es ganz genau fühlen. «Mario hat viel von dir erzählt», schob sie jetzt nach.

«Seht, seht!», sagte Michael und schnitt eine Grimasse in meine Richtung.

«Was hat er denn so zum Besten gegeben?», fragte ich, zog mit einem Ruck meine Hand aus ihrer Umklammerung und platzierte sie vorsichtshalber erst mal unter dem Tisch.

«Oh nein, lasst mich raten, was jetzt kommt», sagte Dirk und verdrehte die Augen.

«Na, dass ihr euch schon ewig kennt, zum Beispiel. Und dass ihr so was wie Brüder seid ...»

«Wobei Mario der missratenere Sohn ist», fuhr Dirk dazwischen, «Mädchen, Zigaretten, Alkohol und keine Lust auf die Schule.»

«... seit damals, in den 70er Jahren», ließ Bianca sich nicht beirren, und wenn sie nicht versuchte zu singen, klang ihre Stimme ziemlich gut, «als dieser LKW aus dem Westen in euren Wald gekippt ist.»

«Die Gillette-Pappen mal wieder», stöhnte Michael, «Stoff, aus dem ganze Romane entstehen.»

«Fand ich gut, die Geschichte», sagte Bianca, «irgendwie süß!»

«*Süüüß*», äfften Dirk und Michael ihren Tonfall nach, aber statt eingeschnappt zu sein, lachte Bianca darüber hinweg.

«Aha», sagte ich, «und wessen Umsicht verdanken wir den Sekt?» Ich zog die schwere Flasche aus dem Kühler. Sie hatte ein schwarzes Etikett, sah ziemlich edel aus, mit den ganzen Tautropfen dran, die herunterperlten, und sie stammte von der Krim.

«Die hat dein Vater bei uns abgegeben», sagte Mario, «damit du zu uns hochkommst an deinem Geburtstag und wir zusammen anstoßen. – Aber ich dachte, wir trinken den Schampus lieber hier, ohne meine Mutter und ihr ewiges Blabla.»

«Eine weise Entscheidung!», sagte Dirk, und Michael sagte: «Dem pflichte ich bei.»

«Was ist denn mit deinem Vater?», fragte Bianca, «Mario hat gar nichts erzählt. Nur von deiner Mutter und dass sie ...»

«Der ist auf Dienstreise», fiel Mario ihr ins Wort, «und

zwar volle zwei Monate lang. – Eigentlich die ganzen Ferien über.»

«Und zwar –», ergänzte Dirk nach einer Kunstpause, «in Genf, der alte Bonze.»

«Das liegt in der Schweiz, musst du wissen», sagte Michael und sah dabei Connie an, «da ist es wie in einem gigantischen Intershop.»

«Idiot», sagte Connie.

«Dann bist du die ganze Zeit alleine?», fragte Bianca und machte dabei ganz traurige Augen.

Allerdings wusste man bei diesen spontan traurigen Augen nie, ob sie echt waren oder gefälscht zwecks emotionaler Manipulation. Mundwinkel runterziehen und Lider hochreißen konnte schließlich jeder innerhalb von Zehntelsekunden. Genauso wie Grinsen. Und weil ich nicht aufgepasst hatte, schnappte sich Bianca jetzt meine linke Hand, die auf dem Tischtuch herumgelegen hatte, weil man schlecht mit beiden Händen unterm Tisch dasitzen konnte. Wie sah denn das bitte aus?

Sie legte meine linke Hand und auf ihre rechte und fing an, sie zu streicheln, so zärtlich fast.

Und zwar vor allen Leuten.

Und glaube ja keiner, dass irgendwer diskret weggguckte.

Und Bianca sagte: «Wenn du mal was brauchst, jemandem zum Reden oder einfach ein bisschen Gesellschaft, kannst du mich jederzeit anrufen. – Ich geb dir nachher meine Nummer, okay?»

Ich wollte das nicht, ich war ja heute eigentlich in einer völlig anderen Mission unterwegs, aber ich muss trotzdem zugeben, dass es kein schlechtes Gefühl war, von Biancas Hand gestreichelt zu werden.

Sie hatte schwarz lackierte Fingernägel, genau wie Fritzis große Schwester, und als mir Fritzis große Schwester wieder in den Sinn geriet, guckte ich mich kurz um, ob sie nicht zufällig vorbeiging, Richtung Toiletten oder Barausschank.

Aber die Luft war rein.

Gott sei Dank.

Dafür bemerkte ich, wie sich Mario und Connie angrinsten, zwecks unserer Hände, Biancas und meiner, und wie Dirk und Michael das Gleiche taten, nur mit rollenden Augen.

«Du hast *Telefon*?», fragte ich und entzog Bianca meine Hand zum zweiten Mal.

«Ja, du auch?»

«Ja.»

«Großartig, dann seid ihr ja schon zwei», sagte Dirk, «mein Neid ist euch gewiss.»

«Was ist denn jetzt mit dem Sekt?», drängelte Mario.

«Erst die Kerzen auspusten», rief Connie, «das Wachs tropft schon auf den Tortenguss.»

«Erst anstoßen!»

«Nee, erst auspusten!»

«Wir könnten die Kerzen auch mit dem Sekt löschen», sagte ich, «und auf diese Art zwei Fliegen mit einer Klappe erschlagen.»

«So, du pustest, René. – Ich mach die Pulle auf.» Sonja war an den Tisch getreten, hatte sich die Flasche geschnappt und das Kommando übernommen.

Widerspruch war zwecklos.

Also pustete ich, und dann ließ Sonja den Korken knallen, und weil sie die Flasche vorher geschüttelt hatte, lief ein ordentlicher Schwall über Dirks teures Kosakenhemd.

Doch statt sich zu beschweren, grinste er nur schief, denn wer wollte schon wegen eines nassen, klebrigen Ärmels die Privilegien am Einlass riskieren.

Sonja verteilte den Krimsekt auf die Gläser, und jeder nahm sich eins. Wir stießen an, Geburtstagsfloskeln wechselten den Besitzer, und dann tranken wir endlich das Zeug, was echt eine Erfrischung war in der stickigen Luft. Mario sogar auf ex, und er griff schon nach dem nächsten Glas, kaum dass wir anderen unseres abgestellt hatten.

«Hier, für dich», sagte Sonja, «kleines Geschenk», und sie drückte mir eine Schachtel Marlboro in die Hand, und dann war sie auch schon weitergelaufen zu dem Tisch ganz vorne, wo ihre Kumpels saßen.

Connie schnitt die Torte an, legte die Stücke auf die Bockwurstpappen, und innerhalb von fünf Minuten hatten wir und ein paar von den anderen Komikern an unserem Tisch, Jens und Thilo und Tom und wie sie alle hießen, das Ding vertilgt trotz fehlendem *Accent aigu*.

Eins stand danach fest: Die Veranstaltung hatte noch nicht mal begonnen, aber auf der Tischdecke sah's bereits aus wie bei Hempels unterm Sofa.

«Wisst ihr schon das Allerneueste?», fragte Dirk und sah erst mich und dann Michael an. Und er bemühte sich, dabei möglichst geheimnisvoll aus dem Kosakenhemd rauszugucken.

«Du wirst es uns gleich brühwarm servieren», sagte Michael.

«Jugendfreunde», brüllte aber im nächsten Moment der Discjockey in sein Mikrophon, und Dirk machte den Mund wieder zu, mit dem er uns um ein Haar das Allerneueste serviert hätte, «jetzt geht sie los, die erste *Orion*-Disco dieser lang erwarteten, heiß ersehnten Sommerferien des wunderbaren Jahres 1985.» Er ließ die ersten Takte Musik laufen und fuhr fort: «Ich bin es, euer lieber Ecki von der Discothek *Silberblick*, einige kennen mich, und ich kenne euch alle, und hier kommt auch gleich die erste Nummer, nichts weniger als ein phantastischer Sommerhit einer ganz phantastisch aussehenden Band: *Bananarama* mit *Cruel summer*.»

Connie und Bianca stießen beide einen kleinen Schrei des Entzückens aus und stürmten auf die Tanzfläche, wo sich schon ein paar andere Verwirrte eingefunden hatten. Ecki zog die Regler hoch, die Musik wurde laut, und das Licht fing an, wild zu zucken, weil der angeheuerte Lichtorgelsklave kein Rhythmusgefühl besaß.

Ich glaubte, meinen Augen nicht zu trauen, als ich Connie tanzen sah, denn der Tisch hatte bis eben verborgen, dass sie den gleichen Anzug wie gestern trug, nur in Rot.

«Mario, kann ich dich was fragen?», sagte ich.

«Klar, schieß los!»

«Die Klamotten, die Connie anhat, diese roten, die sehen genauso aus wie die weißen von neulich.»

«Die macht sie selber», sagte Mario, und er klang ziemlich stolz dabei. «Schnitt und Nähen, einfach alles. – Die hat sie auch noch in Gelb.»

«Also wenn du mich fragst», sagte Dirk, «sollte sie sich ein anderes Hobby suchen.»

«Dich frag ich aber nicht», sagte ich aus Rücksicht auf Mario, obwohl ich das genauso sah.

«Das ist nicht mehr nur ihr Hobby», sagte Mario, «im September fängt sie eine Lehre an.»

«Zur Schneiderin?», fragte ich.

«Ja. Falls du was brauchst, eine Jacke oder so, sag Bescheid», sagte Mario.

«Dann ist deine Connie ja ein Mädchen aus dem Volk», sagte Dirk. «Sehr löblich, Mario, dass du mit der Arbeiterklasse anbändelst.»

«Ich hab noch Jacken *en masse*», sagte ich zu Mario, «danke», und zu Dirk: «Ist die Schneiderei nicht eher ein Handwerk?»

«Ein *Kunst*handwerk sogar», sagte Michael, «aber nur in ihrer allerhöchsten Ausprägung: der *Auf*schneiderei.»

«Haha», sagte Mario.

«Was ist denn nun das Allerneueste», fragte Michael.

«Würde mich auch interessieren», sagte Mario.

«Das allerdings wage ich zu bezweifeln, mein lieber Mario», sagte Dirk.

Ich beugte mich zu Mario rüber, damit Dirk und Michael nicht mithören konnten, und fragte: «Und Bianca? – Was macht Bianca so?»

«Ist auch gerade fertig geworden mit der Zehnten und fängt im September 'ne Lehre an.»

«Auch zur Schneiderin?»

«Zur Friseuse.»

«Oh», sagte ich.

«Findest du sie gut?»

«Ich bin nur neugierig.»

«Ich hab mir schon gedacht, dass sie dein Typ ist.»

«Ich bin nur *neu*gierig», sagte ich ein zweites Mal.

«Alter, ein Blinder mit Krückstock sieht doch, dass sie dich gut findet. Ey, du musst die Chance nur noch bei den Hörnern packen!»

«Was muss ich?»

«Frag sie nachher, ob sie nach dem *Orion* noch 'ne Runde spazieren geht mit dir. Muss nicht weit sein, nur bis zur Thälmannstraße hoch und zurück. Und auf dem Spaziergang nimmst du erst ihre Hand. Und später legst du deinen Arm um ihre Schulter oder um ihre Hüfte, wenn dir das besser gefällt. Und noch später fragst du sie, ob du sie küssen darfst.»

«Machst du das immer so?»

«Manchmal schon.»

«Ich hab gestern eine andere kennengelernt.»

«Klar.»

«Wirklich. Sie ist sogar hier. – Dahinten.» Ich deutete mit dem Daumen vage hinter mich.

«Wer soll das denn sein?»

«Ich hab dir schon von ihr erzählt. Du kennst sie auch, vom Sehen aus dem Wohngebiet.»

«Etwa dieses Mädchen ohne Namen», fragte Mario und malte Gänsefüßchen in die Luft.

«Ja, genau!»

«Wie heißt sie denn nun?»

«Was weiß denn ich. – Ihre Schwester jedenfalls heißt Fritzi.»

«Alles klar, Alter. – Halte dich lieber an Bianca, die ist es wert. – Lieber den Spatz an der Hand als die Taube auf dem Dach.»

«Hast du heute ein Sprichwörterbuch gefressen?»

«Was flüstert ihr denn da die ganze Zeit? – Das ist nicht sehr höflich», rief Michael.

«Ich hab René ein bisschen von Bianca erzählt», sagte Mario, «und dass sie auch gerade aus der Zehnten raus ist, so wie ihr alle.»

«Macht sie auch eine Lehre?», fragte Dirk.

«Ja», sagte Mario.

«Zur Zerspanungsfacharbeiterin?», fragte Michael.

«Nee, zur Friseuse», sagte Mario.

«Na, dann drück ich mal kräftig die Daumen, René. Wenn's klappt mit Bianca, musst du nie wieder Geld ausgeben für deinen Topfschnitt. – Elaboriert zwar, aber nichtsdestotrotz: Topfschnitt.»

«Und Connie kann dir möglicherweise so einen fluffigen Anzug nähen, wie sie selber einen anhat. Vielleicht besser in Schwarz. – Da kann man bestimmt kleinere Haustiere drin wohnen lassen, bei all den Falten, die da eingebaut sind. Hamster zum Beispiel.»

«Oder Zwergrennmäuse», ergänzte Michael.

«Kann schließlich nicht jeder studieren», sagte ich. Oh, und ich merkte selber, dass das äußerst unsouverän klang.

Und ziemlich beleidigt.

«Du aber schon, stimmt's?», sagte Dirk.

«Ich will nicht, ich muss», sagte ich, und als ich sah, dass Dirk etwas entgegnen wollte, drehte ich mich zur Tanzfläche, wo Bianca zu dieser optimistischen Kaugummimusik tanzte.

Friseuse hin, Friseuse her, dachte ich, sie sah schon gut aus auf ihre spezielle Art.

Bianca trug eine Hose, die eng war und schwarz-weiß gestreift. Man konnte exakt die Konturen ihrer Beine erkennen. Und die ihres Pos. Man kaufte hier nicht die Katze im Sack, wenn man sich mit ihr einließ, und was man kaufte, wenn man es denn bekam, war nicht von schlechten Eltern.

Obenrum hatte sie einen hellen, gestrickten Pullover mit

leichten Fledermausärmeln an, unter dem man beim Tanzen ihre Brüste erahnen konnte und sah, wie sie sich bewegten.

Aber nur ganz leicht.

In Andeutungen.

Das wirkte gar nicht ordinär.

Im Gegenteil: Das wirkte ziemlich, wie soll ich sagen: aufregend.

Ich überlegte, Friseuse hin, Kaugummimusik her, dass Bianca im Grunde viel besser zu mir passte als Fritzis große Schwester. Es gab doch da diese Redensart: Gegensätze ziehen sich an, oder war das ein Schlager? Und stimmte das denn nicht? War es nicht angenehmer fürs Auge, wenn jemand in Schwarz mit jemandem in Nichtschwarz zusammen war, als wenn sich Schwarz zu Schwarz gesellte?

Und bloß, weil sie *Bananarama* nicht mochte, hieß das noch lange nicht, dass Fritzis Schwester Abitur machte. Mario würde nächstes Jahr auch eine Lehre zum Facharbeiter für Wasweißichnicht beginnen, und der kannte sogar *Cabaret Voltaire*.

Zack, hatte mich Bianca dabei erwischt, wie ich ihr abwechselnd auf die Brüste und den Po starrte. Sie schickte mir einen Kussmund, und dann wurden ihre Tanzbewegungen etwas schneller, denn der Discjockey hatte unter die letzten *Bananarama*-Takte schon den nächsten Song gemischt:

I wear my sunglasses at night.

Ein ganz schrecklicher Mist, wenn ihr mich fragt.

Ich guckte lieber schnell woandershin.

«Also, Dirk, zum dritten und letzten Mal, was so Erstaunliches hast du uns denn nun mitzuteilen», fragte Michael.

«Ihr werdet es nicht glauben», sagte Dirk. «Wisst ihr, welches Buch ich am Montag nebenan in unserer Dorfbuchhandlung gesehen habe?»

«Nein», sagte Michael.

Ja, dachte ich, ich weiß ganz genau, welches Buch das war. Und eigentlich hatte ich ja mit der sensationellen Nachricht hereinplatzen wollen, dass sich dieses ganz spezielle Buch in meinem Besitz befand. Hatte ich aber leider verpennt über all der Aufregung zwecks Geburtstagsaufruhr und Bianca und Fritzis großer Schwester.

«Und du, René?»

«Woher soll ich das denn wissen?»

«Dann sag ich's euch», sagte Dirk und erzählte, wie er am Montag Baudelaires *Spleen von Paris* in einer Vitrine entdeckt hatte.

Und dass die Verkäuferin gesagt habe, es hänge wohl mit der Buchmesse in Leipzig zusammen, dass ein paar Exemplare dieses Westbuches in der DDR verkauft würden. Aber nichts Genaueres wisse man natürlich nicht.

Und dass er seine Eltern drei Tage lang bekniet habe, ihm das Geld für den Baudelaire zu geben, genau von Montag bis heute, erzählte Dirk. Und wie ihm erst die Beteuerung, im Herbst neben dem regulären Unterricht einen Französischkurs an der Volkshochschule zu besuchen, damit er Baudelaire im Original lesen könne, vorhin die sechzig Mark in die Brieftasche gespült habe.

«Morgen hol ich es ab», sagte Dirk, «kommt ihr mit?»

«Klar», sagte Michael, und man sah genau, dass er neidisch war, denn *sein* Alter hätte ihm niemals sechzig Mark für so was Lächerliches wie ein ausländisches Buch mit Prosagedichten gegeben. Das war für seinen Vater Mädchenkram.

«Du auch, René?» Jetzt wäre es an der Zeit gewesen, mit der Wahrheit rauszurücken. Oder hatte ich den Zeitpunkt schon längst verpasst?

«Hast du es in der Hand gehabt?», fragte ich.

«Nein, ging nicht, es war ja hinter Glas. In so einem würfelförmigen Sarg. Lebendig begraben, sozusagen.»

«Wie Schneewittchen», sagte Mario.

«Ja genau!», sagte Dirk verächtlich.

«Keine Lust.»

«Wir holen dich ab, okay, gegen Mittag. – Keine Widerrede», sagte Dirk.

Aber meine Gedanken schweiften schon wieder ab zu Fritzis Schwester und zu Bianca, die wirklich eine sogenannte Augenweide war. Und die auch genau wusste, dass sie eine Augenweide war. An jeder ihrer Bewegungen auf der Tanzfläche konnte man das ablesen. Sie würde nie auf die eigenen Schuhspitzen starren, so wie es Fritzis Schwester gestern für einen Augenblick getan hatte.

Und dann dachte ich, Mensch, René, du bist so ein verdammter Opportunist. Kapier doch: Bianca ist wie Mario in weiblich, immer direkt und immer geradeaus, und Fritzis Schwester ist wahrscheinlich ein bisschen so, wie du selber bist. Wenn du jetzt Bianca Fritzis Schwester vorziehst, dann bestrafst du dich selber.

Das ist Verrat.

An ihr.

Und an dir, mein Freund.

Und an diesen ganzen Typen aus den *Smiths*-Songs.

Verrat an der Internationalen der Schüchternen und Gehemmten.

Und *weil* Fritzis Schwester mir vermutlich mehr ähnelte, als ich dachte, blieb sie jetzt auch nicht an unserem Tisch stehen, um mit mir zu reden, als sie vorbeilief Richtung Bar, sondern sie verlangsamte nur ein bisschen das Tempo. Und sie winkte mir nicht zu oder deutete gar einen Kuss an, sondern sie lächelte nur ganz kurz herüber, bevor sie den Blick wieder abwandte. So schnell, ja, hektisch fast, dass ich diesen Blick kaum erwidern konnte.

«Herrje, wer war denn das schon wieder?», fragte Michael.

«Du hast in der Tat einen recht befremdlichen Geschmack, was die Mädchen betrifft, mein lieber René», sagte Dirk. «Immer, aber wirklich immer stehst du auf diese *Orion*-Schnepfen. Mit diesen komischen Haaren und dem ganzen Firlefanz aus Ketten und Klunkern und Kreuzen und Federn.»

«Wo hast du denn Federn gesehen an ihr?», fragte ich.

«Das war nur ein zusätzliches Beispiel. – Wetten, die Federn kommen später noch dazu?»

«Kann nicht jeder 'ne *intellektuelle* Freundin haben wie du, Dirk? – Oder, René?», versuchte Mario, mir beizuspringen.

Ich sagte nichts.

«Nee, das kann wahrlich nicht jeder!», erwiderte Dirk. «Wobei die Betonung auf *kann* liegt. – Können im Sinne von: in der Lage dazu sein. – Geistig zum Beispiel.»

«In der *Lage* wär René ja wohl locker», sagte Mario.

«Danke», sagte ich.

«Also Moment jetzt mal», sagte Michael zu Dirk, «sprechen wir gerade von Rebecca, wenn wir hier von *deiner* intellektuellen Freundin reden?»

«Ich jedenfalls meine die mit den schwarzen Haaren und dem Pferdeschwanz. – Letzter Sonnabend, *Spartakus*», präzisierte Mario.

«Ja, und die heißt Rebecca, ganz richtig», sagte Dirk.

«Also, ich kenne Rebecca schon um einiges länger als du», sagte Michael. «Ich hab euch ja überhaupt erst bekannt gemacht, falls du dich erinnerst?»

«Und was soll das jetzt beweisen? Dass du die älteren Rechte hast?»

«Das soll gar nichts beweisen, das ist lediglich Fakt», sagte Michael. Ich kannte ihn lange genug, um zu merken, dass er richtig sauer wurde. «Gestern im *Heider* jedenfalls …», fing er an.

«Pah, gestern im *Heider*», unterbrach ihn Dirk, «da hat sie ein paarmal gelacht, wenn du was gesagt hast, und ein paarmal hat sie gelacht, wenn ich was gesagt habe. Du hast ihr einen Wein spendiert, und ich hab ihr einen Wein spendiert.»

«Sie hat dreimal bei dir gelacht, und fünfmal bei mir», sagte Michael, und er zog jetzt allen Ernstes sein kleines Notizbuch heraus, um uns eine Strichliste als Beweis vorzulegen.

«Wer von euch beiden hat sie denn schon geküsst», wollte Mario wissen. Gerade wechselte die Musik:

I will never be Maria Magdalena.

Ich sagte zu Mario: «Keiner, wie du siehst», und dann zu den anderen: «Bin gleich wieder da.»

Ich stand auf, und ich eilte – Bianca hin, Bianca her – zur Bar, wo das schönste Mädchen der Welt stand, das nur aus Versehen, nein: nur aus Gedankenlosigkeit für ein paar Minuten auf den zweiten Platz abgerutscht war.

GROSSE SCHWESTER VON FRITZI

«Du hast heute Geburtstag?»
 «Ich hatte gestern schon.»
 «Warum hast du nichts gesagt?»
 «Ich wollte in Ruhe mein Geschenk genießen.»
 «Welches denn? Dieses Buch, das da neben dir lag?»
 «Nein. – Dich getroffen zu haben.»
 «Du bist nett», sagte Fritzis große Schwester.
 «Du auch», sagte ich, und dann bestellte ich zwei Wodka-Cola an der Bar. «Ich lade dich ein.»
 «Danke.»
 «Wollen wir kurz rausgehen, frische Luft schnappen?»
 «Können wir machen. Und: Alles Gute! Ich meine, zu deinem Geburtstag. – Nachträglich.»
 «Ja, danke.»

Wir setzten uns auf den Bordstein der Galileistraße, der noch warm war von der Sonne, die hinter uns versank. Alles war in dieses satte, schwere Gelb getaucht, die Straßenbahnhaltestelle vor uns, die fünfstöckigen Häuserblöcke, das einzelne Hochhaus an der Neuendorfer Straße. Wir schwiegen eine Weile und machten gar nichts. Höchstens, dass wir dieses magische Licht in uns aufnahmen. Es machte ein wenig schläfrig, es machte zufrieden und die Seele hell.

Wir saßen ganz nah beieinander, unsere Oberschenkel

berührten sich manchmal sogar, was sich jedes Mal anfühlte wie ein kleiner elektrischer Schlag. Aber es war sie gewesen, die sich so dicht neben mich gesetzt hatte, als gehörten wir schon längst zusammen, und die jetzt nicht wieder abrückte, nachdem wir uns dauernd aus Versehen berührten.

«Rauchst du?»

«Klar, aber noch nicht lange», sagte ich.

Sie musste grinsen: «Willst du eine?»

«Ja, schon, aber manchmal muss ich noch husten.»

Sie kramte nach Zigaretten und ich nach Streichhölzern, und dann rauchten wir.

«Und?»

«Geht. – Danke.» Wir stießen unsere Gläser aneinander.

«Auf *uns*!», sagte sie.

«Wirklich?»

«Na, was denkst denn du?»

Schon nach dem ersten Schluck merkte ich, wie der Nebel in meinem Kopf wieder zu steigen begann.

Und wie er die Leichtigkeit mit sich brachte.

Die Gleichgültigkeit.

Die Gelassenheit.

Man konnte sich glatt daran gewöhnen.

Es war angenehm, nicht cool sein zu müssen, nicht ironisch, nicht schlagfertig.

«Deine Haare waren gestern anders», sagte sie.

«Du bist die Einzige, der das aufgefallen ist. – Stimmt aber, ich hatte sie in die andere Richtung gelegt.»

«Da konnte man dein Ohr sehen, ich meine …»

«Ja», sagte ich, bevor sie es aussprechen konnte, «mein Segelohr, das konnte man da sehen.»

«Ich fand's besser, so wie es gestern war.»

«Echt?»

«Ich hab nämlich auch eins.»

«Ein Segelohr?»

«Ja.»

«Zeig mal!»

Sie stellte ihr Glas auf die Straße, blickte mir frontal in die Augen und schob ihre Haare weg, sodass ich ihr linkes Ohr sehen konnte.

«Ich sehe es», sagte ich. Ihr Ohr stand zwar weniger ab als meines, aber: Es stand ab. Sie hatte ein angewachsenes Ohrläppchen, an dem ein silbernes Kreuz baumelte. Mir gefiel das Ohr gut. Sehr sogar.

«Und was sagst du?»

«Ich finde es schön!»

«Ich nicht. Deshalb fand ich es toll, dass du deines so gezeigt hast.»

Sie zupfte ihre Haare wieder über das Ohr und sagte: «Machst du was in den Ferien?»

«Nichts», sagte ich.

«Gar nichts?»

«Ist eine lange Geschichte», sagte ich. «Ich bin fast die ganzen zwei Monate alleine, und ich sitze auf einem Batzen Geld, und ich soll in drei Wochen zu meinen Großeltern fahren, wozu ich absolut keine Lust hab.»

«Und warum bist du alleine?»

«Erzähl ich dir ein andermal», sagte ich, weil ich jetzt nicht von meiner Mutter anfangen wollte, «ist das okay?»

«Ja, ist es.»

«Und du? Ich meine, darf ich dich fragen, was *du* machst in den Ferien?»

«Wir fahren morgen an die Ostsee.»

«Du und Fritzi?»
«Und meine Mutter.»
«Und dein Vater?»
«Ich hab keinen Vater.»
«Ist er tot?»
«Nein, er ist bloß nicht da.»
Wir schwiegen eine Weile.

«Schade», sagte ich dann, «dass du morgen schon weg bist.»

«Wir bleiben ja nur zwei Wochen. Aber danach muss ich noch mal weg. Ins Ferienlager.»

«Du bist doch viel zu alt fürs Ferienlager.»

Sie lachte: «Ja, stimmt, ich fahre als Betreuerin mit, für die kleineren Kinder. Es gibt ein bisschen Geld dafür, weißt du?»

«Und danach?»
«Danach bin ich wieder hier.»
«Und wann ist das?»
«Erste Augustwoche.»
«Ich werde jeden Tag im Kalender abhaken.»
«Stell ich mir schön vor, wenn zu Hause jemand an einen denkt.»
«Ich mir auch.»

Wir schwiegen und rauchten, und ich musste daran denken, wie ich gestern schon geglaubt hatte, den perfekten Moment zu erleben: auf der Bank. Mit einem Buch, das zu besitzen ich nie für möglich gehalten hatte, in dem ein Gedicht stand, das so sehr wie keines zuvor ausdrücken konnte, was ich selber dachte. Und wie lächerlich das im Grunde gewesen war, im Vergleich zu heute.

Zu gerade jetzt.

«Ich könnte noch sehr lange hier mit dir sitzen», sagte Fritzis Schwester.

«Das Schlimme ist nur», sagte ich, «in ein paar Minuten schon haben wir diesen Moment verloren. Und nichts auf der Welt kann ihn uns zurückbringen. Wir werden versuchen, ihn im Gedächtnis zu behalten. – Aber sich erinnern ist anders, als was zu erleben. Und auch die Erinnerung an einen perfekten Moment wird immer blasser, so lange, bis von diesem perfekten Moment nichts mehr übrig ist. Höchstens noch so viel wie von einem Traum, nach dem Aufwachen am Morgen. – Eine Ahnung.»

Sie schwieg ein paar Augenblicke, und dann sagte sie: «Das war jetzt echt traurig.»

«Entschuldigung.»

«Aber auch schön», sagte sie, «traurig, aber schön. So was gefällt mir: traurig und *gleichzeitig* schön.»

«Läufst du deshalb in Schwarz rum?»

«Kann sein.»

«Bist du oft traurig?»

«Ja. – Und du?»

«Keine Ahnung.»

«Du läufst auch in Schwarz rum.»

«Stimmt.»

Wieder schwiegen wir, und um uns herum wurde es dunkler. Immer wenn die Tür des *Orions* aufging, schwappten kurze Fetzen von der Musik zu uns heraus und Stimmen und Lachen. Die Welt war jetzt dort drinnen, und wir beide waren hier draußen, alleine, aber wenigstens zu zweit.

«Wir müssen mal wieder reingehen», sagte sie irgendwann, «meine Freundin wundert sich wahrscheinlich schon, wo ich bleibe.»

«Schade.»

«Wie heißt du eigentlich?»

«René», sagte ich, und statt wie ein normaler Mensch jetzt nach ihrem Namen zu fragen, erzählte ich ihr, wie ich sie in meinen Gedanken immer das *Mädchen ohne Namen* genannt hatte, seit sie mir zum ersten Mal aufgefallen war, seit gestern aber *Fritzis große Schwester*, und dass ich mich ihr deshalb schon viel näher gefühlt hatte.

Sie lachte, und dann stand sie auf, und sie reichte mir die Hand, um mich hochzuziehen. Ich aber blieb sitzen und sah ihr in die Augen.

«Was ist denn?», fragte sie.

«Dein Name! Du musst mir jetzt auch mal deinen Namen verraten.»

«Mach ich aber nicht.»

«Und warum nicht?» Ich ergriff ihre Hand, und sie zog mich hoch.

«Damit du mich in Gedanken noch ein bisschen länger *Fritzis große Schwester* nennen musst. Das gefällt mir nämlich gut.»

«Und wie lange noch? – Bis zur ersten Augustwoche?»

«Nein, nur bis nachher noch, das heißt: wenn du willst.»

«Wenn ich *was* will?»

«Wenn du dich noch mal mit mir treffen willst. Nach dem *Orion*. – Willst du?»

«Na klar, will ich, und ob!»

«Auf derselben Bank wie gestern?»

«Ja, auf derselben Bank wie gestern!»

«Zehn nach zehn?»

«Ja.»

«Komm, wir müssen mal los», sagte sie.

«Warte noch kurz», sagte ich und zog aus der Hosentasche die schwarz glänzende Kassettenhülle heraus, «die ist für dich.»

Sie nahm die Hülle und klappte sie auf. Sie zog die Kassette heraus und betrachtete sie eine Weile.

«Für mich mach ich genau dieselbe.»

«Was ist denn da drauf?»

«Trauriges auf der einen Seite und ein bisschen weniger Trauriges auf der anderen. – Aber in beiden Fällen schön.»

«Danke», sagte sie und strich mir kurz über den Arm, und dann gingen wir zurück ins *Orion*, wo es laut war und heiß und die Luft zum Schneiden. Die Leute schienen noch ein wenig entrückter zu sein, und das Weiß der Tischdecken war kaum noch zu erkennen, und als wir vor der ungenutzten Garderobe standen, sagte Fritzis große Schwester: «Bis gleich!»

ECHO BEACH

«Habt ihr euch jetzt geeinigt, wessen Freundin Rebecca ist?», fragte ich, als ich an unseren Tisch zurückkam.

Es lief gerade:

You take my self, you take my self control
you got me livin' only for the night.

Immerhin in der Originalversion, die ein bisschen weniger schlimm war als die von dieser sogenannten Laura Branigan, die sie hier sonst spielten.

Der Sekt war alle, die Aschenbecher quollen über, und eine ganze Batterie leerer Gläser zeugte von einem enormen Durst, der hier geherrscht haben musste. Wodka-Cola, wenn mich nicht alles täuschte.

«Jetzt fang nicht schon wieder damit an», sagte Dirk. Er hatte richtig glasige Augen.

«Wir werden es herausfinden», sagte Michael, «und zwar auf dem Sommerfest ihrer Eltern.»

«Und wie? Wollt ihr sie fragen?»

«Nee, wie sieht denn das aus», sagte Dirk, «wie auf dem Pferdemarkt.»

«Stimmt», pflichtete ihm Michael bei, «das muss anders gehen.»

«Mit Strichlisten?», fragte ich.

«Blödmann!», sagte Michael.

«Wieso hast du eigentlich so gute Laune?», fragte Dirk.

«Ihr bräuchtet einen Schiedsrichter», sagte ich, «der euch und diese Rebecca beobachtet. Und am Ende sein Urteil fällt. – Und daran müsst ihr euch dann halten.»

«Mir wär's recht», sagte Dirk, «aber wer soll den Schiedsrichter spielen?»

«Na, wer schon?», sagte Michael.

«Ey, das war nur ein Witz», sagte ich.

«Keine Widerrede.»

«Wann ist denn dieses Fest?»

«Übernächsten Sonnabend, am 13.»

«Da kann ich nicht», sagte ich, «da läuft Live Aid im Fernsehen.»

«Aber die guten Bands kommen alle nachmittags», sagte Mario.

«Ist doch perfekt», sagte Dirk, «dann treffen wir uns bei René, gucken bis sieben Live Aid und fahren danach zum Sommerfest.»

«Aber ich komme nur mit, wenn Mario auch mitkommen kann», sagte ich.

«Mensch, das ist ein *intellektuelles* Sommerfest», sagte Dirk.

«Besten Dank», sagte Mario.

«Und wie stellt ihr euch das vor? Ihr gockelt die ganze Zeit um diese Rebecca rum? Ich führe eine Strichliste für euch und darf mich ansonsten langweilen?»

«Na gut, Mario kann mit, aber ohne diese Connie», sagte Michael, sah Dirk an – und Dirk nickte.

«Hältst du das aus für einen Abend?», fragte ich. «Ohne Connie?»

«Klaro», sagte Mario, «ist wahrscheinlich sogar ganz erholsam.»

«Ich geh aufs Klo», sagte Dirk.

«Warte, ich komm mit», sagte Michael.

«Wo warst du denn die ganze Zeit?», fragte Mario, als die beiden gegangen waren.

«Vor der Tür, ein bisschen Luft schnappen.»

«Mit diesem Mädchen ohne Namen?», fragte Mario.

«Ja.»

«Du wurdest hier schon vermisst.»

«Von Bianca?»

«Allerdings.»

«Tut mir leid, Mario, aber ich glaube, das wird nichts mit mir und Bianca.»

«Quatsch», sagte Mario, «besser den Spatz an der Hand ...»

«Ach komm», unterbrach ich ihn, «spar dir das. Ich hab jetzt beide auf der Hand, Spatz und Taube, und ich hab mich entschieden, und zwar für Taube.»

«Alter, du weißt schon, dass man Tauben die Ratten der Lüfte nennt?»

«Ja, schon klar», sagte ich. «Habt ihr überhaupt mal getanzt?»

«Es kam noch nichts Vernünftiges.»

«Willst du was trinken?»

«Ich bin pleite, weißt du doch.»

«Ich hab gute Laune», sagte ich, «ich geb einen aus.»

«Na, dann los.»

Als ich von der Bar zurückkam, war unser Tisch wieder komplett. Michael und Dirk stritten um diese Rebecca, Connie lehnte an Marios Schulter und gähnte, und Bianca zog einen Schmollmund, als sie mich sah: «Wo warst du denn die ganze Zeit?»

«Vor der Tür», sagte ich, «ich bin ein paar Schritte gegangen.»

«Ich dachte, wir unterhalten uns ein bisschen. – Nur wir beide.»

«Aber worüber denn bloß?»

«Ach, vergiss es», sie winkte ab und zündete sich eine Zigarette an.

Ich gab Mario sein Glas, und wir tranken beide einen großen Schluck.

Als ich das nächste Mal zu Bianca guckte, schien es, als würden ihr gleich Tränen aus den Augen stürzen. Ich wollte nicht, dass sie wegen mir heulte, und deshalb fragte ich, so sanft ich konnte: «Willst du auch was, Bianca?», und hielt ihr das Glas hin.

Sie nahm es, trank ein bisschen und wischte sich dann schnell über die Augen.

«Sind wir wieder Freunde?», fragte sie.

«Wir waren heute Abend doch nie was anderes», sagte ich.

«Soll ich dir jetzt meine Telefonnummer aufschreiben?»

«Klar, mach das.»

Sie riss ein Stück von ihrer Zigarettenschachtel ab, zog einen Kajalstift aus der Handtasche, die über der Lehne hing, und notierte die Nummer. Im Übrigen hatte Mario seine Augen heute nicht schwarz nachgemalt.

Gerade lief *Big in Japan* aus, und man konnte schon die ersten Takte des nächsten Liedes hören, das Ecki jetzt darüberzog: *Boytronic, You.*

Die ganzen Spaten von der linken Seite zogen sich an

ihre Tische zurück, von der rechten Seite dagegen enterten zwei Dutzend die Tanzfläche, auch Mario und Connie, die plötzlich gar nicht mehr müde wirkte.

Ich sah auf die Uhr: Es blieben noch fünfzehn Minuten bis zehn Uhr. Ich überlegte, ob ich nicht jetzt schon auf den Keplerplatz gehen und mich auf die Bank setzen sollte. Denn hatte Fritzis große Schwester nicht gesagt, dass es schön sei, wenn jemand auf einen wartete? Und sollte nicht unbedingt ich jener sein, der auf sie wartete?

«Hier», sagte Bianca und gab mir das Stück Pappe mit ihrer Nummer drauf.

«Danke.»

«Aber ruf mich wirklich an, ja?»

«Mach ich.»

«Du musst es schwören!»

Ich presste meine rechte Hand aufs Herz: «Ich schwöre bei allem, was mir heilig ist, dich anzurufen, Bianca!»

Und weil sie so strahlte, als ich den Schwur leistete, musste ich auch lachen.

Eines ließ sich nämlich nicht leugnen: Bianca war auf alle Fälle das zweitschönste Mädchen der Welt, und das wusste sie ganz genau. Und es stand Bianca ziemlich gut, wenn sie lachte. So wie Fritzis großer Schwester diese komische Traurigkeit sehr gut stand. Diese Melancholie, von der man nicht wusste, ob sie immer von selbst zu einem kam oder man irgendwann zu ihr hingegangen war.

«Willst du tanzen?»

«Gleich», sagte ich zu Bianca, «ich muss noch schnell eine rauchen, okay?»

«Okay!», sagte sie und ging auf die Tanzfläche.

«Ey, ich will jetzt keinen Mist über Bianca hören oder

über das Friseurhandwerk», sagte ich, als ich sah, dass Michael den Mund aufmachte.

«Dann eben nicht!»

«Außerdem wette ich, dass Bianca hundertmal besser aussieht als eure intellektuelle Freundin.»

«Es geht doch nicht ums Aussehen ...»

«Nee, schon klar», fiel ich Dirk ins Wort, «in Anbetracht eurer Niederlage geht's plötzlich nur um die inneren Werte. Und weißt du was, ich bin sicher, dass Bianca auch bei den inneren Werten nicht unbedingt verlieren würde, Friseuse hin, Friseuse her.»

«Hey, was ist denn los, René?», fragte Dirk. «Bist du verknallt in diese proletarische Schnepfe?»

«Du kannst mich mal, aber echt.» Ich machte die *Marlboro*-Schachtel von Sonja auf und gab eine Runde aus.

«Da muss ich Dirk recht geben», sagte Michael, «du legst dich ganz schön ins Zeug für diese Bianca.»

Ich sagte nichts mehr, und so rauchten wir schweigend, bis der Discjockey *Boytronic* brachial abwürgte und kurz darauf die ersten Gitarrenriffs von *Echo Beach* erklangen, ihr wisst schon: *Martha and the Muffins*.

Unsere Wohngebiets-Chilenen, Fritzis Schwester und ihre Freundin, eigentlich alle von der rechten Seite sprangen jetzt auf, bis auf die zwei, drei üblichen Schnapsleichen.

Nicht dass wir *Echo Beach* für das Nonplusultra der Musik hielten, aber das Lied war so was wie der kleinste gemeinsame Nenner, und es war das Beste, das man kriegen konnte im *Orion*, wenn einer wie dieser Ecki von der Discothek *Silberblick* am Mischpult stand.

Mario guckte zu mir rüber und winkte, und Bianca neben ihm winkte gleichfalls, und ich dachte: Na gut, einen

Tanz kannst du riskieren, René, aber danach gehst du raus auf den Keplerplatz, um zu warten.

Ihr wisst es ja selber: Es war nicht so wie in den alten Zeiten, wo ein Junge mit einem Mädchen tanzte, bei uns tanzte jeder für sich allein, manchmal entstand eine kleine Gruppe, die sich aber genauso schnell wieder auflösen konnte.

So tanzte man heutzutage.

Ich stellte mich neben Mario und fing vorsichtig an, mich im Rhythmus zu bewegen. Man musste ja erst mal warm werden, um die Knochen zu schmieren. Das war wie beim Baden in kaltem Wasser nach einem schweren Mittagessen.

Zwischen den Köpfen der anderen Tanzenden tauchte ab und zu Fritzis große Schwester auf, und weil auch sie mich bereits fixiert hatte, trafen sich unsere Blicke alle paar Momente, und wenn sich unsere Blicke trafen, dann lächelte sie jedes Mal, aber ganz leicht nur, fast unmerklich.

Das war einfach unglaublich.

Und es ging so weiter, bis zum Saxophonsolo ungefähr.

Dann drängelte sich Bianca zu mir durch und stand mir plötzlich gegenüber. Und ihre Brüste bewegten sich beim Tanzen auf dieselbe Art, die ich vorhin schon beobachtet hatte, nur jetzt eben ganz nah, direkt vor meiner Nase, keine fünfzig Zentimeter weg.

Das war magisch.

Ich wollte da nicht dauernd hingucken, aber irgendein Naturgesetz schaltete meinen Willen aus. Ich konnte Biancas Parfüm riechen, sie roch viel süßer als Fritzis Schwester, sie war vielleicht eine Handbreit kleiner als ich, und sie strahlte mich an, als ich meinen Blick endlich hob.

Mist, sie hatte mich in flagranti ertappt.
Schon wieder.
Aus Verlegenheit lächelte ich zurück.
Es war ein Lächeln der Entschuldigung.
Ich schwöre es.
Eines der Reue.
Aber Bianca verstand es komplett falsch. In der nächsten Sekunde hingen mir ihre Arme um den Hals. Sie presste ihren Körper an mich ran, ohne dass sie aufhörte zu tanzen, während *Martha and the Muffins* sangen:

Echo Beach far away in time
Echo Beach far away in time

und immer wieder:

Echo Beach far away in time
Echo Beach far away in time.

Das hörte gar nicht mehr auf.
Der Kuss, den mir Bianca aufdrückte, schmeckte nach Pfefferminzkaugummi und Zigarette, und, oh, ich sage euch, es war alles andere als ein schlechtes Gefühl, aber dieses Gefühl ereignete sich zur komplett falschen Zeit, und leider hatte es nur die zweitbeste Person auf der Welt ausgelöst.
Alles zusammen dauerte der Moment höchstens drei, vier Sekunden, in denen ich dachte, hoffentlich hat Fritzis Schwester das nicht gesehen, bitte, lieber Gott, falls es dich gibt da oben, lass es Fritzis Schwester nicht gesehen haben.
Aber ich wusste ja ganz genau, dass es keinen Gott gab,

und darum war mir klar, dass Fritzis Schwester nie im Leben entgangen sein konnte, was gerade passiert war.

Ich machte mich von Bianca los, so sanft wie möglich. Ich stieß sie natürlich nicht weg. Warum auch? Ich war ja selber schuld.

Ich sagte: «Ich muss los!»

Und Bianca rief mir hinterher: «Wir telefonieren, ja?»

Fritzis Schwester saß nicht an ihrem Tisch, und sie war nicht mehr auf der Tanzfläche. Ich konnte sie nicht an der Bar finden, nicht vor den Toiletten und nicht draußen auf der Straße unter den anderen Jugendlichen, die dort rumstanden.

Es war kurz vor zehn.

Ich zündete mir eine *Marlboro* an und bog hinterm *Orion* nach links ab, auf den Keplerplatz. Ich konnte schon von weitem sehen, dass unsere Bank leer war. Ich setzte mich auf die Lehne und guckte mir den Sternenhimmel an. Mein Kopf war minutenlang ganz leer gefegt, so unendlich hohl wie das Weltall über mir.

Zehn nach zehn steckte ich mir eine weitere *Marlboro* zwischen die Lippen.

Ich rauchte von Anfang an auf Lunge.

Mir war jetzt alles egal.

Jugendliche aus dem *Orion* schlenderten über den Platz, einige lallten, einige lachten. Paare hielten sich an den Händen, küssten sich.

Es war nicht zum Aushalten.

Zwanzig Minuten nach zehn hatte ich die Hoffnung aufgegeben, Fritzis Schwester noch zu sehen. Aber eine letzte Zigarettenlänge wollte ich noch warten. Ich fischte die nächste *Marlboro* aus der Schachtel, zündete sie mit einem

Streichholz an. Ich nahm zwei Züge, und dann fegte wie aus dem Nichts ein Windstoß über den Keplerplatz, eine kleine Brise eigentlich, aber sie erwischte einen Teil von der Zigarettenglut und wehte sie in mein Auge.

Verdammt, das Rauchen war schon eine ganz eigene Kunst.

Das Auge begann unverzüglich zu tränen. Ich versuchte, den Aschefetzen rauszureiben, aber es wurde nur noch schlimmer dadurch. Ich kriegte richtig Panik zu erblinden, ich wischte jetzt mit dem linken Handrücken, aber es half alles nicht. Ganz im Gegenteil: Weil ich noch immer die *Marlboro* in der rechten Hand hielt, geriet mir zu allem Überfluss noch eine ordentliche Prise Rauch in die Augen.

Und zwar in beide gleichzeitig.

Es war wirklich zum Kotzen!

Ich warf die Zigarette weg und versuchte, mit dem Ärmel meines Pullovers gleichzeitig die Tränen aufzufangen und das Ascheteilchen zu entfernen.

Als ich aufgab, war es zweiundzwanzig Uhr fünfunddreißig. Ich wollte nicht wissen, wir rot und entzündet meine Augen jetzt aussahen. Wenigstens hatte ich eine Viertelstunde lang nicht an Fritzis große Schwester denken müssen, die jetzt irgendwo schräg gegenüber in diesem Hochhaus saß und mich wahrscheinlich für ein riesiges Arschloch hielt.

Ich wusste echt nicht, was ich machen sollte.

Nach Hause gehen?

Sitzen bleiben?

Gucken, ob Dirk, Michael oder Mario noch irgendwo draußen waren?

Keine Ahnung.

Also tat ich das Naheliegendste: Ich nahm mir eine weitere *Marlboro*, und weil ich ja lernfähig bin, machte ich von nun an immer die Augen zu, wenn ich daran zog.

Die Brisen gingen mittlerweile regelmäßig über den Keplerplatz, alle anderen Jugendlichen hatten sich längst verkrümelt. Die Welt war wieder zurückgekehrt in die Wohnblöcke und Hochhäuser unseres Wohngebietes, nur ich war nach wie vor hier draußen in der dunklen Unwirtlichkeit.

Und zwar alleine.

Da ich jetzt nicht mehr von meinen brennenden Augen abgelenkt wurde, gerieten mir auch wieder Gedanken in den Kopf.

Jedenfalls: so eine Abart von Gedanken.

Ich dachte die ganze Zeit: *Scheiße!*

Und dann dachte ich: *Echo Beach far away in time*, weil ich den Mist nicht mehr aus meinem Schädel bekam.

Und dann versuchte ich, mich zu erinnern, wie sich Biancas Brüste angefühlt hatten, vorhin, als sie mir fatalerweise um den Hals gefallen war. Aber ich bekam es nicht hin, und als ich mich an den anderen großen Moment dieses Tages erinnern wollte, an den perfekten, an den größten: Fritzis Schwester und ich auf dem Bordstein im Sonnenuntergang, da war da rein gar nichts Schönes mehr daran. Ich wusste, dass es noch existierte, das Schöne in diesem Moment, aber ich konnte es nicht mehr fassen, nicht jetzt jedenfalls, und ich bekam sehr große Angst, dass mir das nie wieder gelingen würde.

Das machte mich traurig.

Richtig traurig.

Ich musste fast heulen deshalb, zwar nicht laut und aufschluchzend wie die Leute im Hans-Otto-Theater, aber ein, zwei Tränen liefen mir schon runter, wenn auch nur langsam und kaum hörbar. Es war alles umsonst gewesen, die ganze Hoffnung, die kurze Freude, dachte ich, als ich um zehn nach elf endlich aufstand, mir mit dem Ärmel über die Augen fuhr, die Rotze hochzog und mich auf den Heimweg machte.

Man konnte es einfach nicht ändern: Die Welt war ein Fass ohne Boden, dachte ich.

Eine Kugel eher.

Eine Kugel ohne Boden war die Welt.

Und dann, zum mindestens hundertsten Mal an diesem verdammten Abend, dachte ich:

Echo Beach far away in time.

TEIL 3

Somewhere there is some place
That one million eyes can't see
And somewhere there is someone
Who can see what I can see

SIMPLE MINDS, SOMEONE SOMEWEHRE
IN SUMMERTIME

REPUBLIK DES SÜDKREUZES

«Wollt ihr mich verschaukeln? – Da steht er doch!», sagte die Volksbuchhändlerin und zeigte mit dem Finger auf mich.

«*Du* hast den Baudelaire gekauft?», fragte Dirk.

«Vorgestern, und zwar kurz vor Feierabend», maulte die Buchhändlerin weiter. «Ich konnte deswegen die ganze Dekoration noch mal umbauen.»

«Ich hab's mir selber zum Geburtstag geschenkt», erklärte ich.

«Und warum latschen wir dann trotzdem alle hierher?», fragte Dirk.

«Ich wollte gar nicht mitkommen», sagte ich, «*ihr* habt doch vor meiner Tür gestanden und geklingelt.»

«Falsche Antwort», sagte Dirk.

«Sieh es mal so, Dirk, dann musst du wenigstens kein Französisch lernen an der Abendschule», sagte Michael. Er jedenfalls schien nicht besonders traurig zu sein.

«Stimmt auch wieder», sagte Dirk und steckte die sechzig Mark weg, die er noch vor der Tür unserer Wohngebietsbuchhandlung gezückt hatte.

«Kann ich sonst noch was für euch tun?», fragte die Buchhändlerin.

«Nee, wir sind schon bedient», sagte ich, und dann gingen wir wieder raus. Mir steckte immer noch das große

Desaster des Vorabends in den Knochen und dieses Gefühl, das von jetzt an alles andere egal war. Es hatte sowieso schon in mir geschlummert, glaube ich, dieses Gefühl, aber kurz vor Mitternacht war es aufgewacht und hatte mich gebissen. Und zwar im selben Augenblick, als mir klarwurde dass das Mädchen ohne Namen bis in alle Ewigkeit nicht mehr für mich sein würde als Fritzis große Schwester. Weiter ging es nicht für mich, ich würde nie erfahren, wie sie richtig hieß.

Ich musste sie vergessen, dachte ich, nur gut, dass ich im Herbst ins Internat verfrachtet wurde, da lief sie mir wenigstens nicht dauernd über den Weg.

Es war jetzt Mittag, und vielleicht waren sie ja schon angekommen an der Ostsee und hatten das Zimmer im Betriebsferienheim bezogen, oder wo auch immer sie dort wohnten. Ein einzelnes Bett für die Mutter, ein Doppelstockbett für Fritzi und ihre Schwester.

Ich fragte mich, ob Fritzis große Schwester einen schwarzen Badeanzug trug. Und was sie mit ihren Haaren machte, wenn sie ins Wasser ging.

Und ob sie meine Kassette schon weggeworfen hatte.

«Und was jetzt?», fragte Dirk.

«Jetzt gehen wir zu René und gucken uns das Buch an.»

«Können wir das nicht auf morgen verschieben?»

«Ey, René, du bist uns was schuldig für diesen Scheiß.»

«Na gut», sagte ich, «dann gehn wir eben zu mir.»

«Mann, was ist denn los mit dir?»

«Nichts», sagte ich.

«Das merkt man.»

Wie die Geier stürzten sich Michael und Dirk auf den *Spleen von Paris*. Sie saßen nebeneinander auf dem Teppichboden meines Zimmers, die Knie angezogen, und steckten die Köpfe zusammen über dem Baudelaire. Ganz vorsichtig hatten sie vorher den Schutzumschlag entfernt, und als ich sah, dass ich mir keine Sorgen machen musste um das Buch, setzte ich mich auf den Balkon.

Legte die Füße auf die Brüstung.

Ließ mir die Sommerbrise um die Nase wehen.

Ich versuchte, an nichts zu denken, was natürlich in die Hose ging. Ich wurde trotzdem etwas gelassener, die gleichförmigen Geräusche von draußen, die Ruhe in der Wohnung, die Anwesenheit von Dirk und Michael, all das war Baldrian für meine Seele.

Irgendwann fragte Michael, ob ich was zu trinken habe, und ich mischte für uns alle einen Longdrink aus Cola, Eis und *Napoléon*, und weil ich es wohl mit dem *Napoléon* übertrieben hatte und sich Michael und Dirk anschließend nicht mehr konzentrieren konnten, beschlossen wir, in die Stadt zu fahren. Den *Spleen von Paris* schlugen wir in das Packpapier des Volksbuchhandels ein und nahmen ihn mit.

Wir erwischten eine 6, die Richtung Hauptbahnhof fuhr, und als der Tatrawagen über die Schnellstraßenbrücke bretterte, klappte ich alle Fenster auf, stellte mich in den Gang und hielt meinen Kopf in den scharfen Durchzug.

So blieb ich stehen bis zum Horstweg.

Danach war ich wieder nüchtern.

Wir stiegen am Platz der Einheit aus und marschierten am Schuhhaus vorbei schnurstracks zum *Café Heider*.

Ihr müsst wissen, das *Café Heider* hatte keinen besonders guten Ruf in der Stadt, jedenfalls nicht bei meinem Vater und den anderen Autoritäten.

«Du kannst überall hingehen, René, aber tu mir einen

Gefallen, und geh bitte nicht ins *Café Heider*», hatte mein Vater gesagt, als er irgendwann mitkriegte, dass ich abends später nach Hause kam. «Das spricht sich ganz schnell herum, wenn einer in diesem Etablissement verkehrt.»

Er hatte nicht nur allen Ernstes das Wort *Etablissement* benutzt, er hatte es obendrein auch noch mit spitzer Zunge ausgesprochen.

Leider war es zu diesem Zeitpunkt schon zu spät gewesen für den gut gemeinten Rat, da waren wir längst Stammkunden dort und saßen zwischen den Hippies rum mit ihren Shell-Parkas und Kletterschuhen, zwischen den Punks, auf deren Lederjacken *Exploited* stand und nicht *Billy Idol*, wie bei den Panikrockern aus unserem Wohngebiet, zwischen den Homosexuellen mit den getönten Pilotenbrillen und den Halstüchern aus Seide. Alles Feinde unseres Landes und arbeitsscheue Gestalten, hieß es in manchen Kreisen.

Na ja, wer's glaubte.

«Keine Angst», beruhigte ich meinen Vater, «wenn wir mal einen Kaffee trinken, dann höchstens in der *Seerose*.»

Auch im *Café Heider* merkte man, dass die Sommerferien ausgebrochen waren. Wir bekamen sofort einen Platz, hinten im begehrten Séparée mit den Plüschsofas und den Stofftapeten und den goldgerahmten Bildern an der Wand.

Wir bestellten jeder ein Kännchen Kaffee, und dann rauchten wir erst mal eine Zigarette dazu.

Ich gebe es ungern zu, aber Sonjas *Marlboro*-Schachtel auf dem Tisch sah schon cooler aus als ein labberiges Päckchen *Club*. Manche füllten ja leere *Marlboro*-Schachteln mit Ost-Zigaretten wieder auf.

Das war mir dann aber doch zu blöd.

Manche fragten sogar, ob sie von einem die *Marlboro*-Schachtel bekommen könnten, wenn sie leer war. Um sie dann mit Schweinejuwel aufzufüllen oder so was.

Wir unterhielten uns über die *Republik des Südkreuzes* von Waleri Brjussow, über die *Blumen des Bösen*, über Rimbaud und Verlaine und warum Rimbaud mit neunzehn aufgehört hatte zu schreiben und später Waffenhändler geworden war.

Wir stellten fest, dass wir selber mal langsam anfangen müssten zu schreiben, wenn wir Rimbaud noch übertrumpfen wollten oder wenigstens noch gleichziehen mit ihm. Denn dass wir das wollten, war klar, auch wenn es keiner von uns direkt aussprach.

Als wir fertig waren mit der Literatur, sprachen wir über Politik, wobei Michael immer ein bisschen im Nachteil war, weil er kein Westfernsehen gucken durfte. Auch RIAS und SFBeat hörte er nur heimlich unter der Bettdecke und BFBS, wo sonntags die Sendung mit John Peel lief. Sein Vater war ziemlich auf Linie getrimmt, obwohl der nicht mal eine höhere Stellung besaß.

Wir begannen mit unserem Lieblingsthema, dem Bergarbeiterstreik in England, der in diesem Frühling zerschlagen worden war von dieser sogenannten Eisernen Lady namens Maggie Thatcher. Bei der sah man schon von weitem, was für ein mieser Mensch hinter ihrer Wachsgesichtsfassade schlummerte.

Dann zählten wir uns gegenseitig die Sänger und Bands auf, die wir gut fanden und die natürlich alle auf Seiten der Bergarbeiter standen: Billy Bragg, *Style Council*, *Blow Monkeys* und noch ein Haufen anderer.

Anfangs hatten wir uns überhaupt nur wegen der Bands

für die Bergarbeiter interessiert, aber mittlerweile hassten wir Maggie Thatcher von ganz alleine.

Wir hassten Maggie Thatcher, obwohl auch die *Aktuelle Kamera* sie hasste und das *Neue Deutschland*, und das wollte schon was heißen.

Wir hassten auch diesen Ronald Reagan freiwillig, weil der im Mai mit diesem sogenannten Helmut Kohl einen SS-Friedhof besucht hatte, worüber die *Ramones* ein Lied geschrieben hatten namens *Bonzo goes to Bitburg*, das ich vor zwei Wochen aufgenommen hatte. Ronald Reagan hassten wir außerdem, weil er die Konterrevolutionäre in Nicaragua unterstützte, die gegen die Sandinisten kämpften. Die Sandinisten dagegen mochten wir, weil ein paar von denen Dichter gewesen waren, bevor sie zur Waffe gegriffen hatten, um für die Freiheit zu sterben und die Gleichheit und alles. Wir mochten auch ihre schwarz-roten Fahnen, hauptsächlich aber fanden wir sie gut, weil Sonja eine glühende Verehrerin von diesen ganzen bärtigen Revolutionären war mit den zotteligen Haaren, die immer unter der Baskenmütze rausquollen.

Wir unterhielten uns anschließend über den neuen Generalsekretär der KPdSU, der dritte jetzt schon nach Breschnews Tod 82 und echt noch jung auf diesem Posten für verkalkte Greise.

Die starben ja weg wie die Fliegen in letzter Zeit!

Gorbatschow hieß der neueste, nur fürs Protokoll.

Friede seiner Asche!

Und wir redeten über den Austausch der Spione auf der Glienicker Brücke, der noch nicht lange her war. Einen von denen hatte ich höchstpersönlich kennengelernt, als er noch kein Spion gewesen war. Er hatte bei uns zu Hause gesessen mit seiner Frau und *Napoléon* getrunken nach dem Abendbrot, denn er war ein Kollege meines Vaters gewesen, damals, als es meine Mutter noch gab. Später war er in den Westen gegangen und bald verhaftet worden, weshalb er anschließend jahrelang in feuchten Kerkern schmachten musste.

Eigentlich brachte ich das Thema nur aufs Tablett, weil ich im letzten Ferienlager vor einem Jahr mit Claudia getanzt hatte, seiner Tochter, und zwar zu den langsamen Liedern. Später hatten wir uns auf den Spielplätzen im Wohngebiet den Hintern abgefroren, nur weil wir eine Weile annahmen, so was wie ein Paar zu sein. Zusammen mit Mario und Anette, dem anderen Paar. Als ich letztens dann gehört hatte, dass ihr Vater zu den ausgetauschten Spionen zählte, war ich echt froh gewesen, weil es bedeutete, dass Claudia von nun an keine Halbwaise mehr war, was schließlich nicht jeder von sich behaupten konnte.

Als wir fertig waren mit der Politik, machten wir erst mal eine Pause und bestellten neue Getränke, dreimal Martini, weil das Auge ja mittrank.

War ja schon halb vier.

Ein paar Touristen und Rentner kamen ins *Heider* rein, die nicht im Traum ahnten, was für eine subversive Spelunke sie hier erwartete mitten im schönsten Holländer-Viertel.

Sah ja auf den ersten Blick gemütlich aus und bieder. Gardinen und alles, und zwar nicht diese gelben Nikotin-Dinger, die woanders von der Decke baumelten, sondern immer frisch gewaschen und gestärkt. Man musste ja wenigstens den Schein wahren, mit Kuchenbuffet und Spitzenschürzen und diesem Zeug.

Wir nippten immer nur an unseren Martinis, schön langsam, damit sie eine Weile hielten und von vielen gesehen werden konnten, jedenfalls wenn wir draußen saßen und nicht im Séparée, wie heute, wo es leider keiner mitbekam.

Michael sagte: «Ey, René, gib noch mal den Baudelaire raus.»

Ich reichte ihm das Päckchen, er wickelte das Buch vorsichtig aus, schlug es auf, zückte Notizbuch und Bleistiftstummel und fing einfach an zu schreiben.

«Was machst du denn da?», fragte Dirk.

«Was könnte das wohl sein?», sagte Michael, ohne aufzusehen.

«Du nutzt deinen Bleistift ab, indem du meine Baudelaire-Sachen kopierst», sagte ich.

«Das sind Baudelaires Baudelaire-Sachen und nicht deine», sagte Michael.

«Ich hab sie aber gekauft.»

«Aber du hast sie nicht geschrieben.»

«Auch wieder wahr», sagte Dirk und holte jetzt sein eigenes Schreibzeug heraus.

Jetzt steckten sie also schon wieder die Köpfe zusammen, und sie schrieben das erste Prosagedicht ab, das mit dem Fremden und den Wolken.

Sie hörten gar nicht mehr damit auf.

Sie schrieben wie manisch.

Sie hielten nur inne, wenn sie ihre Bleistiftreste anspitzten, die rasend schnell kürzer wurden. Sie ließen die Bleistiftspäne in den Aschenbecher fallen, wo die glühenden Zigaretten sie zum Stinken brachten. Und als sie mit dem ersten Prosagedicht fertig waren, blätterten sie eine Seite weiter und fuhren mit dem zweiten fort, und als sie nach ewiger Zeit auch damit fertig waren, wollten sie direkt zum dritten übergehen, das mindestens doppelt so lang war wie das mit dem Fremden und den Wolken.

«Ey, es reicht langsam», sagte ich, «wenn ihr nicht aufhört, dann geh ich los. – Und zwar mit dem Baudelaire.»

«Das ist eigentlich mein Buch, aus dem ich hier leider gezwungen bin, abzuschreiben», sagte Dirk, «vergiss das bitte nicht.»

«Nur dieses eine noch», sagte Michael.

«Von wegen *dein* Buch. – Aber okay», sagte ich, «das eine noch, aber dann ist echt Schluss.»

«Und morgen wieder drei?», fragte Michael.

«Meinetwegen.» Ich nahm einen winzigen Schluck vom Martini und zog jetzt meinerseits das Schreibwerkzeug heraus, weil mir nach einer halben Stunde Rumsitzen ziemlich langweilig geworden war. Jemand, der uns so sah, alle drei mit unseren ultrakurzen Bleistiften bewaffnet und jeder mit seinem eigenen Anspitzer neben dem Martiniglas, musste denken, wir hätten einen an der Klatsche. War also doch gut, dass wir heute im Séparée saßen und nur ab und zu die Bedienung vorbeikam, um zu sehen, ob wir immer noch nichts nachbestellen wollten.

Ich schrieb: «Liebe Schwester von Fritzi!»

Damit war ich auch schon am Ende mit meinem Latein. Ich hätte ihr gerne von dem Missverständnis erzählt, und wie es zu der verhängnisvollen Umarmung gekommen war, und dass mir alles schrecklich leidtat. Aber mal ehrlich: Das war banal, das verstand sich alles von selber, und wahrscheinlich wollte sie es nicht mal hören.

Und weil mir so gar nichts Schlaueres einfallen wollte, fing ich an, das Blatt unter der Anrede zu bekrakeln. Ich füllte die ganze Notizblockseite mit den dicken schwarzen

Schraffurstrichen meines weichen Bleistifts, bis es keine einzige weiße Stelle mehr gab. Klar, das hatte nicht viel Sinn, aber es war weniger dämlich als eine dieser dahergestammelten Rechtfertigungen, und das Schwarz passte allemal wunderbar zu meiner Verfassung. Außerdem musste ich beim Schwarzmalen dermaßen oft den Bleistift nachspitzen, dass Dirk und Michael dauernd neidisch hochsahen von ihrer stupiden Kopistenarbeit.

Weil die beiden noch immer nicht fertig waren mit dem dritten Gedicht, färbte ich auch die gegenüberliegende Seite noch komplett schwarz ein.

LIEBE SCHWESTER VON FRITZI!

DEIN RENÉ   POTSDAM, DEN 04. JULI 1985

Nur ganz unten ließ ich zwei Zentimeter frei, in die ich: «Dein René» schrieb und «Potsdam, den 04. Juli 1985».

Jetzt hatte ich eine Anrede, einen Gruß am Ende und dazwischen zwei schwarze Seiten, die nicht weniger waren als der Ausdruck von totaler Trauer und kompletter Verzweiflung, die so stark in dem Briefeschreiber wüteten, also quasi in mir, dass er sie nicht mal mehr in Worte hatte pressen können.

Wie gesagt: besser als irgendeine abgetakelte Ausrede, die am Ende doch keine glaubte.

Ich klappte mein Notizbuch zu und warf den kläglichen Rest meines Bleistifts in den Aschenbecher, wo schon ein Haufen anderes Holz vor sich hin kokelte. Ich fischte die Olive aus meinem Martiniglas und schmiss sie hinterher. Als sie im Aschenbecher aufklatschte, konnte man es richtig zischen hören.

Ich trank den restlichen Martini in zwei großen Schlucken und wartete, dass Dirk und Michael endlich fertig wurden. Wir bezahlten unsere Zeche und dann schlenderten wir langsam vor zum Platz der Einheit.

«Seid ihr auch die ganzen Ferien in der Stadt», fragte ich.

«Mal sehen», sagte Dirk, «vielleicht ergibt sich ja was.»

«Seh ich genauso», sagte Michael.

«Was denn, Zelten oder so was?»

«Mit Rebecca, meinte ich eher», sagte Dirk.

«Da wird sich hundertpro nichts ergeben bei dir, fürchte ich», sagte Michael, und dann beharkten sich die beiden wieder eine Weile wegen dieser ominösen Rebecca.

Mann, ich wurde selbst langsam richtig neugierig auf diese Rebecca, bei dem Riesenwind, den Dirk und Michael um sie entfachten. Und als sie sich endlich darauf geeinigt hatten, die Entscheidung mir zu überlassen, wie abgemacht, und zwar auf dem Sommerfest, fingen sie gemeinschaftlich an, von den Vorzügen und der Schönheit dieser Rebecca zu schwärmen, das ging bei ihrer Haarfarbe los und endete bei der Lederjacke, die sie trug. Unter völlig sinnlosem Geschwätz wie diesem, zu dem ich nicht viel mehr beitragen konnte, außer manchmal zu gähnen, rollte der Tatrawagen der Linie Nummer 6 wieder in unser Wohngebiet ein.

Wir stiegen am *Orion* aus, und mir fiel natürlich sofort die Stelle ins Auge, wo ich erst gestern mit Fritzis großer Schwester gesessen hatte.

«Was machen wir denn als Nächstes?», fragte ich. Es war kurz nach sechs.

«Wir rauchen eine vor der Kaufhalle», sagte Michael, «und sehen dann weiter.»

«Oh, klingt verlockend», sagte Dirk und verdrehte die Augen.

Ich bückte mich, als sei der Schnürsenkel meines schwarzen Reparaturlackschuhs aufgegangen, und sagte: «Geht schon mal vor, ich komm gleich nach.» Ich fummelte so lange daran rum, bis die beiden um die Ecke verschwunden waren. Dann beugte ich mich genau über die Stelle im Rinnstein, wo wir gesessen hatten, und stocherte mit dem Finger im Staub herum. Ein paar Scherben lagen dort, Kronkorken, vor allem aber Zigarettenkippen. Anders als beim Aufsammeln der Flaschenscherben neulich war es mir jetzt egal, ob mich jemand beim Wühlen im Dreck beobachtete. Man musste auch Opfer bringen für die Liebe, dachte ich, und schneller als erhofft fand ich, was ich suchte, eine *Marlboro*-Kippe mit Lippenstift dran. Ein ziemlich dunkler, braun, fast schon schwarz, und er gehörte Fritzis

Schwester. Ich steckte die Kippe in die *Marlboro*-Schachtel und bog dann nach links auf den Keplerplatz, wo Michael und Dirk schon auf derselben Bank saßen, auf der ich gestern eine Stunde lang vergeblich gewartet hatte.

Sie rauchten, und sie waren – oh Wunder – wieder bei dieser Rebecca angekommen und ihren unglaublich erotischen Fesseln.

Ohne Scheiß!

Bei ihren Fesseln!

«Ey, sogar die *Sisters of Mercy* hatten ein paar Lieder auf einem von diesen Samplern, deren ganzer Erlös den Familien der Bergarbeiter zukam», sagte ich, um dem Gerede einen anderen Drall zu geben.

«Wirklich? Die *Sisters of Mercy*? Die sind doch total unpolitisch», sagte Michael.

«Und außer René hört die auch gar keiner mehr», sagte Dirk.

«Nein, eben nicht», sagte ich, «die wirken nur total unpolitisch. Aber alles nur Tarnung. Denn hinter diesem ganzen L'art-pour-l'art-Grufti-Getue hängt die richtig große Harke des politischen Bewusstsein.»

«Na, klar doch, wenn das so ist, dann wäre ja auch Baudelaire politisch.»

«Logisch, Mann, ist er ja auch», behauptete ich.

«Und Mallarmé?»

«Von dem hab ich nichts gelesen. Von dem gibt's doch nichts bei uns. – Huysmans jedenfalls ist auch einer von diesen Kandidaten.»

«Vielleicht gar nicht mal so doof der Gedanke», sagte Michael, «des Esseintes ist echt der wahre Anarchist unter den ganzen Dandys. – Nicht so ein Lappen wie Dorian Gray.»

«Jetzt mal halblang», sagte Dirk, «von Oscar Wilde stammt immerhin *Der Sozialismus und die Seele des Menschen*.»

Und auf diese Weise ging das ganze Palaver wieder von vorne los, so ähnlich wie es sich vorhin im *Café Heider* abgespult hatte.

Der Wohngebietsspringbrunnen plätscherte ein lustiges Lied dazu und roch nach altem Schwimmbecken.

Wir rauchten und unterhielten uns, und immer mal wieder ließ ich meinen Blick am Vierzehnstöcker herabschweifen, der jetzt trotz der warmen Abendsonne kalt und leer war und es für immer bleiben würde, bis Dirk um halb acht rumzujammern begann, dass er Hunger habe, und wir beschlossen, nach nebenan in die HO-Club-Gaststätte zu wechseln, für einen Imbiss und ein Getränk, das möglicherweise Gin Tonic hieß.

FÜR IMMER UND EWIG

Am nächsten Tag standen die beiden mittags schon wieder vor meiner Tür, die Bleistiftstummel im Anschlag, die frisch geölten Anspitzer in den Hosentaschen.

«Ihr wollt jetzt echt jeden Tag hier aufkreuzen, um den Baudelaire abzuschreiben?», sagte ich statt einer Begrüßung.

«War doch so abgemacht, dass wir heute kommen», sagte Michael, «mindestens drei Prosagedichte.»

«Wenn's sein muss.»

Sie streiften ihre Schuhe im Treppenhaus von den Füßen und gingen durch in mein Zimmer.

«Wir haben auch eine Schreibmaschine und Durchschlagpapier», sagte ich, «das geht vielleicht schneller: Einer diktiert, der andere schreibt.»

Dirk und Michael guckten sich an. «Aber wer kriegt den Durchschlag und wer das Original?», fragte Dirk.

«Mir doch egal», sagte ich.

«Ist sowieso persönlicher, wenn es handgeschrieben ist», sagte Michael.

«Ja, klar, das geht dann direkt von der Hand ins Herz, oder was? – Aber könntet ihr das heute vielleicht im Wohnzimmer machen oder auf dem Balkon?», fragte ich, als die beiden sich auf meinem Teppich niederlassen wollten. «Ich hab hier noch was anderes zu tun.»

«Was denn? Deine Schuhe lackieren?», fragte Michael,

weil er sah, dass der Reparaturlack von der Kassettenaktion noch auf meinem Schreibtisch rumstand, samt einer ganzen Horde verkrusteter Pinsel, die ich leider vergessen hatte, in Verdünnung zu tauchen, und die jetzt wahrscheinlich für immer an der Zeitungsunterlage festklebten.

«Ich muss noch eine Kassette überspielen», sagte ich und zeigte ihnen mein Meisterwerk.

«Oje, das ist das Hässlichste, was ich je gesehen habe», sagte Michael. Er zog die Kassette mit Daumen und Zeigefinger aus der Hülle, als sei sie voller Pestbazillen.

«Lustigerweise sieht man trotz des ganzen Lacks sofort, dass sie aus dem Osten ist», sagte Dirk. «Für wen machst du die denn?»

«Bestimmt für seine Friseuse», sagte Michael und lachte fies.

«Was kommt denn dann drauf? – Lass mich raten: *Bananarama*?», fragte Dirk.

«*Wham* wahrscheinlich», sagte Michael.

«*Dead or Alive.*»

«*Thompson Twins.*»

«*A-ha.*»

«Nein, die ist für mich selbst» sagte ich, damit diese sinnlose Aufzählerei sinnloser Bands bitte endlich aufhörte.

«Und *dafür* der Aufwand?»

«War noch Lack übrig von meinen Schuhen.» Ich hatte echt keine Lust, ihnen zu erklären, wie sich die Sache wirklich verhielt.

«Hast du diese Friseuse überhaupt mal angerufen?», fragte Michael, «die war ja richtig besessen von dir.»

«Diese Friseuse heißt Bianca», sagte ich.

«Hast du?»

«Nein.»

«Machst du's noch?»

«Glaube nicht.»

«Besser so», sagte Dirk, «du bist echt nicht deren Kaliber. – Das ist eher 'ne Braut für diese Panikrocker aus dem *Orion*: Abgang achte Klasse, Maurerlehre.»

«Muss ja auch ein paar Leute geben, die die ganzen Häuser zusammenbasteln», sagte ich, «die aus dem Wohnungsbauprogramm.»

«Ey, ich kann Rebecca mal fragen, ob sie nicht 'ne Freundin hat, die zu dir passt, René. – Soll ich?», fragte Dirk. «Eine, die lesen und schreiben kann.»

«Lass dir mal langsam einen neuen Witz einfallen», sagte ich.

«Falls es dir lieber ist, frag *ich* Rebecca, ob sie jemanden kennt», bot Michael großzügig an.

«Wisst ihr was? Ich gucke mich auf diesem Sommerfest einfach selber um, ob ich was Intellektuelles für mich finde, okay?»

«Gute Idee.»

«Und bis dahin kein Wort mehr über Bianca!»

«Kann ich nicht versprechen.»

«Los, Dirk, wir gehen auf den Balkon», sagte Michael, und er nahm behutsam den Baudelaire von meiner Mehrzweckliege, von der ich heute extra wegen ihres Besuches das Bettzeug geräumt hatte.

Das nächste Mal klingelte es kurz vor drei an der Wohnungstür.

Ich machte auf, und draußen stand Mario und grinste. Er trat einen Schritt zur Seite, und zum Vorschein kam

Connie in ihrem selbstgeschneiderten Schneemannkostüm. Connie grinste auch, und als sie ebenfalls zur Seite trat, stand da Bianca im Treppenflur und lächelte, gar nicht so, wie ich sie in Erinnerung hatte aus dem *Orion*, eher wie die Unschuld vom Lande, ganz scheu irgendwie.

«Was macht ihr denn hier?», fragte ich.

«Ein Kavalier der alten Schule», sagte Mario zu den Mädchen und zeigte auf mich, als würde ein Fernseh-Conférencier den nächsten Sänger präsentieren. Beide Hände ausgestreckt, Handflächen nach vorne.

«Ich meine, kommt rein», sagte ich schlapp.

«Wir freuen uns auch sehr, dich zu sehen, lieber René», sagte Connie spitz, und sie folgte Mario, der schon auf dem Weg in mein Zimmer war.

Jetzt stand nur noch Bianca im Hausflur rum, und ich kann nur eins sagen: Sie sah einfach umwerfend aus. Sie hatte schon wieder eine von diesen hautengen Hosen an, eine schwarze heute, die kein Detail ihres Körpers kaschierte, ich meine: von der Taille abwärts. All diese sanften Wellen, diese geschwungenen Linien, diese leicht fließenden Kurven, keine Ahnung, wie man das am besten beschreibt.

Das war ein Anblick, der einen ganz kirre machte.

Obenrum trug sie einen weißen Pullover aus Nickistoff, unter dem man ihre Brüste noch viel besser erkennen konnte als vorgestern unter der Wolle oder was das gewesen war, weil das Material irgendwie weicher fiel, weil er sich um die Formen schmiegte und sie nicht versiegelte. Biancas Füße steckten in schmalen, schwarzen, halboffenen Schuhen mit flacher Sohle, die man, glaube ich, Pömps nennt. Sie trug außerdem lange, glitzernde Ohrgehänge, eine zwei Zentimeter breite, massive Halskette sowie diverse Bänder und Ketten aus Perlen und Leder und grellen Klunkern aus der Modeschmuckboutique in der Stadt und mindestens zehn Armreifen pro Seite. Um mal nicht von den Ringen an ihren Fingern anzufangen.

«Willst du auch reinkommen, Bianca?»

«Freust du dich, mich zu sehen, René?»

Ich sagte: «Ja.»

Und das war nicht gelogen.

Das allerdings merkte ich erst, während ich es sagte.

Ich hatte den Mund aufgemacht, um zu lügen, und herausgekommen war die Wahrheit. Obwohl ich genau das sagte, was ich mir vorgenommen hatte zu sagen.

Und wie ich mich freute, sie zu sehen!

«Ich freue mich sogar sehr», sagte ich.

«Ich musste die ganze Zeit an dich denken», sagte sie und guckte verlegen zur Seite weg.

«Ich auch an dich», log ich jetzt doch.

Warum sollte ich Bianca mit der Wahrheit kränken?

Wem nutzte das was?

«Wirklich?» Sie sprach ganz leise und sanft, sodass ich regelrecht eine Gänsehaut kriegte. Sie hatte da so was in der Stimme, das ich nicht deuten konnte.

«Ja.»

«Und warum hast du dann nicht angerufen?»

«Ich hab mich nicht getraut», sagte ich. Und das war immerhin halb wahr.

«Aber jetzt bin ich ja trotzdem da», sagte Bianca und kam herein. Sie umarmte mich, und plötzlich war die Erinnerung zurück, wie sich ihre Brüste anfühlten an meiner Brust. Sie waren mir sogar noch näher als neulich im *Orion*, denn ich hatte heute nur ein dünnes schwarzes Hemd an von *Schwarze Rose* und keinen Pullover.

Ich stieß die Wohnungstür mit dem Fuß zu.

Bianca legte ihre Wange an meinen Hals, und ich inhalierte ihren Duft aus Parfüm und Haarspray. Meine Hände lagen auf ihren Hüften, ganz locker zuerst, und als ich den Druck etwas erhöhte, um zu sehen, was passierte, erhöhte auch sie den Druck ihrer Arme. Längst schon hatten die Naturgesetze meinen Willen zur Contenance überrumpelt und Teile von meinem Körper in Aufruhr versetzt. Weshalb ich auch versuchte, Biancas Becken etwas auf Distanz zu halten.

Weil es mir ein bisschen peinlich war.

Es konnte leicht aufdringlich wirken.

So standen wir jedenfalls im Wohnungsflur herum, bis ein infernalischer Lärm aus meinem Zimmer die ganze Romantik tötete.

Mario hatte die Lautstärke meines Recorders voll aufgedreht, und jetzt schepperte eines der Lieder von meiner lackierten Kassette mit hundert Dezibel durch die Bude: *Hell of a Summer* von den *Triffids* aus Australien.

Ich nahm die Hände von Biancas Hüften, und weil ich nicht gleich loslaufen konnte wegen des Aufruhrs, schrie ich: «Ey, Mario, mach die Musik aus!»

Der Lärm verstummte, und ich schickte Bianca in mein Zimmer, damit ich ein paar Augenblicke gewann, die Verhältnisse zu ordnen.

Leider kamen jetzt auch Dirk und Michael vom Balkon in den Flur, und Michael fragte: «Was ist denn los?»

«Besuch», sagte ich.

Und als sei das eine Aufforderung gewesen, sich unter

die anderen zu mischen, taten Dirk und Michael genau das. Nicht zu vergessen, sie hielten dabei jeder einen Bleistiftstummel in der rechten Hand.

«René, du hast gar nicht erzählt, dass Pat und Patachon auch da sind?», platzte Connie beim Anblick der beiden heraus, und wir mussten ziemlich lachen, Bianca, Mario und ich.

«Und jetzt?», fragte ich und sah mich ratlos in der Runde um, die nicht so richtig zusammenpasste. Im *Orion* mochte so eine Konstellation ja noch gehen, mit der Musik und dem Geflacker und dem ganzen Hin und Her. Aber wenn es ruhig war wie jetzt und man nicht mal schnell an die Bar konnte oder vor die Tür, sah die Sache schon anders aus.

«Können wir was zu trinken haben?», fragte Michael.

«Was denn?», fragte ich.

«Am liebsten so was wie gestern.»

«Ja, so was wie gestern wäre gut», sagte Dirk.

«Was war das denn?», fragte Mario.

«Cola mit *Napoléon* auf Eis», sagte ich.

«Da nehm ich auch ein Glas von», sagte Mario.

«Ich auch», sagte Connie.

«Und du, Bianca?», fragte ich.

«Eh ich mich schlagen lasse.»

«Hilfst du mir bitte, Michael?»

«Na gut», sagte er, und wir gingen in die Küche rüber.

In meinem Zimmer stand es jetzt 3:1 für die künftigen Werktätigen, was eines von den verbalen Scharmützeln Dirks unter ihnen unwahrscheinlich machte. Die Proletarier konnten sich zusammentun und zurückschlagen, wenn's drauf ankam.

Kannte man ja aus der Geschichte.

Michael und ich präparierten die Cola mit Weinbrand und Eis, und als wir fertig waren, merkte ich, dass schon einiges an Luft eingedrungen war in die siebente der *Napoléon*-Flaschen.

Und das am fünften Ferientag.

Ein richtiges Gespräch kam trotz der starken Getränke nicht auf. Dirk und Michael trauten sich nicht, Mario und die beiden Mädchen hochzunehmen, was wohl daran lag, dass sie nicht wussten, auf wessen Seite ich stand.

Deshalb sage *ich* es euch jetzt: Ich stand seit Mittwoch auf der Seite der Werktätigen. Wegen Bianca, ich gebe es zu. Und ein bisschen wegen des Mädchens ohne Namen, von dem ich nicht wusste, ob es nicht auch eine Lehre beginnen würde, dieses Jahr oder nächstes.

Und von dem ich das auch nie erfahren würde.

Seit der Sache mit Bianca gerade im Flur fühlte ich mich ihnen sogar noch ein Stückchen verbundener, den Werktätigen.

Für Dirk und Michael dagegen waren solche Leute nur interessant, wenn sie eine Horde von Independent-Bands im Schlepptau hatten wie die englischen Bergarbeiter. Die ganzen läppischen Schneiderinnen und Friseusen und Bauarbeiter von hier konnten ihnen gestohlen bleiben. Die bezeichneten sie manchmal sogar als Pöbel oder als Volk, und leider hatte ich selbst mich auch ein paarmal dazu hinreißen lassen.

Aber damit war jetzt Schluss!

Das war ich Bianca und Connie und Mario ihren ganzen Leidensgenossen auf der Welt schuldig.

«Hast du die alle gelesen?», fragte Connie und zeigte erst

auf die Bücher in meinem Wandregal und dann auf die in der Ablage meiner Mehrzweckliege.

«Zwei Drittel vielleicht», sagte ich.

Connie sagte: «Wow!»

Und obwohl ich ihn nicht anguckte, konnte ich quasi *hören*, wie Dirk jetzt seine Augen verdrehte.

«Was macht ihr heute noch?», fragte ich Mario.

«Wir wollen zu Connie», sagte Mario, «ihre Eltern sind im Urlaub, und Bianca meinte, dass wir fragen, ob du mitkommst?»

«Und: *Kommst* du mit?», fragte Bianca.

«Klar», sagte ich, und Bianca strahlte mich an.

Ich trank mein Glas aus und stand auf. «Ihr könnt ruhig hierbleiben», sagte ich zu Michael. «Wenn ihr fertig seid, zieht ihr einfach die Tür hinter euch zu.»

«Danke.»

«Dürfen wir uns noch so einen machen?», fragte Dirk und hielt sein halbvolles Glas in die Höhe.

«Macht euch so viel davon, wie ihr schafft!»

Wir nahmen die 6 in die Stadt.

Mario hatte darauf bestanden, dass ich die schwarze Kassette einsteckte und meinen Walkman für unterwegs, weil Connie immer nur diese hirntote Kommerzmusik aus den Charts hörte, *Bananarama* und alles.

In der Straßenbahn saßen die Mädchen in einer Reihe nebeneinander und tuschelten, während Mario und ich uns in der Reihe hinter ihnen niedergelassen hatten. Wir waren wie zwei Paare auf einem Ausflug, dachte ich, und das hatte es noch nie zuvor gegeben.

Das war etwas völlig Neues in meinem Leben.

Eine Premiere!

Ich musste die ganze Zeit auf die kurzen Haare in Biancas Nacken starren, auf dieses dunkle, exakt mit der Maschine geschnittene Blond, und wenn ich dann auf Connies Nacken schwenkte, den der Panzerkragen ihrer Strahlenjacke verdeckte, konnte ich es nicht fassen, dass ich die Bessere von beiden abgekriegt hatte.

Die Hübschere.

Die mit den *gekauften* Klamotten.

Trotz Marios Bonus als exotischer Mädchenjäger.

Eine Station nach dem Platz der Nationen, in der Leninallee, stiegen wir aus. Wir liefen die Allee eine Weile entlang, Connie und Mario voraus, Bianca und ich hinterher. Weil die beiden vor uns sich an den Händen hielten, tastete ich, ohne zu fragen, nach Biancas Hand, die sowieso nur tatenlos an ihrer Seite herunterhing. Ich musste sie nur flüchtig berühren, und schon erwachte sie und schnappte zu.

Im nächsten Moment hielten wir uns auch an den Händen.

Wir lächelten uns kurz zu, weil das mit dem Händchenhalten so schnell geklappt hatte, und als auch das erledigt war, begann Bianca, ein paar Sachen aus ihrem Leben zu erzählen, ohne dass ich darum gebeten hatte.

Dass Connie und sie sich zum Beispiel schon seit dem Kindergarten kannten, fast so lange wie Mario und ich, weshalb sie diese Geschichte aus unserer Kindheit so toll gefunden hätte. Dass sie auch fast so nahe beieinanderwohnten wie wir, in Nachbaraufgängen. Und dass sie beide in derselben Klasse gewesen wären bis letzte Woche.

POS 14, Hans Beimler.

«Wo liegt denn die?», fragte ich.

«Hinter der Markthalle», sagte sie, «direkt neben der Russischschule, wo die ganzen Streber sind.»

«Verstehe.»

«Und du?»

«POS 46, gleich hinterm *Orion*. Wie Mario auch. – Und Dirk und Michael.»

«Sind das echt deine Freunde? – Ich meine: Michael und Dirk?»

«Na, was denkst denn du? Ich lasse doch keine Fremden alleine in meiner Wohnung zurück.»

«Ich meine: Freunde, so wie Mario einer ist. So *richtige* Freunde?»

«Wo ist denn da der Unterschied?», fragte ich. «Das *sind* meine richtigen Freunde. – Wir verstehen uns blind.»

«Die kommen mir so kalt vor.»

«Ach Quatsch», sagte ich, «das ist alles nur Show. – Die sind im Prinzip genau wie ich.»

«Wirklich?»

«Klar! – Wir sind uns viel ähnlicher als zum Beispiel Mario und ich.»

«Das glaub ich nicht!»

«Doch!»

Bianca drückte meine Hand, und dann erzählte sie von ihrem älteren Bruder, der bei der Armee war, und von ihrer Mutter, die als Kindergärtnerin arbeitete, und von ihrem Vater, der im Rat der Stadt saß, weswegen sie auch ein Telefon hatten.

Was ich neulich im *Orion* nicht mitbekommen hatte, war dieses Rauchige in ihrer Stimme, als sei sie ein bisschen heiser oder hätte einen über den Durst getrunken am Vormittag oder eine ganze Stange Zigaretten geraucht.

Das ging einem richtig unter die Haut, wenn sie so redete, ruhig und rauchig zugleich, und es ließ einen außerdem fast die mörderische Singstimme vergessen, mit der die Natur sie einst bedacht hatte.

Connie wohnte zusammen mit ihren Eltern im achten Stock eines Neubaublockes auf dem Kiewitt. Aus dem Fenster ihres Zimmers konnte man auf die Neustädter Havelbucht sehen, auf die Bootsstege und Anlegestellen, und man sah die Eisenbahnbrücke, die über die Bucht führte, und dahinter ein Stück von Hermannswerder, dieser idyllischen Halbinsel, wo ein Kloster draufstand oder so was in der Art.

Und wenn man sich nach links aus dem Fenster beugte, sah man die Markthalle und die Hochhäuser an der Wilhelm-Külz-Straße, fünf Sechzehnstöcker, und man sah das Café *Seerose* direkt am Wasser, und jetzt wusste man endlich auch, warum das Café *Seerose* so hieß, wie es hieß, weil sein rundes Betondach nämlich gefaltet war wie eine Blüte.

Am Anfang musste ich mich richtig am Fensterbrett festkrallen, von wegen Höhenangst, aber nach zehn Minuten Rausgucken hatte ich mich daran gewöhnt. Ich rauchte eine Zigarette und starrte in die Gegend, und so hätte ich stundenlang weitermachen können.

«Das ist der beste Ausblick, den je eine Wohnung hatte», sagte ich zu Connie.

«Danke», sagte Connie, «Bianca wohnt auch ganz oben, nur zwei Aufgänge weiter.»

«Hab schon gehört», sagte ich. «Wo sind denn deine Eltern?»

«Im Urlaub», sagte Connie, «noch anderthalb Wochen.»

«Und stattdessen wohnt jetzt Mario hier?»

«Hin und wieder schon.» Sie grinste.

Eines muss ich sagen: Nicht nur der Ausblick aus Connies Zimmer war großartig, auch ihr Zimmer selbst haute mich echt aus den Latschen. Es war nämlich eher eine Art Werkstatt, ein kleines Atelier fast. Überall an den Wänden hingen Zeichnungen und Skizzen, mal schwarz-weiß, mal in Farbe, Entwürfe für Pullover und Kleider und Mäntel und Anzüge, mal an gezeichneten Mannequins dran, mal ohne sie. Es gab eine riesige Arbeitsfläche, auf der eine Nähmaschine stand und ein Bügeleisen, und ein Haufen Regale schlängelte sich an den Wänden entlang, mit Stoffballen drin und Kästen voller Garnrollen und Knöpfe und Stecknadeln und Reißverschlüsse und eine Menge anderem Schneiderei-Kleinkram.

Auf einer Kleiderstange mit Rädern unten dran hingen Bügel mit akkurat ausgerichteten Klamotten, und es gab einen riesigen Spiegel.

«Hast du das alles selbst gemacht?», fragte ich.

«Ja», sagte Connie. «Es gibt eine Privat-Boutique, die mir ein paar von den Sachen auf Kommissionsbasis abnimmt.»

«Wo denn?»

«In Potsdam-West.»

«Dann verdienst du ja Geld damit.»

«Ein bisschen schon», sagte Connie, «mit meinem Lehrlingsgehalt ab September wird's reichen.»

«Von wegen ein bisschen», sagte Bianca.

Jetzt ging mir allmählich ein Licht auf, warum sich Mario, der sich durch die Wohnung bewegte, als gehöre sie ihm, gerade Connie ausgesucht hatte. Besser gesagt: warum er sich von Connie hatte erwählen lassen.

«Zeig doch mal ein paar von deinen Sachen!», sagte ich.

«Die muss man angezogen sehen, sonst ist es sinnlos.»

«Ich hätte auch nichts gegen eine Modenschau», sagte Mario. Er hatte sich in der Küche ein Leberwurstbrot geschmiert, auf dem er jetzt ungeniert rumkaute.

Man sah, dass Connie keine Lust hatte, aber sie sagte tapfer: «Aber nur, wenn Bianca mitmacht. – Wir haben dieselbe Größe.»

«Klar mach ich mit», sagte Bianca, und dann führten uns die beiden eine Stunde lang Connies kleine Modekollektion vor. Sie zogen sich im Flur um und kamen rein, liefen ein paar Schritte ins Zimmer und drehten sich ein paarmal um die eigene Achse, während dazu eine von Connies Kassetten mit Kaugummimusik lief.

Biancas Schönheit konnten selbst die verunglückten Modelle von Connie nichts anhaben, wobei es zu meiner Überraschung nicht sehr viele davon gab. Das meiste sah echt gut aus, wenn man auf diese Art von Klamotten stand. Für Zwanzig- bis Dreißigjährige, die sie tragen konnten, wenn sie mal ins Kabarett mussten oder einen Orden verliehen bekamen im Haus der Deutsch-Sowjetischen Freundschaft.

Das meiste sah aus wie gekauft, und das allerhässlichste Stück der Kollektion war wirklich dieses Schneemannkostüm, und als Connie nach der Modenschau abermals in diesem Ungetüm auftauchte, nahm ich sie zur Seite und fragte, ob sie nicht den Overall von eben wieder anziehen könne.

Der Overall war schmal geschnitten und von dunklem Kakaobraun. Er besaß Kragen und Knopfleiste, und ein schmaler Gürtel hielt ihn in der Taille zusammen.

Dieses Stück würde mich an meine Mutter erinnern,

sagte ich, was ein bisschen sogar stimmte, aber eigentlich erwähnte ich meine Mutter nur, damit Connie mir die Bitte nicht abschlug.

«Klar», sagte Connie, «mach ich gerne», und sie drückte mir kurz die Hand, um mich zu trösten zwecks meiner toten Mutter.

Als wir um halb acht an der Neustädter Havelbucht entlangschlenderten, Richtung *Seerose*, Bianca und Mario zufällig vorneweg, konnte ich mich nicht zurückhalten und erzählte Connie, wie schrecklich ich ihre weiße Kombination fand und dass sie sich damit selbst verschandelte, und zwar bis an die Grenze zur Unkenntlichkeit.

Von wegen keine Taille und Schultern wie Herkules.

Ich erklärte ihr das natürlich vorsichtiger, ohne Schneemannvergleiche und alles, ich sprach mehr in Rätseln und Andeutungen, aber als ich fertig war mit meinem Sermon, sagte Connie: «Weißt du was, René? Das ist das Netteste, was mir jemand gesagt hat in letzter Zeit.»

Sie gab mir ein Küsschen links und eines rechts, und ich fragte mich, was wohl Mario immer so zu ihr sagte, wenn er den Herrn in der Wohnung ihrer Eltern mimte.

«Findest du?»

«Ja», sagte Connie, «du bist so ehrlich zu mir wie ein guter alter Freund.»

«Und du ziehst das wirklich nie wieder an?»

«Nein.» Sie musste lachen. «Nicht nach dieser Gardinenpredigt von dir.»

«Und du reproduzierst das auch nicht heimlich für andere?»

«Nein, auch das nicht.»

«Dann lass uns jetzt wirklich mal langsam Freunde werden, Connie», sagte ich, und ich war selbst ein bisschen gerührt von meinem eigenen Pathos.

«Das ist eine gute Idee», sagte Connie, und dann gab sie mir einen Kuss auf den Mund, mit geschlossenen Lippen und geöffneten Augen, klar, damit alles seine Richtigkeit behielt.

Connie hakte sich bei mir unter, wie das gute weibliche Freunde vermutlich machten, und wir schlenderten weiter am Wasser der Havelbucht entlang, das leise schmatzend am Ufer unserer aller Heimatstadt leckte.

Wir setzten uns an einen Terrassentisch der *Seerose*, wo es echt schön war: der leichte Wind, der vom Wasser kam, der Geruch nach Algen, das Plätschern und Glucksen.

«Ich lade euch ein», sagte ich, weil ich bekanntlich die Hosentaschen voller Geld hatte, «wir feiern meinen Geburtstag einfach noch mal.»

«Er ist eben doch ein Kavalier», sagte Mario zu Bianca, und Bianca sah mir in die Augen und lächelte, so wie man lächelte, wenn man keine bösen Hintergedanken sein Eigen nannte. Wir tranken zwei Flaschen Weißwein, und wir aßen Würzfleisch mit Toastbrot, was das einzige richtige Essen war, das man hier kriegte, denn die *Seerose* war eher ein Ausflugslokal für Rentner, die es bekanntlich immer nach Torte und Kuchen dürstete. Wir blieben bis kurz nach elf.

Die Mädchen und Mario bestellten sich noch Eisbecher, und als es dunkel geworden war, machte die Kellnerin ein paar Lampionketten an wegen der Gemütlichkeit.

Im Wasser der Neustädter Bucht spiegelten sich jetzt die Lichter der umliegenden Hochhäuser, und wenn man die Augen leicht zusammenkniff, erinnerte der Anblick an ein Gemälde von Claude Monet, den ich mochte. Eher noch an Camille Pissarro, der aus der gleichen Truppe stammte. Bunte verschwimmende, helle Tupfen und Flecke, vor einem schwarzen, leicht unruhigen Hintergrund.

Hauptsache unscharf alles.

Je später der Abend wurde, desto häufiger sagte Connie, wie großartig es doch sei, dass wir vier hier zusammensitzen würden. Zwei Paare, bestehend aus besten Freunden und Freundinnen, und obwohl ich das selber ganz gut fand, ging mir dessen ständige Erwähnung nach einer Weile auf die Nerven. Dass wir nie wieder auseinandergehen sollten für den Rest unseres Lebens, forderte Connie kurz vor elf, und da merkte man, dass es langsam Zeit wurde, die Zelte abzubrechen.

«Stellt euch mal vor, wie toll das wäre», beharrte Connie, und weil keiner von uns antwortete, entweder weil wir zu faul waren, uns so eine Zukunft vorzustellen, oder weil wir zu einem anderen Ergebnis kamen, als Connie es hören wollte, schwiegen Bianca, Mario und ich.

Aber statt einfach ruhig zu sein, nahm sie jetzt obendrein Marios Hand und fragte mit ergriffener Stimme, eine Stufe vor dem Beben quasi: «Wie würdest du das finden, Mario: Wir vier – für immer und ewig?»

Mario antwortete wie aus der Pistole geschossen: «Gut.» Dann zog er wieder an seiner Zigarette, das heißt an der, die er sich eben von mir geliehen hatte.

Ich musste lachen über Mario, und weil Connie mein Lachen falsch verstand, drückte sie als Nächstes meine Hand, was mir mal wieder ein Lächeln von Bianca einbrachte, die froh zu sein schien, dass ich mich so gut mit ihrer besten Freundin verstand. Connie, die in ihrem Overall aussah wie neugeboren.

«Mario hat erzählt, dass du auch die Ferien über in der Stadt bleibst», sagte Connie.

«Wer denn noch?», fragte ich.

«Na, Mario», sagte Connie.

«Kann sein, dass ich für ein paar Wochen in den Harz fahre», sagte ich. Oma und Opa ließ ich mal aus dem Spiel.

«Was willst du denn da?», fragte Bianca.

«Hey, ich fahre selber zwei Wochen nach Thüringen», sagte Connie.

«Von dir kennt man das ja auch nicht anders», sagte Bianca.

Ich fragte: «Warum denn das?»

«Um das Haus meiner Tante zu hüten», sagte Connie, «wenn ihr wollt, könnt ihr mich besuchen kommen.»

«Wer?»

«Du und Mario», sagte Connie.

«Bianca auch?», fragte ich.

«Ich fahr vierzehn Tage an den Balaton», sagte Bianca.

«Jetzt guck nicht so», sagte Connie, «sie fährt mit ihren Eltern.»

«Ach so.»

«Ich werd euch alle schrecklich vermissen», sagte Connie.

«Und wann bist du wieder da?», fragte ich.

«Am zwölften August», sagte Connie.

«Ich auch», sagte Bianca, «und dann treffen wir uns hier alle wieder und feiern unser Wiedersehen, okay?»

Ich bezahlte, und dann gingen wir los zur Haltestelle am Platz der Nationen, und weil die nächste Bahn erst in zehn Minuten kam, verteilten wir uns ein bisschen über die Haltestelle, die so menschenleer war wie der gesamte Platz.

Auf der einen Seite Mario und Connie, auf der anderen Bianca und ich, dazwischen zehn Meter Abstand, weil man ja trotz der Dunkelheit Privatsphäre brauchte.

Bester Freund hin, beste Freundin her.

Bianca küsste mich zum Abschied am Hals und hinter den Ohren, während ihre Hände durch meine Haare fuhren und über den Nacken streichelten.

Ich ließ meine Hände vorsichtig über ihren Rücken wandern, über ihre Hüften und über ihren Po, und längst war alles wieder in Aufruhr. Ich hatte Angst, sie könne an ihrer Brust meinen Herzschlag spüren, und dann küsste ich sie zur Abwechslung auch am Hals, und ich leckte ein bisschen an ihrem Ohr herum, wobei mir der riesige Ohrring dauernd in die Quere kam.

Ich berührte diese kurzen Haare in Biancas Nacken, die in der Straßenbahn meinen Blick magisch angezogen hatten, und ich sage euch, dieses Gefühl an den Fingerspitzen war einfach unglaublich, diese weichen und gleichzeitig borstigen Haare!

Aus der Ferne hörte man jetzt die 6 durch die stille Leninallee donnern, und kurz bevor sie kreischend auf den Platz der Nationen einbog, trafen sich Biancas Mund und meiner, unsere Zungen berührten sich, und unsere Zähne stießen leicht zusammen. Bianca knabberte eine Sekunde auf meiner Unterlippe, und im nächsten Moment fuhr die Bahn in die Haltestelle ein, und die Türen gingen auf.

Bianca lächelte, als ich mich von ihr losmachte.

«Tschüss», sagte ich und stieg ein.

«Diesmal rufst du mich wirklich an, okay?»

«Auf jeden Fall!»

Dann sprang auch Mario in die Bahn, es klingelte, die Türen schlossen sich, und wir fuhren los.

«Du hast da was», sagte Mario, als er sich neben mich setzte, und zeigte auf mein Gesicht.

«Was denn?»

«Lippenstift.»

Ich wischte mir über die Wange: «Weg?»

«Nein, aber lass einfach dran», sagte Mario, «das steht dir nämlich gut.» Er boxte mich auf den Arm und setzte das feiste Grinsen des Kenners auf.

Weil wir im hinteren Waggon saßen, dem zweiten, und die einzigen Passagiere waren und sowieso alle Fenster offen standen, gab ich Mario meine letzte *Marlboro* und nahm mir selber eine *Club*, und nach den ersten Zügen sagte Mario: «Komm, jetzt mach endlich mal Musik an!»

Ich holte den Walkman aus der Hosentasche und gab Mario einen der beiden schaumstoffbespannten Ohrhörer.

Mario drückte die Play-Taste, und während der Tatrazug durch die schlafende Stadt schoss, über die Lange Brücke hinweg, am Brauhausberg entlang, wo auf halber Höhe die Schwimmhalle klebte und das Restaurant *Minsk*, durch die Heinrich-Mann-Allee, am Friedhof vorbei, am Kulturzentrum *Drushba*, am Schlaatz und schließlich über die stockfinsteren Nuthewiesen hinweg in unser Wohngebiet hinein, hörten wir nur dieses eine Stück, *Hell of a Summer*.

Die Köpfe dicht beieinander und immer wieder von vorne, denn dieses Stück war lasziv und archaisch und schwül, und es klang, als sei es überblendet von grellem Sommersonnenlicht, das einem aus dem Nichts ins Gesicht knallte.

Wir stiegen schon am *Orion* aus, weil wir noch ein paar

Schritte laufen wollten, und obwohl der Walkman längst aus war, lief der Song in meinem Kopf einfach weiter.
Ein verdammter Ohrwurm.
Ich bekam ihn nicht mehr aus meinem Schädel:

What you cannot have sir
You must kill
You must kill
And I say to you
It's been hell.

Und dann gleich wieder von vorne:

BIANCA

Am nächsten Morgen wachte ich vom Rauschen der Toilettenspülung auf. Ich stand wie eine Eins im Bett und sah mich in meinem Zimmer nach einem Gegenstand um, der sich als Waffe benutzen ließ. Fand aber auf den ersten Blick nichts, womit ich den Eindringling auf Distanz hätte halten können.

Außer den vertrockneten Pinseln.

Und den beiden Flaschen Reparaturlack.

Damit konnte ich zur Not werfen.

Oder war etwa mein Vater zurück? Weil er sich danebenbenommen hatte in seinem gelben Mantel? Oder hatten sie gar den Weltfrieden ausgehandelt, da in Genf, und waren jetzt fertig?

Ich hörte die Badezimmertür klappen und dann Schritte im Flur, und als Nächstes klopfte es leise an meine Tür, und eine Stimme wisperte: «René?»

Ich sprang hoch und sagte probehalber: «Ja?»

Die Tür ging einen Spaltbreit auf, und der Kopf von Michael schob sich herein.

«Was machst du denn hier?»

«Tut mir leid», sagte Michael, «ich hab auf dem Sofa gepennt. – Hast du was gegen Kopfschmerzen?»

«Keine Ahnung, guck mal im Spiegelschrank nach, überm Waschbecken.»

«Danke», hauchte Michael. Er sah echt nicht gut aus. Als ich in die Küche kam, um uns einen Kaffee zu machen, sah ich auch, warum. Da stand eine vollkommen leere Flasche *Napoléon* auf der Anrichte, und Flasche Numero sechs war auch schon zur Hälfte perdu.

«Ich hab mich einfach hingelegt», sagte Michael, «nachdem Dirk gegangen ist.»

«Echt? So hacke warst du, dass du's nicht mehr nach Hause geschafft hast?»

«Ich hätte es schon noch geschafft, aber ich wollte lieber hierbleiben. Wegen meinem Alten.»

«Was ist denn mit dem?»

«Der ist ein Arschloch.»

«Jetzt, wo du's sagst.»

«Der hätte mich sowieso am liebsten ganz raus aus der Wohnung. Darum kotzt er ja so ab, dass ich weiter zur Penne geh und keinen Beruf lerne in irgendeinem Kuhdorf mit Lehrlingswohnheim. – Ey, und wenn ich dann noch besoffen ankomme …»

«Willst du was essen?»

«Ich krieg nichts runter.»

«Ich mach uns Rühreier», sagte ich.

Mit dem Kaffee und den Rühreiern setzten wir uns auf den Balkon und vertrödelten dort bis zum Mittag die Zeit.

«Wie lange ist denn dein Alter noch in der Schweiz?», fragte Michael irgendwann.

«Bis zur letzten Augustwoche.»

«Meinst du, ich könnte für 'ne Weile bei dir einziehen?»

«Ich weiß ja nicht.»

«Oder wenigstens ab und zu mal hier schlafen?»

«Ich fahr wahrscheinlich selber noch zu meinen Großeltern.»

«Dann geh ich eben wieder nach Hause.»

«Trotzdem.»

«Ich kann für uns kochen.»

«*Du* kannst kochen?»

«Klar, kann ich kochen.»

«Na ja.»

«Also was jetzt?»

«Das kann mächtig nach hinten losgehen», versuchte ich noch einmal, seine Bitte abzuwimmeln, «nicht nur das mit dem Kochen, meine ich.»

«Quatsch, mit uns beiden doch nicht. – Ich heiße nicht Dirk.»

«Ach, was soll's: meinetwegen.»

«Cool.»

«Aber erst mal nur für eine Woche, zur Probe.»

«Schon klar: Du machst hier die Regeln, René», sagte Michael.

Ich gab ihm unser Gästeschlüsselbund, das immer meine Oma benutzte, wenn sie zu Besuch war, und das früher meiner Mutter gehört hatte, und Michael machte sich vom Acker, um ein paar Sachen von zu Hause zu holen. Eine Stunde später war er wieder da, mit einem Koffer in der Hand.

«Das sieht aus, als ob du in den Urlaub fährst», sagte ich.

«Das hier ist für mich auch 'ne Art Urlaub», sagte Michael. «Und weißt du, was, mein Alter hat mir sogar fünfzig Mark gegeben, weil ich ihm jetzt für eine Weile nicht mehr auf die Klöten gehe. – Originalzitat.»

«Was soll man sagen», sagte ich, «aber eine Sache habe ich noch.»

«Ja?»

«Ich möchte, dass wir uns hier in der Wohnung unterhalten wie normale Menschen.»

«Was immer du mir damit sagen willst, René: So machen wir das.»

«Ich meine: normal, so wie jetzt. Oder wie vorhin beim Frühstück. Nicht so wie sonst, in der Schule oder im *Heider* oder im *Orion*. Du weißt schon, damit auch noch der letzte Hirni mitkriegt, wie schlau wir sind und wie viel Esprit uns aus den Ohren tropft.»

«Ohne Witz und Ironie und tiefere Bedeutung also?»

«Mit Witz und Ironie. – Aber in Dosen.»

«In was denn für Dosen?»

«In ganz kleinen.»

«Aus Silber?»

«Aus Beton.»

«Ich merke schon, die Arbeiterklasse in Gestalt des Handwerks wickelt dich ganz schön um den Finger, mein lieber René. – Jetzt willst du sogar schon parlieren wie das gemeine Volk.»

«Ach, erwähnte ich's bereits: Ich hab die Arbeiterklasse geküsst, gestern Abend.»

«Und?»

«War gut!»

«Die Arbeiterklasse hat, unter uns gesagt, auch eine sehr passable Figur, die sie apart zu präsentieren weiß. – Also, meinen Segen habt ihr, die Arbeiterklasse und du.»

«Na endlich. – Du selbst solltest dir vielleicht auch ein paar andere Verbündete suchen als immer nur diese parasitäre Bourgeoisie in Gestalt nihilistischer Dichter aus längst überwundenen Zeitaltern.»

«Ich werde darüber nachdenken.»

«Tu das!»

Auf diese Weise hatte ich also am Sonnabend der ersten Ferienwoche einen Hausgast hinzugewonnen, der Eierkuchen zubereiten konnte und Bratkartoffeln mit saurem Hering, Makkaroni mit Tomatensauce und ähnliche Spezialitäten der bäuerlichen Küche. Na, ich hatte mir diesen Hausgast eher eingetreten, so wie man sich manchmal eine Reißzwecke eintrat im sogenannten Arbeitszimmer meines Vaters. Aber ich will nicht meckern, denn was Michael zusammenrührte, schmeckte auf alle Fälle besser als jeden Tag Fischsoljanka aus Büchsen von der Insel Rügen.

In den nächsten Tagen passierte viel, und gleichzeitig kam es mir vor, als würde nur ganz wenig passieren, was daran lag, dass zwar tatsächlich viel passierte, aber im Grunde immer dasselbe. Das Gesetz der Serie diktierte meinen Tagesablauf, aber die Eintönigkeit ließ sich gut aushalten, weil sich ja das Angenehme endlos wiederholte, das Schöne.

Das Desaster mit dem Mädchen ohne Namen hatte ich darüber schon fast vergessen. Erst als ich die leere *Marlboro*-Schachtel in den Müll schmeißen wollte, erinnerte ich mich wieder an die Zigarettenkippe, die ich dort hineingetan hatte und an der noch Spuren ihres Lippenstiftes klebten. Weil mir ein bisschen das Herz prickelte, als mir einfiel, wie wir auf dem Bordstein gesessen hatten, warf ich die Schachtel dann doch nicht weg. Ich sah aber auch nicht noch mal hinein. Ich legte sie einfach auf die Bücher in meinem Regal.

Aber im Grunde hatte ich diese Begegnung so gut wie überwunden, was vor allem an Bianca lag, und die letzten Phantomschmerzen verglühten langsam in meinem Inneren.

Meist standen wir um zehn auf, ich kochte Kaffee und machte Frühstück, während Michael sein Bettzeug von der Wohnzimmercouch ins Schlafzimmer schaffte. Dann setzten wir uns auf den Balkon, tranken Kaffee, plauderten ein bisschen über das, was wir am Abend erlebt hatten, ich mit Bianca oder mit Bianca, Connie und Mario, und Michael während seines Kampfes gegen Dirk um die intellektuelle Rebecca. Wir tranken Kaffee und rauchten und tranken noch einen Kaffee und rauchten noch eine Zigarette. Ich merkte selber, wie das mit dem Rauchen langsam überhandnahm, aber ich dachte mir: Im Internat wird sowieso alles verboten sein, was Spaß macht, also rauch dir hier in der Freiheit noch mal so richtig schön die Lunge aus dem Hals, René.

Irgendwann schlug Michael immer den *Spleen von Paris* auf und setzte seiner Abschreiberei fort. Und weil ich deshalb nicht in dem Baudelaire lesen konnte, nahm ich mir ein paar andere Bücher vor. Erst las ich *Der kleine Dämon* von Fjodor Sologub, und als ich damit fertig war, Andrej Bely, *Petersburg*, russischer Symbolismus, schwer zu überbieten.

Weil ich mich mittlerweile dem Proletariat verpflichtet fühlte, hörte ich endlich auch auf, die Graphitressourcen unseres Landes zu verschwenden, sprich: Ich nahm Notizbuch und Bleistift jetzt nicht mal mehr mit, wenn ich in die Stadt fuhr.

Ich dachte: Wenn ich einen Einfall aus dem *Café Heider* oder der *Seerose* nicht mal bis nach Hause an meinen Schreibtisch transportieren konnte, und zwar im Kopf, dann war er sowieso Schrott.

Ich nahm stattdessen den Walkman überall mit hin,

denn ehrlich gesagt, produzierte mein Gehirn im Augenblick sowieso nicht viele Einfälle, in denen was anderes vorkam als Bianca.

Weshalb wir auch jeden Tag spätestens um vierzehn Uhr miteinander telefonierten. Erst besprachen wir den vergangenen Abend, und dann erzählten wir uns, was wir bisher getan hatten an diesem Tag, und anschließend vereinbarten wir Treffpunkt und Zeit für den heutigen Abend, und wenn auch das erledigt war, versicherten wir uns, wie sehr wir einander vermissten, bis einer von uns sagte: «Wir müssen mal auflegen.»

«Jetzt schon?»

«Ich will ja auch nicht, aber ...»

«Na ja, tschüss dann.»

«Tschüss.»

«Ich vermisse dich jetzt schon.»

«Ich dich auch.»

«...»

«...»

«Du legst ja gar nicht auf.»

«Du ja auch nicht.»

«Okay, wir legen beide zusammen auf, bei Drei ...»

«Eins ...»

«Zwei ...»

«Drei ...»

«...»

«...»

«Bist du noch dran?»

«Ja.»

«Aber wir wollten doch auflegen bei Drei.»

«Ich konnte einfach nicht.»

«Ich auch nicht.»

Das zog sich hin wie ein Kaugummi, und ich fragte mich selber, während ich daherredete wie ein infantiler Trottel, ob Bianca dieses Abschiedsritual genauso schrecklich und sinnlos fand wie ich und es nur vollzog, weil sie dachte, mir gefiele das.

Nach einem solchen Telefonat tat mir richtig das Ohr weh von der angedrückten Hörmuschel, und wenn ich den Hörer gedankenlos an mein Segelohr gehalten hatte, statt an das normale, dann war es meist ganz rot geworden und puckerte gefährlich leise vor sich hin.

War ich fertig mit dem Telefonieren, hatte die Uhr meist schon drei geschlagen, manchmal sogar halb vier. Ich ging zu Michael auf den Balkon und erzählte ihm, wann ich mit der Bahn in die Stadt fahren würde, und dann nahm Michael das Telefon und rief diese Rebecca an, was natürlich viel schneller ging als bei Bianca und mir, weil sie ja noch kein Paar waren.

Jedenfalls besaß Michael jetzt den taktischen Vorteil, direkt neben einem Telefonapparat zu wohnen, während Dirk erst immer zur nächsten Zelle rennen musste oder zur Post, wenn er sich verabreden wollte. Im Krieg um die Liebe lag Michael im Moment scheinbar vorn.

Überhaupt machte sich Dirk rar, seit er mit Michael die *Napoléon*-Orgie aufs Parkett gelegt hatte. Vielleicht sah ich ihn aber auch nur deshalb so selten, weil ich kaum mehr ins *Heider* ging.

Ich saß jetzt nämlich lieber draußen an der Neustädter Bucht, ließ mir die frische Brise um die Nase wehen, trank später einen Schoppen Weißwein in der *Seerose* und küsste Bianca. Wir waren mittlerweile so geübt, dass wir kaum noch mit den Zähnen zusammenstießen, unsere Nasen standen sich nur selten mal im Weg, der Speichelfluss hielt sich in Grenzen, und Bianca rammte ihre Zunge nicht mehr so tief in meinen Hals, dass ich würgen musste.

Eines kann ich euch sagen: Küssen ist fast so schwer wie Rauchen.

Nach einer halben Woche waren wir praktisch Stammgäste in der *Seerose*, und die ersten Rentner begannen, uns zu grüßen auf ihrem Rückweg von der Toilette zur Terrasse. Einer von denen kam sogar an unseren Tisch, um uns mitzuteilen, was für ein interessantes Paar wir seien: dieses freundliche, blonde Mädchen einerseits und dann dieser Finsterling an seiner Seite, nämlich ich, der aber bei näherer Betrachtung gar nicht so griesgrämig zu sein scheine, wie er aussehe.

Alles erdenklich Gute noch in Ihrem weiteren Leben, hatte der Rentner gesagt und war von dannen geschlurft. Ich nahm das als gutes Omen: ein Rentner als Glücksbringer. Vielleicht war er im früheren Leben Schornsteinfeger gewesen. Oder Schweinezüchter.

Wenn Michael eine Verabredung mit dieser Rebecca hatte, aber auch wenn keine zustande gekommen war, was oft passierte, machten wir uns fertig für die Stadt.

Duschen, Klamotten, Frisur und alles.

Ich drehte den Recorder auf, und die ganze Wohnung bebte, und damit uns nicht langweilig wurde, bis die Haare saßen und das Rasierwasser angetrocknet war, mixte Michael uns *Napoléon* mit Cola. Die andere bedenkliche Tradition, die sich herausgeschält hatte neben dem ständigen Rauchen.

Wir waren unterdessen bei Flasche Nummer fünf angelangt. Aber es waren Ferien, und ich hatte ohnehin beschlossen, nicht auf das schlechte visuelle Gedächtnis meines Vaters zu setzen, sondern die leeren Flaschen am Ende des Sommers einfach mit billigem Goldbrand aus der Kaufhalle aufzufüllen. Mario konnte den für mich holen. Er musste sich nur vier Tage den Bart wachsen lassen und ging dann als achtzehn durch. Mein Vater würde sowieso keinen Unterschied merken, weil er nie Goldbrand trank und sich nur alle Jubeljahre mal einen Fingerhut *Napoléon* hinter die Binde goss.

War Mario zu Hause, kam er sofort runter, sobald ich die Musik aufdrehte. Das war wie der Schuss vom Panzerkreuzer Aurora zwecks Stürmung des Winterpalais. Auch er machte sich ein Getränk, mit dem er sich dann auf den Balkon setzte. Er rauchte unsere Zigaretten weg und drehte ansonsten Däumchen, bis Michael und ich fertig waren. Zu einem der Bücher jedenfalls, die dort immer auf dem Tisch lagen, griff er nie.

Aber da ich jetzt auf der anderen Seite des Klassenspektrums stand, gab es keine Veranlassung mehr, ihn zu den Lektüren seiner, besser gesagt: *unserer* gemeinsamen Feinde zu bekehren.

Feinden aus Prinzip.

Die Sonne befand sich meist schon im Sinkflug, wenn wir das Haus verließen. Unser Gang war dank der Dreifingerbreit *Napoléon* in der Cola leicht und federnd und gelassen, die Schatten, die uns vorausgingen oder verfolgten, schon ein bisschen in die Länge gezogen, und wenn wir über den Keplerplatz liefen und ich unsere Silhouetten in den Schaufensterscheiben der Volksbuchhandlung gespiegelt sah, musste ich feststellen, dass sie mir gut gefielen. Bei aller Bescheidenheit, die sonst in mir wohnte.

Am Platz der Einheit stieg Michael aus, ich verließ zwei Stationen später die Bahn, am Platz der Nationen, um durch die Schopenhauerstraße zur *Seerose* zu schlendern, während Mario bis zum Kiewitt weiterfuhr, um sich in Connies Wohnung aus dem Kühlschrank zu bedienen.

Immer war Bianca schon da, wenn ich an der Havelbucht eintraf. Sie saß auf einer der Bänke am Wasser, die Augen geschlossen, die niedrige Sonne auf dem Gesicht, und sie sah so appetitlich aus und so zufrieden mit der Welt und ihrem Leben, dass ich manchmal einfach stehen blieb, zwanzig, dreißig Meter entfernt, und sie beobachtete.

Minutenlang.

Manchmal konnte ich gar nicht mehr aufhören, sie anzugucken, weshalb ich zu spät zu unserer Verabredung kam.

Ich musste mir einfach etwas von dieser Kraft klauen, die sie ausstrahlte, von diesem ungeheuerlichen Optimismus, und erst wenn ich das Gefühl hatte, genügend davon abgezwackt zu haben für mich selber, dass es auch eine Weile reichte, ging ich zur ihr rüber, um sie mit der sanftesten Stimme, die ich hinkriegte, aus ihren glücklichen Tagträumen in den Sommerabend zurückzuholen.

Wir küssten uns dann und berührten uns ein bisschen, aber nie so schlimm, dass man den Enkeln der Rentner, die auf der Terrasse der *Seerose* saßen oder am Ufer entlangwandelten, die Augen hätte zuhalten müssen.

Ich setzte mich zu Bianca auf die Bank, und wir beobachteten die Segelboote auf dem leicht gekräuselten Wasser und die Züge, die über die Eisenbahnbrücke ratterten. Wir rauchten hin und wieder eine Zigarette, und wir führten kleine nutzlose Gespräche, deren einziger Zweck es war, ab und zu die Stimme des anderen zu hören.

Auf diese Weise, ohne jeden höheren Sinn, verstrich die Zeit, manchmal bis zur Dämmerung, die hier jedes Mal wie von Monet gemalt über dem Havelstrand hing.

Oder eher wie von Pissarro.

So verging beinahe jeder Tag dieser ersten Juliwochen.

Das Leben war monoton und schön.

Spätestens wenn es dunkel wurde, wechselten auch wir auf die Terrasse der *Seerose*, tranken Weißwein oder Gin Tonic, bevor wir zu einem nächtlichen Spaziergang aufbrachen, der uns immer in den Park von Sanssouci führte, der nur ein paar hundert Meter weiter begann.

Wir gingen über die stillen Alleen und durchquerten die düster überwachsenen Wandelgänge und die luftigen Kolonnaden.

Es war finster in Sanssouci.

Nur wenige Laternen warfen ihr fahles Licht in den Park, und ein tödlicher Mond wie aus dem *Echo & The Bunnymen*-Song hing schneeweiß und riesengroß am Himmel wie nichts Gutes. Es war menschenleer, bis auf ein paar versprengte Hundebesitzer, die herumstreunten und ihre Köter in die Anlagen kacken ließen.

Wir hielten uns an den Händen, oder ich legte meinen Arm um Biancas Schulter oder um ihre Hüfte. Alle paar Meter blieben wir stehen, um uns zu küssen und um uns auf jene Art anzufassen, die das Tageslicht der Havelbucht uns verbot.

Gegen Mitternacht brachte mich Bianca zur Haltestelle am Platz der Nationen, und wenn die Straßenbahn losfuhr Richtung Wohngebiet, setzte ich die Kopfhörer auf und hörte *Hell of a Summer*, ihr wisst schon:

What you cannot have sir
You must kill
You must kill
And I say to you
It's been hell.

Ich war froh, dass ich nicht umbringen musste, was ich nicht haben konnte, wie der Sänger der *Triffids* sang, sondern dass ich besaß, was ich wollte: Bianca.

So sehr mochten wir diese Spaziergänge, dass ich zum ersten Mal seit langer Zeit die Sonntagsdisco im *Orion* ausfallen ließ. Wie immer trafen wir uns am späten Nachmittag an der Havelbucht, doch als wir gegen zehn den Park von Sanssouci betraten, war da alles festlich erleuchtet von elektrischen Strahlern und unzähligen Fackeln, die in den Boden gerammt worden waren. Riesige Lautsprecher standen übereinandergetürmt, und Hunderte Menschen strömten über die Hauptallee, die zur großen Fontäne führte und weiter zum Schloss mit seinen Terrassen.

Andere Menschen saßen auf dem englischen Rasen, oder sie standen einfach nur da, die glasigen Blicke gen Himmel gerichtet, und lauschten der Musik, die überm Park lag, denn vor dem Schloss hatte sich ein komplettes Orchester aufgebaut und spielte das einzige klassische Werk, das ich erkannte: die *Brandenburgischen Konzerte* von Johann Sebastian Bach.

Mal abgesehen von Peter und der Wolf.

Und der 5. Sinfonie von Beethoven.

Und der 9.

Und den *Jahreszeiten* von Vivaldi.

Und der *Sinfonie mit dem Paukenschlag*, die ich aber immer nur dann erkannte, wenn der Schlagzeuger gerade auf die Pauke haute.

Und der *Feuerwerksmusik* von Händel, die ich aber manchmal mit der *Unterwassermusik* in einen Topf warf.

Wir besaßen nämlich eine Doppel-LP der *Brandenburgischen Konzerte*, die mein Vater auflegte, wenn er gute Laune hatte, was jetzt nicht unbedingt jede Woche vorkam, aber doch oft genug, dass ich diese Musik jetzt wiedererkannte und mein Wissen brühwarm an Bianca weiterleitete, was sie sehr beeindruckte.

«Das ist echt romantisch hier», sagte Bianca.

Wir suchten uns ein freies Plätzchen auf dem Rasen. Ich ließ mich nieder, und dann setzte sich Bianca vor mich hin und lehnte sich zurück, und ich kitzelte ihr mit der Zunge den Nacken. Und meine Hände konnten unter ihren Pullover schlüpfen, um sie ein wenig zu streicheln, aber so unauffällig, dass es kein anderer mitkriegte von den Freunden der klassischen Musik.

Als das Konzert zu Ende war, gingen über dem Ruinenberg hinterm Schloss die ersten Raketen in die Luft, und die Leute schrien Ah! und Oh! angesichts des illuminierten Himmels, und die künstlichen Ruinen leuchteten in Rot und Gelb und Grün, und ich dachte: Das war mal wirklich dekadent, sich diesen ganzen kaputten Krempel frisch in die Sichtachse bauen zu lassen, nur damit man was fürs Auge hatte, was sich der Nachbar nicht leisten konnte.

Am nächsten Mittwoch, sieben Tage nachdem ich Bianca dort kennengelernt hatte, gingen wir wieder ins *Orion*, um unser einwöchiges Jubiläum zu feiern.

Sonja guckte zwar etwas komisch, als sie mich nach vorne rief und ich Bianca in meinem Fahrwasser mitschleuste, aber sie sagte nichts.

Dirk war da und Michael, und sie redeten wieder die ganze Zeit vom Sommerfest dieser Rebecca.

Mario und Connie wirkten irgendwie bedrückt. Sie sprachen kaum miteinander, und dauernd verschwand Mario aufs Klo oder an die Bar, oder er ging vor die Tür. Connie saß an unserem Tisch wie bestellt und nicht abgeholt, und weil mich der Anblick der betrübten Connie nach einer Weile selbst ganz traurig machte, flüsterte ich irgendwann in Biancas Ohr, ob wir uns nicht rübersetzen sollten auf die andere Seite des Saales. Auf die linke, wo die Normalos rumhockten und die Bauernkinder aus Teltow und Stahnsdorf, aus Kleinmachnow und Drewitz, die quasi mit dem Überlandbus anreisen mussten.

Auf der anderen Seite kannte uns keiner, da konnten wir uns in Ruhe küssen und alles, und wenn wir kurz mal die Augen aufmachten beim Luftholen, mussten wir nicht dauernd die verdrehten Augen von Dirk sehen oder Michaels hochgezogene Brauen.

Bianca nickte und beugte sich zu Connie, um ihr die Sache zu erklären, und dann wechselten wir rüber ins verpönte Territorium, und wir blieben bis zum Ende im hintersten Winkel des verruchten Niemandslandes sitzen.

Nicht ein einziges Mal tanzten wir.

Und wir genossen unsere freiwillige Verbannung sehr.

KAPUTTES HAUS AM SEE

Bianca und ich beschlossen, dieses Wochenende getrennt voneinander zu verbringen, weil ich am Sonnabend auf das Sommerfest dieser Intellektuellen gehen musste, als Schiedsrichter, und sie keine Lust hatte, schon um elf bei mir vorbeizukommen, um die Übertragung von Live Aid aus London zu sehen. Klar, es würde unheimlich schwer werden und die Sehnsucht schrecklich an unseren Nerven zerren, aber die Wiedersehensfreude am Montag wäre einfach phänomenal.

Bianca wollte an beiden Tagen mit Connie nach Caputh fahren, ins Freibad am Templiner See, so wie sie es seit ihren Kindertagen machten, mit dem Fahrrad und einem Rucksack voller Fressalien. Sie wollte sich in die Sonne legen, damit sie übernächste Woche am Balaton nicht rumlief wie ein Käse, hatte Bianca gesagt, und der Wetterbericht stand ihr bei diesem Unterfangen keinesfalls im Weg.

Michael und ich waren am Vormittag in der Kaufhalle gewesen, um einen Kasten Cola zu kaufen, Zigaretten und ein paar Tüten Erdnussflips gegen den Hunger. Also, ich meine natürlich, für den Fall, dass wir Appetit bekamen, denn gerade an einem solchen Tag wie heute, wo es um Äthiopien ging und alles, sollte man nicht unbedingt von Hunger reden, wenn man ein paar läppische Stunden ohne was zu essen meinte.

Wir füllten unsere Eiswürfelvorräte auf, halb elf stand Dirk auf der Matte, wenig später stieß Mario dazu, Punkt elf schaltete ich den Fernseher ein, und keine fünf Minuten später hatten wir den ersten musikalischen Tiefpunkt erreicht, der *Status Quo* hieß und einen wippenden Pferdeschwanz trug.

Ich ging, obwohl ich gar nicht musste, auf Toilette, nur um dieser Musik zu entkommen.

«Ey, René, beeil dich!», hörte ich nach ein paar Minuten Mario rufen, und als ich ins Wohnzimmer kam, standen *Style Council* auf der Bühne.

Paul Weller hatte eine weiße Hose an und ein rotes Hemd, und obwohl das nicht gerade meine Lieblingsfarben waren, sah er ganz gut aus darin, anders als der Typ am Keyboard, der in einem gestreiften Clownsjackett steckte, rot und blau.

Style Council spielten gerade *You're the best Thing*, und dann kamen zwei Songs, die ich nicht kannte, und dann spielten sie *Walls come tumbling down*, eines meiner absoluten Lieblingslieder. Wir sahen echt den ganzen Auftritt an.

Als Nächstes traten die *Boomtown Rats* auf, und wir gingen alle schnell raus auf den Balkon, um eine zu rauchen, und als danach Adam Ant anfing, ging nur Mario rein. Aber weil Adam Ant aussah wie Billy Idol mit schwarzen Haaren und weil er in solchen schrecklichen Lederhosen steckte mit seinen dicken Beinen und irgendwas Neues sang, das kein Schwein kannte, kam Mario postwendend wieder zu uns raus auf den Balkon.

Bei *Ultravox* gingen wir alle wieder rein, weil Midge Ure ein Teil von *Visage* war, die uns in der Kindheit, so vor zwei, drei Jahren, als Erste von diesem grausamen 70er-Jahre-

Zeug erlöst hatten: *Smokie* und *Abba* und *Boney M*. *Visage* hatte deshalb bei uns eine riesigen Stein im Brett, das sie an *Ultravox* weitergegeben hatten, sozusagen.

Dann kamen *Spandau Ballet*, die aussahen wie Papageien in ihren bunten Anzügen, aber nicht halb so schlimm wie *Duran Duran*, die neuerdings in Lederanzügen durch die Gegend wankten, obwohl sie früher mal zwei gute Lieder gehabt hatten: *Planet Earth* und *Girls on Film*.

Ich guckte mir *Only when you leave* an, das ich mochte, aber bei *True* räumte ich das Feld und ging in die Küche rüber, um als guter Gastgeber ein paar Getränke einzuschenken, die ich auf den Balkon trug, wohin es nun auch die anderen zog.

Aber weil sich Mario und Michael beschwerten, dass ich am hellerlichten Tage wagte, es war mittlerweile halb zwei, Cola anzubieten ohne Schuss, musste ich noch mal zurück und die angebrochene *Napoléon*-Flasche Nummer fünf holen, aus der sich jeder so viel reinkippen konnte, wie er wollte.

Dann kam wirklich lange Zeit nichts, was man nüchtern ertrug, und als kurz nach vier Bryan Ferry auf die Bühne kam, von *Roxy Music*, war mir klar, dass es der beste Auftritt des Tages werden würde, denn Bryan Ferry war so was wie ein singender Oscar Wilde.

Wir waren uns alle einig, was Bryan Ferry betraf, bis auf Mario, was daran lag, dass er nicht so richtig wusste, wer Oscar Wilde war.

Am zweitbesten, aber das nur fürs Protokoll, waren *Run-DMC*, die aus Philadelphia zugeschaltet waren, USA, wo auch ein Konzert stattfand, nur mit noch schlimmeren Bands wie *REO Speedwagon*. Mit meiner Meinung über

Run-DMC stand ich allerdings alleine auf ziemlich weitem Flur, genauso wie ich als Einziger manchmal *Grand Master Flash & The Furious Five* hörte. Aber nur, wenn ich mal gute Laune hatte.

Passte zwar nicht zu den Texten von *Grand Master Flash*, die gute Laune, meine ich, aber ihr müsst euch das so vorstellen: Was für meinen Vater die *Brandenburgischen Konzerte* waren, das war für mich *Grand Master Flash*.

«Okay, Leute, wir müssen dann mal los», sagte Dirk, als David Bowie gerade *Heroes* sang. Kurz zuvor hatten wir *Queen* überstanden und waren alle ziemlich groggy von der Übertragung.

Man konnte nur hoffen, dass der Hunger auf der Welt möglichst schnell vor Live Aid kapitulierte, damit das im nächsten Jahr nicht so weiterging.

Und damit alle Menschen genug zu essen hatten, klar.

«Aber dass ihr eines wisst», sagte ich zu Dirk und Michael, als wir in der Straßenbahn saßen, «ich führe keine Strichlisten, bei wem sie wie oft gelacht hat. Und mein Urteil am Ende des Abends, wer von euch beiden diese Rebecca kriegen soll, wird total subjektiv sein.»

«Jetzt mach dir mal nicht ins Hemd, René», sagte Dirk.

«Müsst ihr euch eigentlich an sein Urteil halten», fragte Mario.

«Klar», sagte Michael, und Dirk sagte gleichzeitig: «Kommt drauf an.»

«Also wenn sich keiner daran hält, dann können wir das auch lassen. Dann geh ich jetzt lieber mit Mario einen Gin Tonic trinken in der *Seerose*.»

«Warte mal, René», sagte Mario, «ich würde diese Rebecca schon ganz gerne mal kennenlernen.»

«Okay, okay», sagte Dirk, «dann akzeptiere ich eben deine Entscheidung, auch wenn das ziemlich albern ist.»

«Mann!», sagte ich. «Ihr selbst habt doch mit diesem Scheiß angefangen.»

Wir saßen diesmal nicht in der Linie 6, die zum Hauptbahnhof an der Pirschheide ging, sondern in der 7, die vor dem Platz der Einheit nach Osten abbog, die ganze Berliner Straße entlangfuhr und erst kurz vor der Glienicker Brücke wendete.

Fast schon im Grenzgebiet.

Wo die Spione die Seiten wechselten.

An der Schiffbauergasse stiegen wir aus.

Kaum standen wir auf der Straße, zündeten sich Dirk und Michael Zigaretten an. Man merkte ihnen an, dass sie nervös waren. In der Bahn hatten sie nach unserem Wortwechsel die meiste Zeit stumm vor sich hin gestarrt, wie hypnotisiert, als würden sie die Kampftechniken des Flirtens alle noch mal im Geiste durchgehen. Oder als seien sie ziemlich geschafft vom *Napoléon*, den sie sich während Live Aid massenhaft in ihre Cola geschüttet hatten, was nur so halb gut war, wenn man gleich in die Schlacht um ein Mädchen zog, ein intellektuelles zumal.

Jetzt aber liefen sie uns mit langen, zielstrebigen Schritten voraus, während Mario und ich, weil wir nichts zu verlieren hatten und nichts zu gewinnen, ihnen gemütlich hinterhertrotteten.

Vor einer zweistöckigen Villa in der Mangerstraße blieben die beiden stehen und warteten, bis wir zu ihnen aufgeschlossen hatten.

«Hier?», fragte ich, als ich sah, dass Dirk nach der Gartenpforte langte.

Ein geschmiedeter Zaun mit verdrehten Streben und Spitzen und Blütenverzierungen grenzte das Haus zur Straße hin ab. Aber er hatte seinen Prunk schon vor langer Zeit an den Verfall verloren. Die Farbe blätterte schlimmer ab als die von meinen Schuhen, wenn ich sie drei Wochen nicht gestrichen hatte, und an einigen Stellen hatte der Rost dermaßen gewütet, dass man mit bloßen Fingern Stücke des mürben Eisens abbrechen konnte.

«Ey, lass das, René!», zischte mich Dirk an, als ich eine der maroden Blüten probehalber vom Zaun pflückte, was ziemlich gut gelang. Ich steckte sie mir vorsichtig in die Hosentasche, und dann drückte Dirk die Klinke, und gleichzeitig über den Boden schleifend und quietschend öffnete sich die Pforte.

Das Haus machte keinen besseren Eindruck als der Zaun. Anders als die hellen, gleichmäßigen Blocks und die vereinzelten Hochhäuser in unserem Wohngebiet, mit dem schönen Waschbeton außen dran, war es düster und von einem unfarbenen, dunklen Grau, über das hier und da ein paar Zweige Efeu wucherten und eine weitere, eher rötliche Art der Schlingpflanzen. Große Stücke Putz waren abgefallen, und in der zweiten Etage hingen zwei der Fensterläden nur noch in einer Angel. Man sah, dass alles Holz, die Fensterrahmen, die Läden und diese Gitter, an denen die Schlingpflanzen sich in die Höhe zogen, morsch waren und angefressen vom Wurm.

Andererseits, dachte ich, hatte es was.

Nicht gerade in diesen Tagen, wo meine Laune bekanntlich prächtig war, weil ich ja Bianca hatte und alles. Aber wenn es draußen wieder trüber wurde und in einem drin vielleicht auch, dann fand man in diesem Haus die perfekte Entsprechung.

Denn es war mit Sicherheit eines: melancholisch.

Eigentlich war es auch schön.

Auf diese verdrehte Art.

So wie Gedichte von Baudelaire schön waren.

Es war ganz anders als die geraden, rechtwinkligen Kästen, aus denen wir alle Mann stammten und die wir vielleicht nur deshalb nicht hässlich fanden, weil wir von klein auf nichts anderes kannten.

«Was für Intellektuelle sind das eigentlich», fragte ich.

«Künstler», sagte Dirk.

«Maler?», fragte ich.

«Und Stuckateure», ergänzte Michael.

«Wieso denn Stuckateure?»

«Skulpteure! – Herrgott, Michael, du wirst langsam senil», sagte Dirk und dann zu mir: «Der erste Punkt geht schon mal an mich. Ich hoffe, du hast ihn notiert.»

«Fremdwörter sind Glückssache», sagte ich, «das zählt noch nicht», und ich guckte zu Michael rüber, der vor lauter Scham eine ganz rote Birne gekriegt hatte und mir deswegen ein bisschen leidtat. Ich dachte bei mir: Der erste Punkt geht schon mal an Michael, wegen des versehentlichen Reißens guter Witze.

«Gibt's hier was zu essen?», fragte Mario.

«Klar gibt es was», sagte Dirk.

Wir folgten ihm auf einem Trampelpfad, der sich zwischen den Mülltonnen und wucherndem Gebüsch hindurch auf die andere Seite des Grundstücks schlängelte. Man konnte schon Stimmen hören und irgendeine fiese

Schallplatten-Musik für Intellektuelle lag in der Luft, so ohne Schlagzeug und ohne Bass und überhaupt ohne Strom an den Instrumenten, dafür mit heiserem Gesang auf Spanisch.

Ich drehte mich zu Mario um, der sich hinter mir durchs Unterholz schlug. Ich verzog das Gesicht, und Mario blieb stehen und tanzte ein paar improvisierte Steppschritte zu dem klagenden Gesang, was ziemlich doof aussah. Ich musste lachen, und Michael, der am Ende der Reihe lief, zischte: «Reißt euch bloß zusammen. – Ich hab keine Lust, mich wegen euch zu blamieren.»

«Zu Befehl, Genosse Stuckateur!», rief ich und schlug die Hacken zusammen, und dann gingen wir weiter und drangen wenige Augenblicke später auf einen Rasen vor, der akkurat gemäht war, was man ja bei Intellektuellen nicht unbedingt erwartete, und auf dem in kleinen Gruppen Menschen versammelt waren.

Wir blieben erst mal am Rand dieser Festwiese stehen.

Ich sah einen großen Grill, auf dem Fleisch rumlag und Bratwürste, und daneben stand eine Art Bock mit einem Bierfass drauf, in dem ein Zapfhahn steckte. In einer Zinkbadewanne lag eine ganze Armee von Weißweinflaschen, die von einem permanent laufenden Gartenschlauch gekühlt wurden, sodass immer ein bisschen von der Suppe auf den Rasen lief, der an dieser Stelle aussah wie eine Schweinekuhle. Auf der Terrasse gab es eine Tafel mit Gläsern und Besteck, mit Brot und Butter und Hunderten Schüsseln mit Kartoffelsalat und Nudelsalat und einem Haufen anderem Kram.

Das Beste aber war der Heilige See, dessen Wasser direkt hinter der Wiese aufblitzte. Gegenüber, am anderen Ufer, konnte man den Neuen Garten sehen und eines von diesen Schlössern. Unten am Wasser standen ein paar Weiden rum mit traurig hängenden Ästen, und langsam fand ich es hier richtig schön bei den Intellektuellen, die nicht nur ein melancholisches Haus besaßen, sondern auch noch die passenden Bäume dazu, einen See, in dem man sich bei Bedarf ertränken konnte, und einen Ausblick wie aus dem Malbuch.

Nur die Musik, die aus der offenen Terrassentür ins Freie quoll, hätte mal einer leiser drehen können.

Es waren die üblichen Künstler anwesend, die manchmal auch im *Heider* saßen, und sie hielten Maulaffen feil, einige ziemlich laut, und sie aßen und tranken und rauchten Pfeife. Leute in zerknitterten Klamotten aus Leinen, ein paar Leute in Jeans- und Lederjacken, trotz des warmen Wetters. Viele Männer hatten Vollbärte, und so gut wie keine der Frauen trug eine Dauerwelle, ganz anders als in unserem Wohngebiet. Ich schätzte, die meisten Erwachsenen waren im Alter meines Vaters, so 43 in dem Dreh, plus/minus zehn, aber ich geb's zu, ich bin nicht besonders gut im Schätzen betagter Menschen.

Auf den zweiten Blick erkannte ich unter den Gästen auch ein paar Jugendliche, und wenn man genauer hinsah, bis in die hintersten Ecken des Grundstückes, wohin sie sich verzogen hatten, gab es ziemlich viele davon. Ich nahm an, dass es Freunde waren von dieser Rebecca. Sie ähnelten uns ein wenig, aber eigentlich waren sie auch wieder ganz anders. Keine Ahnung, wieso.

«Wie alt ist denn Rebecca eigentlich», fragte ich Michael.
«Siebzehn.»
«Ist sie noch auf der Penne?»

«Sie kommt in die Zwölfte.»

Daher wehte also der Wind. Die Jugendlichen waren nicht nur ein Jahr älter, sondern gingen schon auf die EOS, weshalb sie in der natürlichen Hackordnung des Lebens eins über uns standen. Und über Mario sogar zwei. Beziehungsweise drei, weil er ja nur eine Lehre anfangen würde nächstes Jahr.

«Ich hol mir 'ne Bratwurst», sagte Mario, und er wollte schon losstürzen zur Terrasse, aber Dirk packte ihn am Ärmel und sagte: «Ey, wir halten uns ans Protokoll. – Erst begrüßen wir die Gastgeber, und danach plündern wir das Buffet.»

«Da kommt sie doch schon, unsere Gastgeberin», sagte Michael und zeigte auf ein Mädchen, das bis eben noch inmitten einer Gruppe Jugendlicher gesessen hatte, die im tiefen Schatten einer der Trauerweiden rumlungerte.

REBECCA

Sie kam lächelnd auf uns zu, aber sie lächelte nicht herzlich, eher kühl. Sie trug einen engen schwarzen Minirock, kaputte schwarze Strumpfhosen und eine Lederjacke: schwarz. An den Füßen hatte sie schwarze, seltsam unförmige Schnürschuhe, die bis weit über die Knöchel gingen. Auch ihre Haare waren schwarz gefärbt, aber nicht toupiert, sondern zu einem straffen Pferdeschwanz gebunden. Ich sah keinen Schmuck, und sie schien auch nicht geschminkt zu sein, jedenfalls nicht so grell, dass es mir aufgefallen wäre, so wie bei den *Orion*-Mädchen.

Sie sagte: «Hi», und dann gab sie erst Michael ein Küsschen auf die rechte und auf die linke Wange und wiederholte das Gleiche bei Dirk, was ziemlich komisch aussah, denn sie war vielleicht einen halben Kopf kleiner als ich, und Dirk musste sich weit runterbücken für diese Prozedur, wodurch er einen regelrechten Buckel bekam.

Das gab auf jeden Fall einen Punkt Abzug, dachte ich, wegen verfehlter Proportionen.

«Und wer sind eure Freunde?», fragte Rebecca.

«Mario», sagte Mario und gab ihr die Hand.

«Und du?»

«René», sagte ich und streckte ihr gleichfalls die Hand entgegen.

«Schön, dass ihr auch da seid, Mario und René», sagte

Rebecca, «kommt mal mit, ich stell euch kurz meinen Eltern vor.»

Also folgten wir Rebecca wie eine Herde begossener Pudel an den anderen Rand der Festwiese, wo unter einem Sonnenschirm vier Korbsessel standen, und während wir dorthin latschten, konnte ich genau sehen, wie uns die Abiturienten aus ihren diversen Verstecken und Unterständen mit ihren Klugscheißer-Blicken verfolgten.

Zwei der Korbsessel waren leer, die beiden anderen waren befüllt mit Rebeccas Eltern, sprich: In einem saß ihr Vater, mit Bart, Pfeife und allem, im anderen die Mutter, ohne Dauerwelle, versteht sich.

«Ma? Pa? – Darf ich euch ein paar Freunde vorstellen», unterbrach Rebecca die Unterhaltung ihrer Eltern.

Vielleicht sollte ich es auch mal mit Pa versuchen, wenn ich meinen Vater anreden musste, dachte ich, oder gleich mit Paps.

«Klar darfst du», sagte ihr Vater mit seiner tiefen Intellektuellenstimme.

Rebecca stellte Michael vor und Dirk, und sie erklärte, wo sie die beiden kennengelernt hatte, und noch ein paar andere solcher sinnlosen Floskeln wechselten den Besitzer, bevor der Vater sagte: «Und, Jungs, was machen eure Eltern so?»

«Mein Vater ist Fotograf», sagte Dirk, «bei der DEFA», womit er natürlich fein raus war, denn Fotograf bei der DEFA ging mindestens noch als halbintellektuell durch. Ich gab ihm dafür trotzdem keinen Strich auf meiner imaginären Liste.

«Und deiner?», fragte er Michael.

«Arbeitet Schicht.»

«In der Fabrik?»

«Jetzt lass doch mal die Kinder in Ruhe, Gebhardt», unterbrach Rebeccas Mutter ihn.

«Lass den jungen Mann ruhig antworten», sagte Rebeccas Vater, «man will doch schließlich wissen, mit wem man es zu tun hat.»

«Nein, nicht in der Fabrik», sagte Michael, und man merkte ganz genau, dass er vor diesem Gebhardt hier nicht damit rausrücken wollte, wo genau sein Vater arbeitete.

«Aha, also in der Fabrik schon mal nicht», sagte Rebeccas Vater, und er versuchte, gutmütig zu klingen. Aber es wurde trotzdem langsam richtig bedrückend, dieses Verhör.

«Er arbeitet beim Zoll», sagte Dirk, und peng, hatte er die nächsten Minuspunkte im Wettbewerb um Rebecca kassiert.

«Oh!», machte Rebeccas Vater, und eines steht fest, dieses kurze, ansatzlose Oh! war alles andere als ein Ausdruck freudigen Erstaunens, und kaum war es draußen, kriegte Michael denselben roten Kopf wie vorhin beim Stuckateur-Sagen, und alle bemerkten es.

«Und wer bist *du*?», fragte Rebeccas Vater jetzt mich, um von Michael abzulenken, nahm ich an, die Stimme eine Oktave höhergedreht als eben und ein frisch aufgesetztes Lächeln im Gesicht.

«René», sagte ich.

«Und *deine* Eltern, was machen die?»

«Lass gut sein, Gebhardt», sagte Rebeccas Mutter, «Kinder, holt euch was zu essen und amüsiert euch.»

Aber wir blieben alle Mann stehen wie angenagelt.

«Mein Vater ist gerade weg», sagte ich.

«Ach ja?», sagte Rebeccas Vater und sah mich ganz mitleidig an, als ob er meinen Vater im Knast vermutete oder auf dem Friedhof.

«Sein Vater ist in Genf», funkte Dirk jetzt schon wieder dazwischen, «zwei Monate lang.»

«Ah, in Genf. Schöne Stadt wahrscheinlich. – Was macht er denn da?»

«Er ist auf einer Konferenz», sagte ich, «Abrüstung und so.»

«Mit einer offiziellen Delegation?», fragte Rebeccas Vater.

«Nehm ich mal an», sagte ich.

«Dann ist er wahrscheinlich so ein Überzeugter, oder? – Da kommt doch nicht jeder hin.»

«Wir gehen jetzt mal lieber, Pa», sagte Rebecca, aber wir blieben trotzdem noch immer alle stehen.

«Ein *was* soll er sein?», fragte ich.

«Ein Hundertprozentiger, du weißt schon: ein überzeugter Kommunist.»

«Da ist er nicht der Einzige», sagte ich, weil mir Rebeccas Vater langsam auf die Nerven ging, «ich bin nämlich auch einer.»

«Was bist du auch?»

«Ein Kommunist», log ich.

«Und was arbeitet deine Mutter, du Kommunist?»

«Gebhardt, bitte!», sagte Rebeccas Mutter.

«Die ist tot.»

«Ach», sagte Rebeccas Vater, «das tut mir leid.»

«Muss es aber nicht», sagte ich, und weil es mir jetzt echt reichte, drehte ich mich um und ging auf die kleine Festwiese zurück. Kurz überlegte ich, ganz zu verschwinden und den Rest des Abends auf dem Balkon zu verbringen und zu lesen, bis es dunkel wurde. Aber ich wollte die anderen nicht alleine lassen, mit diesem Gebhardt und all den Intellektuellen, ob antikommunistisch oder nicht, und ich hatte außerdem noch eine Mission zu erledigen, obwohl ich schon jetzt wusste, dass Dirk von mir nie im Leben den Zuschlag für diese Rebecca erhalten würde.

Also ging ich runter zum See, an eine Stelle, wo sonst keiner war, ließ mich nieder, setzte die Kopfhörer auf und sah einfach aufs Wasser und auf den Neuen Garten am anderen Ufer mit diesem ganzen preußischen Deko-Kram drin. Und wenn mir das zu langweilig wurde, kniff ich die Augen zusammen, und schon verwandelte sich die Landschaft in ein impressionistisches Gemälde.

Irgendwann tippte mir jemand auf die Schulter, und als ich mich umdrehte, stand da Mario und reichte einen Teller runter zu mir.

Ich nahm die Kopfhörer ab, und Mario sagte: «Das soll ich dir von Rebeccas Mutter bringen.»

Der Teller war echt liebevoll zugerichtet, mit einem Steak und einer Bratwurst und drei verschiedenen Salaten, die zu kleinen Hügeln aufgeschichtet waren, auf denen jeweils eine Erdbeere thronte.

Ein Klecks Ketchup da.

Eine Klecks Senf hier.

«Ich ess heute nichts», sagte ich, obwohl ich einen unglaublichen Appetit hatte und mich die Grillausdünstungen schon die ganze Zeit fast wahnsinnig machten, denn außer dem Frühstück und ein paar Handvoll Erdnussflips beim Fernsehen hatte ich nichts weiter in den Magen gekriegt.

«Warum denn nicht?», fragte Mario.

«Aus Solidarität mit diesen ganzen Afrikanern», sagte ich,

«heute, am Tag von Live Aid. – Und weil ich Kommunist bin. Da macht man solche Sachen eben.»

«Alter, bist du jetzt wirklich Kommunist?»

«Spätestens seit vorhin: ja.»

«Ich weiß ja nicht, was Bianca dazu sagt.»

«Bianca wird's schon verkraften.»

«Musst du selber wissen, René», sagte Mario, «das mit dem Kommunismus und das mit dem Essen», und verschwand mit dem gefüllten Teller.

Ich setzte die Kopfhörer wieder auf.

Fünf Minuten später klopfte er mir erneut auf die Schulter. Ich nahm die Kopfhörer noch mal ab, drehte mich um, und es stand gar nicht Mario hinter mir, wie ich gedacht hatte, sondern diese Rebecca, und sie lächelte, und diesmal richtig.

«Und trinken tust du auch nichts?», fragte sie. «So als Kommunist?»

Sie hatte zwei Gläser dabei, die bis zum Anschlag gefüllt waren, Weißwein, nahm ich an, der Farbe wegen, und zwar nicht diese mickrigen Weingläser aus böhmischen Kristall, die es bei uns zu Hause gab, sondern normale Gläser für Cola und Saft, wo richtig was reinging.

«Nur Wodka, so als Kommunist», sagte ich und musste selber lachen über meinen Witz, was man ja eigentlich nicht tun sollte, «und zwar immer sto Gramm und immer auf ex und hinterher: Glas an die Wand, dass es scheppert.»

Rebecca musste auch lachen.

«Wodka haben wir auch da», sagte sie und reichte mir eines der Gläser, «vielleicht trinken wir später noch einen?»

Ich sagte: «Danke», und nahm ihr das Glas ab, aber statt wieder zu gehen, zu ihren Klassenkameraden von der Penne oder zu Dirk oder zu Michael, setzte sie sich einfach neben mich.

«Ich stör dich doch nicht, oder?»

«Noch geht es», sagte ich, und sie lachte schon wieder.

Rebecca gefiel mir im Moment gar nicht so schlecht, muss ich gestehen. Sie war nicht *viel* hässlicher als Bianca, wenn man die beiden verglich, was übrigens ganz leicht war und kein Ding der Unmöglichkeit, wie Dirk und Michael mir zu verklickern versucht hatten.

Der größte Unterschied zwischen beiden bestand darin, dass bei Bianca alles abgerundet war irgendwie, harmonisch und fließend, während die gleichen Dinge bei Rebecca wirkten wie mit Dreieck, Zirkel und Winkelmesser konstruiert: die Beine, die Hüften und ihr Po. Ich will nicht übertreiben, aber manche Dinge sahen da aus wie durch Parallelverschiebung entstanden. Klar, dafür konnte keiner was, das machte keinen zu einem Menschen niederer Abart, wusste ich ja selber am besten mit meinem verkorksten Ohr.

Aber: trotzdem.

Man konnte das ja alles gut erkennen unter diesem Minirock, der sich an ihren Körper schmiegte wie ein Stück Fahrradschlauch, und durch die mutwillig zerstörte Strumpfhose hindurch, genauso wie man es bei Bianca erkannte, wenn sie eine ihrer wahnsinnig engen Hosen anhatte, in die man kaum hinten reinkam mit der flachen Hand, wenn man in Sanssouci mit ihr rumstand.

Andererseits ließ sich absolut nicht sagen, wie groß Rebeccas Brüste waren, denn die Lederjacke lag wie eine schwere Rüstung um ihren Oberkörper. Aber was gingen mich Rebeccas Brüste an, dachte ich, das war ja allein Michaels Problem, denn Dirk, so viel war klar, hatte das

Rennen verloren, so wahr ich mir ab heute vornahm, ein Kommunist zu werden. Und zwar ein richtiger, nicht so ein Schönwetterkommunist wie mein Vater, mehr so einer wie Sonja und ihre Leute aus Chile.

«Zum Wohl!», sagte Rebecca.

Ich sagte: «Auf dich!», und wir stießen ganz vorsichtig und wie in Zeitlupe an, damit bloß kein Wein über Bord ging. Dann tranken wir den schön kalten Muskateller, oder was das war, und ich muss sagen, Rebecca haute ganz schön was weg von dem Zeug, so auf den ersten Zug, da kam ich jedenfalls nicht hinterher.

Ich merkte trotzdem, wie mir der Alkohol direkt ins Gehirn schoss und dort die große Entwarnung auslöste, und ich sagte zu mir selber: Ey, René, jetzt werd mal ein bisschen lockerer, dieser dämliche Gebhardt ist außer Sichtweite, seine Frau schickt dir chiffrierte Entschuldigungen, und seine Tochter füllt dich mit Wein ab. Und vergiss nicht, mein lieber Freund, keine vierundvierzig Stunden mehr und deine liebste Bianca ist wieder da, mit allem, was sie hat.

«Was ist denn mit deinen Schuhen passiert?», fragte Rebecca.

«Hatten die falsche Farbe.»

«Und da hast du sie einfach gestrichen?»

«Ja, und zwar mit der richtigen.»

«Nicht schlecht!»

«Und was ist mit *deinen* Schuhen los?»

«Was meinst du?»

«Die sehen komisch aus. Wie diese Schuhe für Klumpfüße. – Ein paar von den Behinderten aus dem *Oberlinhaus* tragen so ähnliche.»

«Mensch, das sind Doc Martens», sagte Rebecca, «aus

England, die müssen genau so aussehen. – Von wegen Klumpfüße.» Sie grinste.

«Warst du in England?»

«Nee, war ich natürlich nicht», sagte Rebecca, «leider. – Die hat mir mein Pa mitgebracht, aus Westberlin.»

«War der auch mit 'ner offiziellen Delegation da?»

«Er hatte eine Ausstellung in Charlottenburg», sagte Rebecca und lachte. «Aber Chapeau: Eins zu null für dich. – Willst du?» Sie hielt mir eine Schachtel *F6* hin.

«Danke», ich nahm mir eine, und sie gab uns Feuer, und dann rauchten wir schweigend ein paar Züge.

«Ihr braucht einen Steg», sagte ich, um irgendwas zu sagen, «dann könnte man die Füße direkt ins Wasser baumeln lassen.»

«Einen Steg?», fragte Rebecca. «Ich dachte, du bist Kommunist.»

«Darf man als Kommunist nicht auch mal die Füße ins Wasser baumeln lassen?»

«Bist du denn wirklich Kommunist, oder hast du uns nur verscheißert vorhin?»

«Seit dem Gespräch mit deinem Vater überleg ich mir ernsthaft, einer zu werden.»

«Du kannst meine Eltern nicht leiden, stimmt's?»

«Ich kann dir schlecht sagen, dass ich deine Eltern nicht leiden kann», sagte ich.

«Womit du gerade indirekt bestätigt hast, dass du sie nicht leiden kannst.»

«War das eine Falle?»

«Ja», sagte Rebecca und dann: «Jetzt guck nicht wie ein Kaninchen.» Und sie lachte, und sie gab mir einen Stüber auf den Oberarm, sodass ich leicht in Schieflage geriet und doch etwas Wein aus meinem Glas auf die Wiese schwappte.

«Prost», sagte Rebecca und nahm noch so einen Riesenschluck wie gerade eben.

«Ja, prost», sagte ich und trank gleichfalls. Allerdings musste ich aufpassen, da ich ja auf leeren Magen trank. Das Dumme war, wenn man erst mal einen Essensboykott verkündet hatte, konnte man ihn nicht schon eine Dreiviertelstunde später widerrufen.

«Was hörst du gerade?», fragte Rebecca und zeigte auf die Kopfhörer, die um meinen Hals hingen.

«Die *Triffids*», sagte ich, «aus Australien: *Hell of a Summer*.»

«Kenn ich nicht», sagte Rebecca, «sind die gut?»

«Dieses Lied jedenfalls klingt ziemlich lasziv und archaisch und schwül, so als ob die ganze Musik überblendet ist von grellem Sonnenlicht, das einem wie aus dem Nichts ins Gesicht knallt», gab ich ungefähr den Eintrag wieder, den ich mir irgendwann zu dem Song in mein Notizbuch geschrieben hatte, das übrigens nicht weniger voll wurde, seit ich es in Ruhe auf meinem Schreibtisch liegen ließ. Ich schrieb eben nur nicht mehr jeden Mist dort hinein, der mir zwischen Tür und Angel in den Schädel geriet.

«Im Ernst jetzt?»

«Ja.»

«Wow, hört sich echt nicht schlecht an.»

«Hast du Live Aid gesehen?»

«Ich hatte keine Zeit wegen der Vorbereitungen fürs Fest. – War was dabei?»

«Bryan Ferry», sagte ich, «von *Roxy Music*. – Der ist so was wie ein singender Oscar Wilde.»

«Das ist doch verschmockter Art-Mist.»

«Was ist das?»

«Prätentiöser Kunst-Kitsch», sagte Rebecca.

«Wer jetzt: Bryan Ferry oder Oscar Wilde?»

«Beide.»

Wir schwiegen ein paar Sekunden, und dann fragte ich: «Was hörst du denn so?»

«*Einstürzende Neubauten*», sagte Rebecca, «*Throbbing Gristle*. – Ich mach dir 'ne Kassette, wenn du mich nett darum bittest, René.»

Ich sagte: «Machst du mir bitte 'ne Kassette, Rebecca?»

«Ja», sie lachte, «wenn ich aus dem Urlaub zurück bin, gut? Wir fahren Montag in einer Woche.»

«Wo denn hin?»

«An die Ostsee», sagte Rebecca, «Binz, auf Rügen. – Warst du mal in Binz?»

«Nein, wir waren immer auf Usedom», sagte ich, «früher als …»

«Ja?»

«Ach nichts.»

«So ein Mutter-Tochter-Urlaub», sagte sie, «wobei meine Ma ja mehr so 'ne Art Freundin für mich ist.»

«Ach so?»

«Na, nicht die typische Mutter eben. Die nur für einen kocht und die Wäsche macht. – Dieses kleinbürgerliche Klischee.»

«Dirk und Michael werden dich vermissen», sagte ich, weil mir zum Thema Mutter nicht so viel einfiel.

«Ich hab ihnen das mit dem Urlaub gar nicht erzählt», sagte Rebecca.

«Echt nicht?»

«Wozu denn?»

«Die sind ganz verrückt nach dir.»

«Hab ich mitgekriegt», sagte Rebecca, «und soll ich dir was sagen: Das geht mir ein bisschen auf die Nerven.»

«Was jetzt?»

«Jungs, die einem am Rockzipfel hängen.»

«Dirk und Michael?»

«Und noch ein paar andere mehr, wenn du es genau wissen willst.»

«Sind denn welche von diesen anderen heute da?»

«Allerdings. Und weißt du, was? Du bist gerade so was wie ein Schutzschild für mich.»

«Ist mir eine Ehre.»

«Danke», sagte Rebecca, «dafür hast du was gut bei mir.»

«Und soll *ich* dir jetzt mal was sagen?»

«Ja, sag!»

«Aber du darfst es auf keinen Fall weitererzählen.»

«Nein, versprochen.»

«Ich bin heute als Schiedsrichter hier, um zu entscheiden, zu wem von den beiden du besser passt, zu Michael oder zu Dirk.»

«Mach keinen Quatsch!»

«Doch, ist so.»

«Grundgütiger» sagte Rebecca, «das kann doch nicht wahr sein.» Sie stieß ihr Glas an meines, trank, und dann mussten wir beide lachen.

«Willst du auch noch was?» Sie hielt ihr leeres Glas hoch.

«Ich muss mal aufs Klo», sagte ich und sah mich zur Villa hin um.

«Über die Terrasse, durchs Wohnzimmer und dann nach links, auf dem Flur», sagte Rebecca. «Du gehst aber noch nicht nach Hause, oder?»

«Willst du, dass ich bleibe?»

«Würde ich sonst so fragen?»

«Würdest du nicht?»

«Nein, du Genie!»

«Dann komm ich wieder hierher, wenn ich fertig bin», sagte ich.

«Ja, ich dreh auch bloß kurz eine Runde.»

«Was ist mit *Cabaret Voltaire*?», rief ich ihr noch hinterher.

«Auf jeden Fall!», rief Rebecca zurück.

«Ey, René, können wir dich mal sprechen.»

Noch ehe ich die Terrasse erreicht hatte, fingen Dirk und Michael mich auf der Festwiese ab, als hätten sie mir aufgelauert.

«Klar», sagte ich, «aber ich muss dringend aufs Klo.»

«Geht ganz schnell», sagte Michael.

«Na, was denn jetzt?», fragte ich, weil er nicht weitersprach.

«Jetzt stell dich doch nicht dumm», sprang Dirk ihm bei, «es war nie die Rede davon, dass du selber anfängst, mit Rebecca zu flirten.»

«Mensch, René, Rebecca ist doch gar nicht dein Typ», versuchte Michael, mir ins Gewissen zu reden.

«Ist sie ja auch nicht», sagte ich, «ich flirte auch nicht, ich sondiere nur ein bisschen das Terrain für euch.»

«Ach, wirklich?», sagte Michael. «Und wie sieht's aus?»

«Soll ich ehrlich sein?»

«Was soll denn das jetzt?»

«Ich will euch nichts vormachen, aber sie hat gesagt, dass ihr ziemlich viele Jungs hinterherlaufen …»

«Das wissen wir selber.»

«... und dass ihr das ganz schön auf die Nerven geht. Und sie hat nicht gesagt, dass ihr beiden die Ausnahme seid von der Regel.»

«Was?» Dirk guckte mich ungläubig an, so richtig traurig schon, dass er jetzt den ersten Punkt von mir bekommen hätte, trotz seiner ganzen Schleimerei vorhin bei diesem sogenannten Gebhardt. Aber leider war der Wettbewerb ja sowieso sinnlos geworden.

«Und du sagst das nicht, weil du dich selber an sie ranmachen willst?»

«Mensch, Dirk, Rebecca ist total nett und alles, da hattet ihr recht, aber ich bin mit Bianca glücklich genug.»

«Und was sollen wir jetzt machen?»

«Vielleicht versucht ihr es ja noch mal von vorne, wenn sie aus dem Urlaub zurück ist. – Ich meine: mit etwas mehr Zurückhaltung.»

«Sie fährt in den Urlaub?»

«Ja, nach Binz. – Übernächsten Montag.»

«Und wann kommt sie zurück?»

«In drei Wochen, hat sie gesagt, dann macht sie mir nämlich 'ne Kassette mit *Einstürzenden Neubauten* drauf und *Throbbing Gristle*.»

«Ey, warum macht sie denn ausgerechnet dir jetzt eine Kassette mit diesem Zeug drauf?», fragte Michael.

«Keine Ahnung, hat sich so ergeben.»

Ich musste eine halbe Stunde vor der Toilette anstehen, und als ich wieder nach draußen kam, war es dort schon richtig dunkel.

Es war kurz nach zehn, und wie von Geisterhand entzündet, hingen plötzlich erleuchtete Lampions über der Terrasse und in den Trauerweiden, keine elektrischen, sondern diese feuerbetriebenen, wie früher beim Laternenumzug im November. In die Festwiese waren Fackeln gerammt, und als ich wieder am Ufer saß und die Spiegelung der ganzen Lichter im Heiligen See betrachtete und die Stimmen der Gäste hinter mir säuseln hörte und erst an Bianca dachte und dann an Rebecca, die so nett war, trotz dieses Gebhardts, der sich ihr Vater nannte, wurde mir ganz wohlig. Ich machte mir eine *Club* an, und als ich fast fertig geraucht hatte, kam Rebecca zurück und setzte sich wieder zu mir.

«Hey», sagte sie, «ich hab uns was mitgebracht.»

Sie hatte eine ganze Flasche Weißwein dabei mit frischen Tauperlen außen dran. Sie kippte unsere Gläser wieder voll bis zum Anschlag, und noch bevor wir anstießen, sagte sie: «Dein Freund ist hübsch.»

«Welchen meinst du, Michael oder Dirk?»

«Mario», sagte Rebecca, «guck mal, wie sich die Mädchen um ihn scharen.»

Sie zeigte zur Festwiese rüber, wo in der Nähe des halb erloschenen Grills Mario stand, umringt von drei Mädchen, die ihm andächtig zuhörten, während er sprach. Ich fragte mich echt, was Mario so erzählte, wenn er allein war unter Mädchen, und im nächsten Moment musste ich an Connie denken, wie sie neulich so traurig im *Orion* gesessen hatte, stumm und allein, aber das Schlimmste war, dass sie jetzt in meinen Gedanken wieder dieses Schneemannkostüm trug.

«Wir kennen uns schon ewig», sagte ich, und dann sagte ich: «Auf die Ewigkeit!»

«Ja, warum nicht mal auf die Ewigkeit!», sagte Rebecca, und ich erzählte ihr, dass mir Mario manchmal vorkam wie mein jüngerer Bruder.

Und dass ich gerne einen richtigen Bruder hätte, weil es das Leben leichter machte, wenn es jemanden gab, der es mit einem teilen *musste*.

Wegen der Blutsbande.

Und es nicht nur teilen *konnte*, wenn ihm gerade danach war.

Wie ein Freund.

«Und eine Schwester», fragte Rebecca, «würdest du auch eine Schwester nehmen?»

«Klar, besser als nichts», sagte ich. «Aber dann eine größere. Ein Bruder kann ruhig ein bisschen jünger sein, ein, zwei Jahre, aber eine Schwester muss auf jeden Fall älter sein.»

«So wie ich?»

«Ja, so wie du. – Oder noch älter. Achtzehn, neunzehn.»

Und weil Rebecca schon wieder das Glas hochnahm, trank ich auch noch einen Schluck. Und dann starrten wir beide ins Wasser vor uns, bis Rebecca sagte: «Ich mag dich!», und meine linke Hand in ihre nahm.

«Ich hab schon eine Freundin», sagte ich, aber ich überließ ihr trotzdem meine Hand, wenn auch ohne großes Gefühl, eher wie einen kalten Fisch.

«Und wie heißt sie?»

«Bianca.»

«Schöner Name.»

«Findest du?»

«Ja.»

Ich sagte nichts weiter.

«Und was macht sie?», fragte Rebecca.

«Liegt das bei euch in der Familie, immer gleich zu fragen, was einer macht?»

«Entschuldige, du brauchst nicht zu antworten.»
«Sie lernt Friseuse ab September.»
«Wirklich?»
«Ja.»
«*Wirklich?*»
«Ja! – Warum denn?»
«Das finde ich cool», sagte Rebecca. «Und du?»
«Ich finde das auch cool.»
«Nein», sie lachte, «was *du* machst, wenn wir schon dabei sind? – Auch 'ne Lehre?»
«Ich komm auf 'ne kommunistische Kaderschmiede», sagte ich, «wie es sich gehört für einen wie mich, damit sich mein kommunistischer Starrsinn noch verfestigt», und dann erzählte ich Rebecca von dem Internat und wie es dazu gekommen war und alles und dass ich viel lieber in Potsdam bleiben würde, wegen meiner Freunde und wegen Bianca, aber dass es kein Zurück mehr gab.
«Klar gibt's ein Zurück», sagte Rebecca, «man muss sich nur trauen.»
«Du hast wahrscheinlich recht», sagte ich, «aber ich trau mich gerade nicht.»
Rebecca erzählte, dass sie gerne Kunst studieren würde nach dem Abi, weil alles andere total sinnlos sei, und dass sie schon lange an einer Bewerbungsmappe für die Kunsthochschulen arbeite. Sie wolle das nicht studieren wegen ihrer Eltern, sondern weil die Kunst die letzte Bastion war gegen den Nützlichkeitsterror der Gesellschaft.

Wo nur eine Leistung von Bedeutung war, die sich am Ende in Zahlen niederschlug. Zahlen, die größer sein mussten als die von gestern. Oder die von vor einem Monat. Oder von vor einem Jahr.

«Das macht den Menschen stumpf», sagte Rebecca, «und es macht ihn hässlich.»

Hässlicher noch als die Maschinen, die er zu diesem Zweck bediente, mache das den Menschen, erklärte sie.

Dieses total hirnrissige: Höher, Schneller, Weiter!

Diese ewigen Spartakiaden und Wettbewerbe um jeden Scheiß.

Bloß nicht die Leute mal zur Ruhe kommen lassen.

Zum Verschnaufen.

Sie könnten ja sonst auf ein paar Ideen kommen.

Rebecca sagte nicht, auf welche Ideen genau die Leute möglicherweise kämen, wenn sie mal eine Pause einlegten, aber sie hatte sich ganz schön in Rage geredet.

Ich merkte, dass sie schon ein bisschen betrunken war. Wahrscheinlich war sie sogar betrunkener, als ich dachte, aber weil ich selber alles andere als nüchtern war, fiel mir nur der Teil ihrer Betrunkenheit auf, der meine eigene überstieg.

«Auf die Kunst!», sagte Rebecca.

«Und auf die Literatur!»

«Genau!»

Obwohl ich meinen neuen, schwarzen Pullover anhatte, wurde mir langsam kalt. Die ersten Leute verließen bereits das Fest, und immer mal wieder kamen jetzt ein paar von Rebeccas Freunden ans Wasser runter, um sich von ihr zu verabschieden. Sie stand dann auf und verteilte Küsschen, und ein paarmal geriet sie dabei fast aus dem Gleichgewicht.

Irgendwann kamen auch Michael und Dirk, und Rebecca stand wieder auf, gab auch ihnen Küsschen und bedankte sich, dass sie zum Fest gekommen waren.

Als sie damit fertig war, sagte Michael: «Kommst du, René? – Die letzte Bahn fährt gleich.»

«Wo ist denn Mario?», fragte ich.

«Der ist schon lange weg», sagte Michael, und ich wollte gerade aufstehen, als mir Rebecca ihre Hand auf die Schulter legte. Sie drückte mich regelrecht ins Gras zurück und sagte: «Bleib doch noch!»

«Und wie komm ich dann nach Hause?»

«Du kannst hier schlafen, im Gästebett. – Keine Angst, es findet sich ein Platz.»

«Ich weiß nicht», sagte ich, und ich guckte zu Dirk und Michael hoch, die beide säuerlich lächelten.

«Ihr müsst mir was versprechen, Jungs, macht ihr das?», sagte Rebecca.

«Ja», sagte Michael.

«Und Dirk? – Du auch?»

«Meinetwegen.»

«Dass ihr nicht sauer seid auf René, weil ich ihn bitte, mir noch ein bisschen Gesellschaft zu leisten. – Versprecht ihr mir das?»

«Ja», sagte Dirk, und mit ein bisschen Verzögerung sagte auch Michael: «Ja.»

«Wir waren nämlich mitten im Gespräch ...», fing Rebecca an, aber Michael unterbrach sie und sagte, bevor es noch peinlicher wurde: «Ist okay, Rebecca.»

Ich sagte: «Bis morgen!»

Dann zogen sie ab, und fast sofort bereute ich, nicht mitgegangen zu sein. Ich hatte keine Ahnung, was Rebecca von mir wollte, und mir war außerdem schwindelig vom Wein und den Zigaretten.

Trotzdem ließ ich mir ein weiteres Glas eingießen, ich

nahm eine weitere *F6*, die mir Rebecca hinhielt, und nach einer Weile, in der wir geschwiegen hatten, Schulter an Schulter, Bein an Bein, ohne dass elektrische Blitze zwischen uns hin- und hersprangen, fragte sie: «Du hast gesagt, dass deine Mutter tot ist.»

«Ja.»

«Erzählst du mir davon?»

«Nein.»

«Wenn ich mir vorstelle, meine Mutter wäre von heute auf morgen weg ...», fing Rebecca an.

«Das ginge ja noch», sagte ich, «von heute auf morgen, aber wenn es sich hinzieht über Jahre: Das ist echt schlimm.»

Und dann begann es doch, aus mir rauszusprudeln, all das, was ich noch nie jemandem erzählt hatte, weil es mir peinlich gewesen war und weil ich kein Mitleid wollte von denen, die mich sowieso nicht verstehen konnten, weil man es selbst erlebt haben musste, um es zu verstehen.

Das Siechtum.

Die Agonie.

Diese Krankheit,

die die eigene Mutter schwach gemacht hatte am Anfang und später hässlich und ausgezehrt und zu einem Haufen Elend. Wie sie auf unserem Leben gelastet hatte die Krankheit, wie ein Fluch, und wie das alles kein Ende nehmen wollte und jede Behandlung nur noch sinnlose Routine war, ohne eine Hoffnung auf Erfolg, ohne Aussicht. Und wie erleichtert ich gewesen war, als das alles endlich vorbei war.

Als sich der Tod erbarmte.

Als er meine Mutter endlich aus unserem Leben nahm,

und wie ich mich heute noch schämte für diese Erleichterung, immer, wenn ich an meine Mutter denken musste.

Und das war jeden Tag.

Ich weiß nicht, wie lange ich geredet hatte, aber als ich aufhörte, merkte ich, dass mir ein paar Tränen kamen.

«Heul ruhig, René, heul ruhig», sagte Rebecca ganz sanft, und sie schloss mich fest in ihre Lederjackenarme, «lass es alles raus. Wenn du es nicht rauslässt, dann verklumpt der ganze Schmerz in dir, und dann ist er eines Tages so groß, dass du ihn nie wieder loswirst, und dann erstickst du an dieser ganzen Traurigkeit. – Heul, René, bis du leer bist! – Ich kenne das: Du fühlst dich besser danach.»

Scheiße, und ich begann jetzt wirklich zu flennen wie ein verdammter Schlosshund, ausgerechnet hier, am Ufer des Heiligen Sees, an diese dünne Rebecca gepresst. Ein ganzer Sturzbach lief mir übers Gesicht, und ich ließ ihn laufen, so lange jedenfalls, bis auf einmal Rebeccas Gesicht ganz nahe an meines herankam.

Im ersten Augenblick konnte ich nicht richtig sagen, was sie da machte mit ihrem Gesicht so direkt an meinem, aber dann merkte ich es doch, und es kam mir seltsam vor:

Sie leckte mir die Tränen von der Wange.

Wie ein Hund.

Sie leckte sie von meinem Jochbein und von der Oberlippe.

Ganz ruhig.

Ohne jede Hast.

Es fühlte sich gut an, und es fühlte sich ein bisschen verboten an, und ich wusste genau, dass das nie wieder jemand tun würde für mich, in meinem ganzen verdammten Leben, und dass ich Rebecca niemals vergessen würde dafür, egal, was passierte.

Und es war mir gleichgültig, dass sie es nur machte, weil sie betrunken war.

Denn es war schön.

Sie hörte aber gar nicht mehr auf damit, obwohl jetzt schon eine Weile keine Tränen mehr nachkamen, und irgendwann fragte ich aus lauter Verlegenheit: «Was machst du denn da?»

«Was eine Schwester für ihren Bruder macht», flüsterte Rebecca, und dann tastete ihr Mund nach meinen Lippen, aber ich drehte mich weg und sagte: «Ich kann dich nicht küssen, Rebecca, ich bin mit Bianca zusammen.»

«Du musst mich nicht küssen», sagte Rebecca, «ich liebe dich auch so», und dann sagte sie noch: «Ich wünschte, ich wäre Bianca.»

Am nächsten Mittag wachte ich in Rebeccas Bett auf.

Bis auf die Schuhe war ich vollständig bekleidet. Mein Kopf tat weh, und ich merkte, dass ich etwas in der Hand hielt.

Es war Rebeccas Hand.

Rebecca lag neben mir und schlief. Sie hatte noch ihre Lederjacke an und den Rock und sogar die Doc Martens.

Ich wollte aufstehen, weil ich aufs Klo musste, aber als ich meine Hand vorsichtig aus ihrer lösen wollte, griff sie umso fester zu, weshalb ich einfach liegen blieb.

TEIL 4

The devil might steady
We wax and wane
The devil might steady
We wax and wane

COCTEAU TWINS, WAX AND WANE

BRUDER UND SCHWESTER

«Rebecca ist mehr so eine Art große Schwester für mich», sagte ich am Montagmorgen zu Michael, der auf dem Balkon saß und mal wieder den *Spleen von Paris* kopierte.

«Was ist denn das jetzt wieder für ein Scheiß?»

«Wir haben uns unterhalten und irgendwann festgestellt, dass wir beide gerne Geschwister hätten. – Und jetzt sind wir so was wie Wahlgeschwister.»

«Das ist doch Kinderkacke», sagte Michael, «aber wenn's euch hilft.»

Wir schwiegen.

«Ziehst du jetzt aus?», fragte ich.

«Sollte ich denn?»

«Nein.»

Wieder schwiegen wir, bis Michael fragte: «Habt ihr euch geküsst?»

«Geschwister küssen sich nicht», sagte ich tapfer, «kein Grund zur Eifersucht. – Und ich bin mit Bianca zusammen, wie du weißt. – Die sieht außerdem …»

«Ja, ja: viel besser aus als Rebecca», fiel mir Michael ins Wort.»

«Ein kleines bisschen besser nur, okay?», sagte ich.

«Okay», sagte Michael, und jetzt grinste er schon wieder, «wann bist du gestern eigentlich gekommen?»

«Spät erst», sagte ich.

Was daran lag, dass ich auch den Rest des Sonntags noch mit Rebecca verbracht hatte.

Ich konnte mich einfach nicht von ihr trennen, und auch Rebecca machte keine Anstalten, mich loszuwerden, und das Beste war, ihr Vater hatte sich dermaßen abgeschossen am Abend, dass er krank im Bett lag und es nicht vermochte, im neuen Tageslicht unter die Lebendigen zu treten.

Es war so halb eins, als Rebeccas Mutter an die Tür klopfte und Rebecca «Ja!» sagte, obwohl wir beide ja angezogen auf dem Bett lagen. Ich wollte wenigstens meine Hand befreien aus ihrer, wenn ihre Mutter jetzt gleich reinplatzte, aber wieder hielt sie meine Linke so fest, dass ich sie einfach nicht loskriegte, und als ich zu ihr hinsah deswegen, grinste sie mich auch noch an. Als Nächstes stand schon ihre Mutter im Zimmer und tat so, als wäre es das Normalste von der Welt, dass hier zwei Jugendliche in ihren Straßenklamotten auf dem Bett rumlagen und Händchen hielten.

Wie Bruder und Schwester.

Oder wie noch was Schlimmeres.

Ich traute mich gar nicht, ihrer Mutter ins Gesicht zu sehen, da fing sie schon an, mit freundlicher Stimme loszureden: «Guten Morgen, ihr beiden. – Ist spät geworden gestern, was? – Habt ihr Kopfschmerzen, ihr Süßen?»

Und weil wir wirklich Kopfschmerzen hatten, kam sie wenig später mit zwei Gläsern zurück, in denen eine durchsichtige, leicht weißliche Flüssigkeit schwamm, die angeblich gegen Kopfschmerzen half und ein bisschen wie extrem verdünnte Milch aussah. Keine Ahnung, was das war, aber es wirkte, und Rebeccas Mutter gab mir außerdem Handtuch, nagelneue Zahnbürste und alles und sagte, dass wir zum Frühstücken in den Garten kommen könnten, wenn wir uns frischgemacht hätten.

Langsam verstand ich, warum Rebecca mit ihrer Mutter in den Urlaub fuhr, wie man das mit einer Freundin machte. Ich verstand dagegen nicht, warum eine nette Frau wie sie einen Stinkstiefel wie diesen sogenannten Gebhardt zum Ehemann erkoren hatte.

Irgendwann gingen wir in den Garten runter, tranken Kaffee und aßen Brötchen mit Honig, und weil Rebeccas Mutter behauptete, es helfe gegen den Kater, ließen wir uns ein Glas Sekt von ihr geben, ich nur zur Sicherheit, denn meine Kopfschmerzen hatten sowieso schon halb kapituliert vor dieser Milchbrühe. Die frische Luft und die Sonne, die sich durchs Geäst der Trauerweiden fraß, besorgten den Rest, sodass ich kurz nach eins schon die erste Zigarette rauchen konnte, ohne groß mit der Wimper zu zucken.

Das wäre jetzt eigentlich der richtige Zeitpunkt gewesen, um nach Hause zu gehen, aber ich blieb einfach am Ufer sitzen, wohin ich mich nach dem Frühstück verzogen hatte, und kurz drauf kam auch Rebecca runter, und wir guckten gemeinsam aufs Wasser und auf das ganze Getier, das dort schwamm, und auf ein Ruderboot, das vorbeischoss, und es war fast wie gestern Abend, nur dass wir heute nicht redeten.

«Wollen wir spazieren gehen?», fragte Rebecca nach einer Weile, und ich sagte: «Ja», weil ich mich gut fühlte in ihrer Nähe, wirklich schon ein bisschen, als sei sie meine Schwester.

Ich fühlte mich nicht alleine mit ihr.

Anders als ich mich mit Bianca manchmal fühlte.

Wenn Bianca mit mir redete, aber auch, wenn wir

schweigend nebeneinandergingen und hinter meiner Stirn dieser eine fiese Gedankenblitz einschlug, der mir sagte: Ihr beide stammt aus total verschiedenen Galaxien, René, und deshalb bricht manchmal diese unendliche Leere in dir aus, wenn ihr zusammen seid, die wie aus dem Nichts kommt und dir dann minutenlang das Herz zu einem Sack voll Geröll macht.

Aber das Gute war, spätestens wenn wir uns küssten und anfassten und alles, wurde das Herz wieder leicht, und die finsteren Gedankenblitze zerfielen in Sekundenschnelle zu nichts als Asche.

Rebecca und ich gingen in den Neuen Garten.

Wir liefen am Ufer des Heiligen Sees entlang, ganz langsam, einen halben Meter Abstand zwischen uns.

Fast wie gelähmt.

Ich hatte die Hände in den Hosentaschen.

Wir sagten noch immer nichts.

Bis Rebecca irgendwann zu mir rankam, meine Hand aus der Hosentasche zog und in ihre Hand nahm.

«Geschwister halten sich nicht an den Händen», sagte ich. Aber nur pro forma, denn eigentlich mochte ich es, Rebeccas warme und schmale Hand in meiner zu halten.

«Klar, wenn sie ganz jung sind, machen sie das durchaus noch», sagte Rebecca, und plötzlich konnten wir uns auch wieder unterhalten, als hätten unsere Hände nur den unterbrochenen Stromkreis wieder geschlossen, den man zum Sprechen brauchte, oder so was in der Art.

Wir redeten über Musik.

Und über Klamotten.

Und über Kunst.

Und natürlich redeten wir über Bücher.

Ich erzählte ihr, dass mir mein Vater nur Bücher mitbringen sollte von seiner Dienstreise in Genf, solche, die es hier nicht gab, welche von Beckett und welche von Charles Bukowski, und ich erzählte, wie ich neulich den West-Baudelaire in der Wohngebietsbuchhandlung ergattert hatte und dass Michael jetzt jeden Tag daraus abschrieb, was sie aber schon längst wusste von Dirk. Und auch Rebecca erzählte, was sie so las zurzeit, Heiner Müller nämlich und Bertolt Brecht.

«Kenn ich nur vom Namen, Heiner Müller», sagte ich.

«Dafür hast du ja jetzt mich», sagte sie und lachte, «damit ich dir ein bisschen mehr von Heiner Müller erzählen kann.»

Etwas wunderte es mich dann doch, dass Dirk und Michael mir noch nichts von diesem Heiner Müller erzählt hatten und auch, dass sie nicht schon längst Brecht lasen, so wie sie sich Rebecca immer vor die Füße warfen, und mich beschlich der Verdacht, sie hatten mir die Sachen nur verschwiegen, um einen kleinen Vorsprung zu haben, nach ihrer Pleite mit Baudelaire, also geistig gesehen.

«Und du liest wirklich Brecht?»

«Klar, du nicht?»

«Nur in der Schule. Privat ist mir da zu viel Klassenkampf drin», sagte ich, «und zu viel Proletariat und dieser ganze Scheiß.»

«Ich denke, du bist Kommunist.»

«Doch nicht in der Literatur.»

Wir liefen am Marmorpalais vorbei, vor dem diese silberne MIG-17 von achtzehnhundertnochwas stand und gefährlich in der Sonne glänzte und wo noch ein Haufen anderes Kriegsgerümpel dekorativ in den Blumenbeeten rumlag, um die Leute anzulocken, weil ja das Armeemuseum im Marmorpalais residierte.

Wir liefen noch bis Cecilienhof.

Und dann liefen wir wieder zurück.

Als wir zu Ende spaziert hatten, wollten wir in ein Café gehen, um uns zu stärken, aber das *Heider* fiel aus, weil keiner von uns Lust hatte, Dirk zu begegnen oder Michael oder den anderen Verehrern, die Rebecca den lieben langen Tag hinterherhechelten. Die *Seerose* kam nicht in Frage, weil sie reserviert war für Bianca, weshalb wir ins *Café Babette* gingen, zu den Omas und den Rentnern, ganz hinten am Brandenburger Tor, gleich neben dem *Gastmahl des Meeres*. Weil unsere Kopfschmerzen längst verflogen waren, tranken wir ein paar Gin Tonics, bis wir Hunger kriegten und ich Rebecca in das bulgarische Spezialitätenrestaurant am Bassinplatz einlud, denn ich hatte mal wieder Geld in meiner Hosentasche wie Heu.

Mitten in der Nacht standen wir dann vor ihrer Villa, in der schon alle Fenster dunkel waren, und ich merkte, wie sich nach dem ganzen Gin Tonic und der Flasche Rotwein im Restaurant die Welt schon wieder zu drehen begann.

«War schön mit dir», sagte Rebecca und nahm noch meine andere Hand. Von außen mussten wir wirklich aussehen, wie Brüderlein und Schwesterchen aus diesem Märchenfilm beim Ringelpiez.

«Soll ich dir meine Telefonnummer aufschreiben?»

«Ich hab deine Telefonnummer längst», sagte sie, «von Michael. – Deine Adresse auch. Vielleicht schick ich dir 'ne Karte von der Ostsee.»

«Komm doch am Mittwoch ins *Orion*, dann stell ich dir Bianca vor», sagte ich.

«Hältst du das für eine gute Idee?»
«Weiß nicht.»
«Na dann …»
«Ja?»
«Gute Nacht.»
«Pass auf dich auf, Rebecca!»
«Mach ich, René.»

Sie gab mir einen Kuss, aber einen züchtigen, so wie ihn Geschwister austauschten, den Mund beinahe geschlossen und bestimmt unter einer Minute lang.

Dann quietschte die Pforte, und Rebecca war verschwunden in der melancholischen Villa, und ich merkte tief in meiner Seele, dass ich ihr am liebsten hinterhergegangen wäre, um eine weitere Nacht vollständig bekleidet auf ihrem Bett zu verbringen.

Und einen nächsten Morgen danach.

Und immer so weiter.

Bis in alle Ewigkeit.

Aber weil das nicht ging, pflückte ich noch eine Rostblume von ihrem Zaun, und dann setzte ich meine Kopfhörer auf, machte den Walkman an mit den *Triffids* drauf und lief zur Berliner Straße rüber, um ein Schwarztaxi anzuhalten, denn die letzte Bahn hatte ich auch heute verpasst.

Am Montagnachmittag kam Bianca vorbei, und sie sah wirklich sehr appetitlich aus nach diesen zwei Strandtagen am Templiner See, und als sie mir jetzt gegenüberstand und lachte wie die Sonne höchstpersönlich, fiel mir auf, wie blass Rebecca dagegen gewesen war. Und wie dünn.

Und wie klein ihre Brüste waren, wenn sie die Lederjacke auszog.

«Ich hab eine Überraschung für dich», sagte Bianca.

«Was denn?»

«Voilà», sagte sie und zog aus dem Beutel an ihrer Seite so ein Friseurbesteck heraus, zwei Kämme und zwei Scheren und sogar eine elektrische Haarschneidemaschine. «Du kriegst 'ne neue Frisur, René.»

«Ich will aber keine neue.»

«Dann eben 'ne frische.»

«Na gut, 'ne frische würd ich nehmen.»

Aber weil meine Haare ganz verklebt waren von dem Festiger und dem ganzen Zeug, was ich da immer reinschmierte, damit sie in die richtige Richtung standen, musste sie mir erst mal den Kopf waschen. Ich kniete mich vor unsere Badewanne mit einem Handtuch um den Hals, und Bianca stellte die Temperatur vom Wasser ein und dann spülte sie den ganzen Schmodder raus.

Eine richtige Brühe floss da aus meinen Haaren in den Ausguss.

Sie nahm etwas von dem Ei-Shampoo, und sie massierte es ein, lange und fest, so wie meine Mutter früher, und weil sie sich dabei ein bisschen vorbeugen musste, schleiften ihre Brüste die ganze Zeit über meinen Rücken. Keine Ahnung, ob sie das mit Absicht tat oder im Eifer des Gefechts, aber es machte mich ganz kirre.

Wir holten den großen Spiegel aus dem Flur und lehnten ihn an meinen Schreibtisch. Ich setzte mich auf den Schreibtischstuhl davor, Bianca föhnte und kämmte mich, und als sie damit fertig war, sah ich aus wie der letzte Streber mit diesen angeklatschten Haaren.

Dann ließ sie die Schere durch meine Haare rauschen, und ich sagte vor lauter Angst mindestens dreimal: «Oben nicht zu kurz, Bianca», aber Bianca lachte immer nur, und aus Versehen bekam ich jetzt dauernd ihre Brüste ins Gesicht, weil sie sich ab und zu ja strecken musste, um an die entlegenen Stellen zu kommen.

Zum Schluss warf sie die Haarschneidemaschine an und säbelte die Kanten glatt, und dann durfte ich endlich das Handtuch abnehmen, und Bianca popelte all die kleinen Haarsplitter aus meinem Kragen, damit sie nicht juckten nachher, und sie pustete mir dabei immer in den Nacken, was ein schönes Gefühl war. Zum Schluss schmierte sie mir Festiger auf den Kopf, zog eine Riesenflasche Haarspray aus ihrem Beutel und sprühte mich damit ein, sodass ich anschließend roch wie ein Weihnachtsbaum. Aber abgesehen davon, sah es sehr ordentlich aus, was sie da gemacht hatte, und ich sagte: «Du kannst das echt gut, Bianca.»

Sie strahlte: «Gefällt's dir?»

«Na und ob! – Wolltest du schon immer Friseuse werden?»

«Eigentlich nicht. – Meinen Eltern wäre es lieber, wenn ich Abitur machen würde. Oder wenigstens eine Berufsausbildung mit Abitur.»

«Warst du denn gut in der Schule?»

«Besser jedenfalls als Connie.»

«Und wieso Friseuse?»

«Keine Ahnung», sagte Bianca, «man ist mit Menschen zusammen und kann auch nebenbei noch was verdienen, nach Feierabend.»

«Stimmt, daran hab ich gar nicht gedacht.»

«Wer hat sie eigentlich abgekriegt», fragte Bianca.

«Wie jetzt?»

«Dieses intellektuelle Mädchen», sagte Bianca, «Michael

oder dieser komische Dirk? – Du warst doch Schiedsrichter am Sonnabend.»

«Sie will keinen von beiden», sagte ich, und ich überlegte, ob ich Bianca erzählen sollte, dass Rebecca jetzt meine Wahlschwester war und wir einen ganzen Tag zusammen verbracht hatten.

Aber zu welchem Zweck?

Also ließ ich es lieber sein.

Den Rest des Nachmittags küssten wir uns, und wir wälzten uns halb angezogen auf meiner Mehrzweckliege herum. Später tranken wir mit Michael Cola mit *Napoléon* auf dem Balkon, und wir rauchten und redeten sinnloses Zeug.

Um halb neun schon brachte ich Bianca zur Straßenbahnhaltestelle, aber mitfahren in die Stadt wollte ich heute nicht, und so verabredeten wir uns für übermorgen im *Orion*, denn man musste sich nun nicht wirklich jeden Tag sehen, sonst nutzte sich die neue Liebe zu schnell ab, und dann stand man wenig später wieder blöd da und war auf sich allein gestellt.

Dafür sahen wir uns am Mittwoch.

Und am Donnerstag.

Am Freitag.

Und am Sonnabend.

Wir saßen an der Havelbucht rum, gingen ins Kino, in die Eisdiele und ins Restaurant. Wir liefen wieder lange durch die Anlagen von Sanssouci, die manchmal so einsam waren um uns herum, dass das Klappern all der Gürtel und Armreife und Ketten, die Bianca trug, laut durch die Dunkelheit hallte.

Am Sonntag sahen wir uns nicht.

Bianca musste ihre Sachen packen, denn am nächsten

Morgen fuhren sie schon um fünf Uhr los. Wir telefonierten nur ein paar Stunden am Abend, so lange jedenfalls, bis Biancas Vater unser Verabschiedungsritual beendete und ich endlich mein Segelohr mit ein paar Eiswürfeln kühlen konnte.

Dann brach Montag, der 22. Juli, über unsere Stadt herein.
Ich kann euch sagen: Alle waren sie plötzlich weg.
Es war wie eine große Verschwörung, wie verhext.

Als hätten sie sich abgesprochen, alle am exakt selben Tag zu verschwinden. Manche, wie Bianca und Connie, hatten sich immerhin verabschiedet, und von Rebecca wusste ich ja, dass sie auf Rügen sein würde, zusammen mit ihrer Mutter.

Seit einer Woche hatte ich nichts mehr von Rebecca gehört, obwohl ich dauernd an sie denken musste, und auch Michael hatte mir nicht sagen können, was mit ihr los war oder wie es ihr ging. Sie hatte sich nicht mit ihm treffen wollen und auch nicht mit Dirk, und ich selber hatte mich nicht getraut, sie um eine Verabredung zu bitten. Denn wenn ich eines nicht sein wollte, dann ein weiterer dieser hirnlosen Verehrer, die ihr nachrannten wie die Hasen.

Auf die Palme aber hatte mich Michaels Ankündigung am Sonntagabend gebracht, Dirk und er hätten spontan beschlossen, am Montag zelten zu fahren.

An irgendeinen dämlichen See.
Auf der Mecklenburgischen Seenplatte.
Er hatte nicht mal versucht, zu fragen, ob ich mitwollte.
Heute Morgen hatte Michael einfach den Schlüssel auf den Telefontisch gelegt und sich aus dem Haus geschlichen, als ich noch schlief.

Kein Gruß, kein Wort des Dankes.

Großartige Freunde hast du da, René, dachte ich.

Natürlich fiel mir gleich wieder das Prosagedicht mit dem Fremden ein und den Wolken und was da über Freundschaft stand. Ich nahm mir vor, das nächste Mal, wenn ich Rebecca traf, von dem Gedicht zu erzählen und es vielleicht für sie zu rezitieren, ganz lapidar, wie nebenbei, denn mittlerweile kannte ich es auswendig. Ich hoffte, sie würde nicht finden, dass auch *Der Fremde* prätentiöser Kunstscheiß war.

So wie Bryan Ferry und Oscar Wilde.

Rebecca kannte schon tolle Wörter: prätentiös.

Ach, Rebecca, dachte ich.

Schwester!

Immerhin hatte Michael nicht den Baudelaire mitgenommen, um am Strand vor irgendwelchen Schnepfen im Fleischerhemd, die aus Sachsen stammten, Gedichte daraus zu deklamieren. Nachts, am Lagerfeuer unterm schwarzen Himmelszelt.

Tolle Freunde, dachte ich schon wieder, die einem da zugeteilt worden waren.

Stimmte gar nicht, fiel mir als Nächstes ein, er brauchte das Buch nicht, er konnte die Sachen ja aus seinem Notizbuch vorlesen. Er hatte doch nichts anderes gemacht in den letzten Wochen, als dieses Zeug abzupinseln. Er saß also auf der Mecklenburgischen Seenplatte rum und gab nachts mit meinen Baudelaire-Sache an.

Vor Hippie-Mädchen aus Sachsen!

Nur ich war jetzt noch in der Stadt, und Mario war auch noch da. Und als müsse er mir das beweisen, kam er kurz nach zwei runter, setzte sich auf den Balkon, fing an zu rauchen und bestellte eine Cola bei mir, als sei ich der Oberkellner in der Wohnung.

Sollte das so weitergehen bis Ende August?

So konnten doch nicht die letzten Ferien in der Heimat verlaufen, in der schönsten aller Städte, ich gab's ja nur ungern zu, bevor ich in fünf Wochen in dieses Dreckskaff musste.

Eigentlich hätte ich ja selbst wegfahren müssen, zu meinen Großeltern nämlich, denn die Galgenfrist von drei Wochen lief langsam ab.

Genau genommen an diesem Montag.

Jetzt, im Moment.

Mir wurde ganz heiß, als mir das einfiel.

«Ich muss dringend zur Post», sagte ich zu Mario.

«Ich komm mit», sagte Mario und gähnte, als ob schon der Gedanke an den beschwerlichen Weg zur Post ihm die Beine zu Blei werden ließ.

Wenigstens war es leer auf der Post, was mich komischerweise noch missmutiger machte, denn die ganzen Leute, die hier sonst in den Schlangen rumstanden und den Verkehr aufhielten, lagen jetzt in der Sonne: ob an der Ostsee oder am Balaton oder auf dem Fichtelberg. Nur mich hatten sie zurückgelassen und Mario, der mir willenlos hinterherlatschte, als sei er mein Pudel oder ein anderer dahergelaufener Hund.

Wenigstens war es kühl in der Schalterhalle.

Ich nahm mir ein Telegrammformular und schrieb: «Komme erst in einer Woche. Ist was dazwischengekommen. Gruß. René.» Das Ganze adressierte ich an meine Großeltern, damit war meine Schuld fürs Erste getilgt. Wahrscheinlich würden sie am Abend anrufen, um zu fragen, was los sei. Aber bis zum Abend fiel mir bestimmt noch eine gute Ausrede ein, oder ich ging einfach nicht ans Telefon. War ja sowieso keiner mehr da, über dessen Anruf ich mich gefreut hätte.

Als das erledigt war, machten wir einen Abstecher in die Wohngebietsbuchhandlung.

«Haben Sie was von Bertolt Brecht da?», fragte ich die Verkäuferin, «und von Heiner Müller?»

«Von wem?»

«Bertolt Brecht.»

«Nein, der andere.»

«Heiner Müller.»

«Nee, ham wir nich.»

«Was jetzt?»

«Heiner Müller.»

«Und Brecht?»

«Von Brecht ham wir schon was da. – Sag mal, du bist doch der …»

«Ja, ja», wiegelte ich ab, «ich bin der, wegen dem Sie neulich umdekorieren mussten, und das kurz vor Feierabend.»

«Du hast 'ne ganz schön große Klappe, Freundchen», sagte die Volksbuchhändlerin, und dann stiefelte sie los und klaubte ein paar Bücher von Brecht zusammen, fünf Stück insgesamt. Ich nahm das dickste, so ein Lesebuch, in dem von allem ein bisschen drinstand, aber dafür nichts richtig. Teile von Gedichtbänden, Theaterstückausschnitte, Prosafetzen, damit man erst mal sehen konnte, ob einem dieser Brecht überhaupt lag, so privat, meine ich, bevor man noch die anderen vier Bücher sinnloserweise erwarb.

«Brauchen Sie nicht einzuwickeln», sagte ich, und dann setzten wir uns auf den Keplerplatz, auf eine der Bänke gegenüber der Kaufhalle, gleich beim Springbrunnen. Ich blätterte in dem Brecht-Buch, las hier und dort ein bisschen rum, während Mario die Augen zumachte und sich die Sonne ins Gesicht scheinen ließ.

Irgendwann fragte er, ob ich fünf Mark für ihn habe, und mit den fünf Mark ging er in die Kaufhalle und kam zurück mit zwei Flaschen Cola, zwei Schluckis und einer *Fliegerrevue*, so einer Zeitschrift, in der es um nichts anderes ging als um Flugzeuge. Zivile und solche vom Militär, um Propeller und Düsentriebwerke und Bordkanonen und Luft-Boden-Raketen, woran man gut erkennen konnte, wie schlimm es wirklich um uns beide bestellt war an diesem Montag, als alle außer uns das Weite gesucht hatten.

Ich meine: in puncto Langeweile und Verdruss.

Er mixte uns zwei Getränke, indem er einen Haufen Cola in den Papierkorb nebenan schüttete, und dann fing er allen Ernstes an, sich diese *Fliegerrevue* durchzulesen.

Auf die Art jedenfalls ging der ganze Tag vor die Hunde.

Auch der Dienstag wurde nicht interessanter.

Das Aufregendste war noch die Magen-Darm-Grippe, die ich mir im Telefonat selbst andichtete, um meiner Oma am anderen Ende die verzögerte Ankunft zu erklären.

Schon von weitem sahen wir am Mittwoch, dass Sonja nicht vor der Tür des *Orions* stand, was aber gar nicht nötig war, denn die Schlange, die sich dort wand, war vielleicht zehn Meter lang. Wirklich jeder Hirni kam heute rein, und unsere Reihen waren derart gelichtet, dass sich ein Haufen von den Leuten, die sonst links saßen von der Tanzfläche, an die rechten Tische setzten und damit die eisernen Gesetze des *Orions* brachen.

Am Freitag steckten gleich zwei Ansichtskarten im Briefkasten. Auf der einen war die Fontäne abgedruckt, die aus dem Genfer See sprudelte, und es stand das übliche Blabla drauf zwecks Wetter und Essen und Ausflügen in die Alpen samt ein paar nutzlosen Tipps meines Vaters, à la: Geh nicht zu spät ins Bett.

Auf der anderen Karte war eine stürmische See drauf in Schwarz-Weiß, und als ich das Wort *Binz* las, da machte mein Herz einen regelrechten Freudensprung.

Ich kriegte ganz feuchte Finger.

Ich drehte die Karte um und las sie noch im Treppenflur.

Und bekam dann richtig schlechte Laune, als ich nach einer Weile den Sinn von Rebeccas Worten begriff.

Fing ja alles noch schön an: dass sie an mich denken würde, an ihren Bruder, und dass sie sich gut erhole und lange Gespräche führe mit ihrer Mutter.

Und dass sie sich auf ein Wiedersehen freue!

Aber dann stand da zum Schluss:

«Du wirst nicht glauben, René, wer mir ständig über den Weg läuft, sodass ich schon glaube, es ist Absicht.»

Nein, ich konnte es echt kaum glauben.

Und mein Zorn kannte keine Grenzen, als ich es jetzt erfuhr: Es waren Michael und Dirk.

Diese Lügner.

Diese elenden Verräter!

KALTENNORDHEIM

Am Sonnabend beschlossen auch Mario und ich, aus der Stadt zu verschwinden, die immer leerer wurde und immer heißer und immer schwüler. Wir wollten hier nicht als die letzten der Eingeborenen in sengender Hitze verdorren.

Am liebsten wäre ich nach Binz gefahren, um in Rebeccas Nähe zu sein, aber weder hatte ich Lust, die beiden Verräter in ihrer Impertinenz zu überbieten, noch besaßen ich oder Mario ein Zwei-Mann-Zelt wie Dirk. Oder auch nur einen Schlafsack. Oder einen Campingkocher, sodass wir zur Not schwarz hätten zelten können am Strand. Denn einen richtigen Schlafplatz mit festem Dach über dem Bett konnte man vergessen mitten in der Saison.

Zu meinen Großeltern wollte ich nicht.

Was also blieb?

«Ist doch ganz einfach», sagte ich, als wir am Sonnabend auf dem Balkon saßen und uns von der grausamen Woche erholten, «wir fahren zu Connie.»

«Alter», stöhnte Mario in die Mittagshitze, «muss das jetzt auch noch sein?»

«Was ist denn los mit dir und Connie?»

«Was soll sein?»

«Ist es vorbei?»

«Keine Ahnung», sagte Mario, «ich glaube nicht.»

«Ich mag Connie.»

«Du kannst sie gerne haben.»

«Und du kriegst dafür Bianca, oder was?»

«Die kannst du auch behalten.»

«Du bist vielleicht ein Idiot», sagte ich, und eine halbe Minute später sagte ich: «Wo wohnt eigentlich Connies Tante?»

Mario holte seine Brieftasche raus, die sehr dick war, aber statt Geld nur einen Haufen Zettel enthielt und im Münzfach einzelne Knöpfe und Sicherheitsnadeln wie bei Charles Dickens zur Weihnachtszeit. Er kramte eine Weile drin rum und zog dann einen alten Fahrschein raus.

«Kaltennordheim», las Mario von der Rückseite ab und rümpfte die Nase, «wo soll denn das sein?»

«Noch nie gehört.»

Wir guckten im Autoatlas meines Vaters nach, wo Kaltennordheim lag, und ich kann euch eines sagen: Es lag am Arsch der Welt.

Im letzten Zipfel der Republik.

Noch hinter Suhl.

Dort, wo es fast nicht mehr weiterging und wo dahinter nur noch die BRD lauerte.

Wo sich Fuchs und Igel gute Nacht sagten.

In der Rhön.

Mario gähnte und: Ja, ich hatte auch keine Lust auf eine Weltreise nach Kaltennordheim, aber noch weniger wollte ich hierbleiben oder in den Harz zu meinen Großeltern.

«Los, wir packen jetzt unseren Kram, und morgen früh hauen wir ab», sagte ich.

«Ich hab keine Kohle.»

«Meine reicht für zwei», sagte ich, «Connie wird sich freuen.»

Am Sonntag standen wir noch vor acht an der Bushaltestelle in der Thälmannstraße und froren uns einen Ast ab. Ich war es nicht mehr gewöhnt, so früh aufzustehen, und da mein halber Körper quasi noch schlief, war die andere Hälfte nicht stark genug, die morgendliche Kälte zu besiegen, die hier über die Straße wehte.

Da half nicht mal Rauchen.

Wir hatten jeder so eine hässliche, karierte Stoffreisetasche mit braunen Kunstlederkanten dabei, in der ein paar Klamotten steckten, Waschzeug und je eine Flasche *Napoléon* für den Notfall. Ich hatte meinen Walkman dazugepackt, ein paar Kassetten, Ladegerät und Akkus, Brecht und Baudelaire, Notizbuch und Bleistift. Denn nicht mal die beste Idee der Welt konnte ich heile aus Kaltennordheim an meinen Schreibtisch zurückbringen. Ich meine: im Kopf, so lange, wie diese verdammte Fahrt dauerte.

Um keine Taschendiebe anzulocken, nahm ich nur dreihundertfünfzig Mark mit, die ich in meinem Portemonnaie verstaute und nicht wie üblich einfach in die Hosentasche stopfte. Zur Sicherheit steckte ich noch den Forumscheck ein, denn falls uns das richtige Geld ausging, fand sich da unten garantiert ein Trottel, der uns die 10 DM zu einem Mondpreis eintauschte. Und sogar Mario bekam sechzig Mark Taschengeld von Frau Hermann, seiner Mutter, der wir erzählt hatten, dass wir für zwei Wochen meine Großeltern besuchen würden.

Schon die Fahrt zum Bahnhof Schönefeld dauerte fast eine Stunde. Unser Bus musste ja um halb Westberlin rumfahren, das uns leider im Weg war. Über die ganzen Dörfer kutschierten wir, Teltow und Mahlow und wie sie alle hießen, und überall stiegen Bauern ein und Bauernkinder und auch Jugendliche vom Lande. Sie trugen diese verwaschenen, blauen Arbeitsklamotten. Ihre Haare waren vorne kurz und hinten lang, genau falsch herum, und einige hatten die mickrigen Stoppeln auf ihrem Schädel mit Zuckerwasser hochgestellt. Die Land-Mädchen verfügten alle über Dauerwellen, und ihr gesamter Anblick erinnerte an aufgeplatzte Sofakissen.

Wenn uns die männlichen Jugendlichen auf der Rückbank des Ikarus-Busses entdeckten, warfen sie uns grimmige Blicke zu, und die Mädchen mit ihren Frisuren aus der Hölle starrten uns an wie Tiere im Zoo, doch irgendwann fand selbst diese Busfahrt ihr Ende, und wir kamen in Schönefeld an.

Rechts lag der Flughafen, links ging es durch einen Tunnel zum Fernbahnhof. Ich kaufte Fahrkarten, und weil noch Zeit war, gingen wir in die Mitropa und bestellten Bockwurst.

Und jeder ein Kännchen Kaffee, das aber nicht wirkte, denn kaum saßen wir im Städteexpresszug namens *Rennsteig*, wich alles Reisefieber aus unseren Knochen, und wir fielen nach wenigen Kilometern Fahrt zurück in den Schlaf, aus dem uns die Wecker in aller Herrgottsfrühe gerissen hatten.

In Erfurt stiegen wir aus und warteten auf den Zug nach Eisenach. In Eisenach stiegen wir aus und warteten auf den Zug nach Bad Salzungen, wo uns schließlich die Bimmelbahn nach Kaltennordheim aufsammelte.

Um 23 Uhr 30 traten wir als einzige und letzte Reisende auf den Bahnsteig von Kaltennordheim heraus. Ein wahrlich großer Schritt für die Menschheit, das kann ich euch sagen.

Dieser Zug endete hier, so, wie jeder andere auch, und wollte man weiter voran auf dem Gleis, dann blieb man auf dem Prellbock kleben.

Nichts war mehr offen im Bahnhof, der eher aussah wie ein aufgeblasenes Einfamilienhaus: der Fahrkartenschalter nicht und der Zeitungskiosk nicht und nicht der Imbiss. Auf dem Vorplatz war es stockfinster, und natürlich jaulten die ganzen Dorfköter, so wie immer, wenn es keine anderen Geräusche gab, außer dem gelegentlichen Zirpen einer Grille.

«Was machen wir jetzt?», fragte Mario mit gedämpfter Stimme.

«Keine Ahnung», sagte ich, «vielleicht hätten wir Connie doch ein Telegramm schicken sollen, dass wir kommen.»

«Und das fällt dir *jetzt* ein? – *Du* musstest sie ja unbedingt überraschen.»

«Hier hängt bestimmt irgendwo ein Dorfplan rum», sagte ich, «das ist doch angeblich schön hier, auch wenn man's gerade nicht sieht.»

Also suchten wir Bahnhof und Vorplatz eine halbe Stunde nach einem Dorfplan ab.

Ohne was zu finden.

Ganz klar.

«Und jetzt?»

«Dahinten ist 'ne Bushaltestelle», sagte ich. «Wir setzen uns erst mal hin und rauchen eine.»

So machten wir es.

Und nach der zweiten Zigarette zog Mario die *Napoléon*-Flasche aus seiner Reisetasche, und weil wir nichts zum Verdünnen hatten, dauerte es eine Weile, bis wir uns an den ätzenden Geschmack gewöhnt hatten. Dann aber ging es, und eigentlich war es ganz gemütlich in dieser massiven Bushaltestelle. Im Grunde fehlte zu einem kompletten Häuschen nur die vordere Wand mit einer Tür, und wenn wir noch eine Jacke überzogen, hielten wir es hier die paar Stunden aus bis morgen früh.

«Hier stinkt's nach Pisse», sagte Mario.

«Stimmt», sagte ich, «ist dir schon mal aufgefallen, dass die Leute immer *in* die Bushaltestellen pissen oder *in* die Telefonzellen statt hintendran.»

«Warst du mal *hinter* einer Bushaltestelle, um zu riechen?», fragte Mario.

«Du meinst, ein paar pissen vorne rein und der große Rest hintendran?»

«Wär 'ne Möglichkeit, oder?»

«Kann man nicht verneinen», sagte ich, «aber Pisser sind letztendlich alle.»

Wir tranken noch ein, zwei Schlucke von dem brennenden *Napoléon*, dann zogen wir unsere Jacken an, platzierten unsere Reisetaschen an den verschiedenen Enden der Bank, betteten unsere Köpfe darauf, und dann dämmerte ich allmählich weg, während Grillen und Hunde uns ein schier endloses Schlaflied sangen.

«Was machen Sie denn da?»

Ohne die Augen zu öffnen, wusste ich, dass hier eine dieser Autoritäten zu uns sprach.

Die Staatsmacht.

Es schien schon Tag zu sein, das Heulen der Hunde war dem Geräusch von Automotoren gewichen. Man konnte leises Stimmengemurmel hören von weiter weg.

«Aufstehen, die Herrn! Aber dalli!»

Ich dachte, jetzt wurde es langsam Zeit, in die Senkrechte zu kommen, wenn man keinen richtigen Ärger kriegen wollte. Also setzte ich mich auf, aber die Augen ließ ich noch geschlossen, denn meine Lider fühlten sich unendlich schwer an, und meine Kehle war ausgetrocknet von dem verdammten *Napoléon*.

Ich dachte: Hoffentlich steht nicht noch die halbvolle Flasche auf dem Haltestellenboden, denn das sähe dann mal richtig asozial aus.

«Haben Sie hier Ihre Notdurft verrichtet?»

«Das warn wir nicht», sagte Mario, und ich öffnete die Augen. Das Erste, was mir auffiel, war die halbleere Flasche, die umringt war von einem Haufen Zigarettenkippen.

«Zeigen Sie mal die Papiere», sagte der Polizist.

Er musste der ABV sein, denn er war nicht mit dem Auto unterwegs, sondern mit einem Fahrrad, das jetzt an der Haltestellenwand lehnte.

«Aus Potsdam also?», fragte der ABV, nachdem er unsere Personalausweise studiert hatte. Er kniff dabei die Augen zusammen, damit wir sehen konnten, dass er skeptisch war und uns auf dem Kieker hatte.

«Genau», sagte Mario.

«Und was machen Sie in Kaltennordheim?»

«Eine Freundin besuchen», sagte ich.

«Eine Freundin?»

«Ja.»

«Etwa die Cornelia?»

«Wenn das Connie ist», sagte ich, «die aus Potsdam kommt, dann: ja.»

«Davon hat sie gar nichts gesagt, die Cornelia.»

«Es soll eine Überraschung sein», sagte ich, «sie weiß nicht, dass wir kommen.»

«Überraschungen von Typen wie euch kenn ich zur Genüge», sagte der ABV. Jetzt duzte er uns also.

«Woher kennen *Sie* Connie eigentlich?» Ich versuchte, möglichst vorsichtig zu sprechen.

«Ich bin ihr Onkel.»

«Dann sind Sie der, bei dessen Tante Connie das Haus hütet?», fragte Mario.

«Sie hütet das Haus meiner Schwester», knurrte der ABV, «nicht das meiner Tante.»

Ich stand auf und versuchte, die *Napoléon*-Flasche unauffällig in meine Reisetasche zu stecken, was natürlich ein Ding der Unmöglichkeit war. Connies Onkel verfolgte jede unserer Bewegungen wie ein Wanderfalke, wobei er nicht nur die Augen hin- und herbewegte, sondern gleich den ganzen Kopf. Ihr müsst euch vorstellen, was für einen Anblick das gab, als ich mit dem Schuh die Zigarettenkippen etwas verteilte, damit sie nicht so hässlich auf einer Stelle zusammengeklumpt lagen.

«Und warum trinkt ihr Schnaps an der Haltestelle und pennt dann besoffen ein?»

«Wir waren nicht besoffen», sagte ich, und dann erklärte ich ihm, warum wir lieber an der Haltestelle geblieben waren, statt ohne Ortskenntnisse durchs finstere Kaltennordheim zu stolpern wie die Strauchdiebe.

Keine Ahnung, ob er's kapierte.

«Dann kommt mal mit», sagte er und schob sicherheitshalber eine Drohung hinterher: «Wehe, ihr habt mir einen Bären aufgebunden.»

Während wir hinter Connies Onkel hertrotteten, der

sein Rad schob, kurz vor acht und total in Schwarz, starrten uns die Dorfbewohner an, als kämen wir vom Mond. Und wir starrten natürlich zurück: auf ihre Gummistiefel und Spankörbe und Zinkeimer und Mistgabeln, mit denen sie auf Traktoren unterwegs waren. Auf Mopeds, Fahrrädern und zu Fuß.

Aber eines muss ich gestehen: Was ich bis jetzt gesehen hatte von Kaltennordheim, gefiel mir ganz gut.

Die Bürgersteige waren schmal, es gab Fachwerkhäuser, in den engen Gassen war Kopfsteinpflaster ausgelegt, Bäume standen rum, aber das Beste war der kleine Fluss, der sich mitten durchs Dorf schlängelte, kein Bach oder so ein mickriges Rinnsal, sondern mindestens drei Meter breit unter jener schicken Steinbrücke, die wir gerade überquerten. «Ihr Dorf ist echt schön», sagte ich zu Connies Onkel, aber statt sich über das Kompliment zu freuen, sagte er: «Wir sind kein Dorf, wir sind eine Stadt. – Und zwar seit fünfzehnzweiundsechzig.»

Dann eben nicht, dachte ich.

Wir liefen noch zirka zweihundert Meter weiter, und dann blieb Connies Onkel vor einem Haus stehen, das nicht so schön war wie die anderen. Eines dieser Einfamilienhäuser von der Stange, mit einem Erdgeschoss und ein paar schrägen Zimmern im Dachstuhl. Immerhin gab es einen kleinen Vorgarten mit Rasen, Blumen, Obstbäumen, durch den ein Weg aus quadratischen Gehwegplatten führte.

«Da wären wir», sagte Connies Onkel und drückte auf die Klingel am Gartentor. Wir setzten unsere Reisetaschen ab, und keine Minute später kam Connie aus dem Haus, und ich muss sagen: Sie sah richtig gut aus hier draußen in der Natur.

Viel besser als zwischen den Neubauten in Potsdam.

Oder im Zigarettendunst vom *Orion*.

«Onkel Dieter!», rief Connie.

Und Onkel Dieter schrie zurück: «Cornelia, hier sind zwei komische Vögel aus Potsdam, die behaupten, dass sie dich kennen.»

Connie grinste: «Das ist mein Freund.»

«Welcher, der Schwarze oder der mit den komischen Haaren?»

Weil wir ja beide schwarze Klamotten trugen und komische Haare hatten, nahm ich mal an, er meinte Mario mit *dem Schwarzen*, zwecks seines sogenannten exotischen Teints und den dazugehörigen Augen.

«Der da», sagte sie, öffnete das Gartentor und gab Mario einen Kuss auf den Mund. Mario grinste. Er schien sich jetzt doch zu freuen, Connie zu sehen. So richtig schlau wurde ich aus den beiden nicht.

«Weiß deine Mutter, dass du so einen zum Freund hast?»

«Keine Angst, Onkel Dieter, weiß sie längst», sagte Connie, «außerdem: Was heißt schon *so einer*? – Wir leben nun mal in der Stadt und nicht auf dem Land», und dann gab sie auch mir Küsschen links und Küsschen rechts.

«Seit fünfzehnzweiundsechzig ...», sagte Onkel Dieter.

«... seid ihr auch eine Stadt», vervollständigte Connie den Satz.

«Ich hab die beiden am Bahnhof aufgegriffen, Cornelia. Sie haben betrunken in einem Haltestellenhäuschen geschlafen», sagte Connies Onkel jetzt in amtlichem Tonfall.

«Is nich wahr?», sagte Connie und prustete los.

«Doch», sagte ich, «aber betrunken waren wir nicht. – Bloß noch nicht ausgeschlafen.»

«Danke, dass du die beiden heile bei mir abgeliefert hast», sagte Connie, und sie schob erst Mario durchs Gartentor und dann mich. Und während sie es hinter sich schloss, sagte sie noch: «Tschüss, Onkel Dieter.»

Der ABV namens Dieter murmelte etwas zurück, dann schwang er sich auf den Sattel und eierte davon.

Im Haus von Connies Tante und ihrer Familie, die im Campingurlaub waren auf dem Darß, war es dunkel und kühl. Ich kriegte das Zimmer von Connies Cousine, das im Erdgeschoss lag, gleich hinter der Eingangstür, gegenüber vom Gästeklo. An den Wänden hingen Bravo-Poster von *Kajagoogoo* und *C. C. Catch* und anderen klebrigen Kommerzbands, und vor das Fenster war ein roter Vorhang gezogen, was das Zimmer in ein schönes Licht tauchte.

Es war, anders als bei uns zu Hause, ziemlich sauber, was den Staub betraf auf den Möbeln und auf den Büchern, geschweige, dass hier lauter Lackflecke auf dem Teppich klebten wie bei mir.

Mario sollte im Dachgeschoss schlafen, wo sich auch das Bad befand und wo Connie sich schon eingerichtet hatte im Schlafzimmer ihrer Tante, in dem ein Doppelbett stand vom Ausmaß eines arktischen Eisbrechers.

Wobei ich nicht richtig verstand, ob Mario im Zimmer von Connies Cousin übernachtete. Oder ob er dort nur sein Gepäck deponierte, aber neben Connie schlief. Oder ob er sich der Form halber erst ins Bett von Connies Cousin legte, um später in der Nacht, wenn alle schliefen, sprich: ich, zu Connie ins Doppelbett zu schlüpfen. Aber das ging mich im Grunde nichts an, und ich wollte es auch gar nicht so genau wissen.

Nach Ende der Hausbesichtigung gingen wir runter in

die Küche, wo Connie uns Kaffee machte, Spiegeleier und Toastbrot. Sie behandelte uns wie eine Mutter, und weil wir immer noch müde waren von der Nacht im Wartehäuschen, legten wir uns noch mal für ein paar Stunden hin.

Als ich gegen eins aufwachte, fiel mir ein, dass heute schon wieder Montag war, und zwar der 29. Juli.

Ich hatte meinen Großeltern versprochen, am späten Nachmittag vor ihrer Tür zu stehen, aber weil das schlecht ging, musste ich schleunigst das nächste Telegramm aufsetzen.

Obwohl Kaltennordheim nur zweitausend Einwohner hatte, wie Connie erzählte, gab es eine Post. Sie befand sich in einem roten Backsteingebäude von achtzehnhundertnochwas, zweistöckig, Dachstuhl aus Fachwerk und Türmchen mit Schieferverkleidung.

Die Schalterhalle war menschenleer, und es gab ein richtiges Echo, wenn man hustete oder laut sprach. Ich schnappte mir ein Telegrammformular, Mario nahm sich einen leeren Telelotto-Schein und fing an, ein Feld nach dem anderen anzukreuzen, während Connie eine Unterhaltung mit der alten Frau hinterm Schalter begann.

Ich schrieb: «Liebe Oma, lieber Opa. Kann leider nicht kommen. Bin mit Mario in Kaltennordheim. Urlaub. Frau Hermann ist dabei. Alles hat seine Ordnung. Bin in 2 Wochen zurück in Pdm. Macht euch keine Sorgen, René.»

Es schien mir am zweckmäßigsten, die Lüge mit so vielen Wahrheiten wie möglich zu umstellen. Das war der beste Weg, um sie am Ende selbst zu glauben, die Lüge. Was wiederum nützlich war, wenn man in die Mühlen eines Verhörs geriet bei gewissen Autoritäten: Vater, Schule, ABV.

Meine Großeltern kannten Frau Hermann und hielten sie für eine patente Person, und das Beste war, Frau Hermann besaß kein Telefon, über das sie sich erkundigen konnten, ob das stimmte, was ich ihnen geschrieben hatte.

Mir fiel ein Stein vom Herzen, nachdem ich das Telegramm aufgegeben hatte. Ich verteilte eine Runde *Club*, und wir standen eine Weile vor dem pittoresken Postamt rum und rauchten, bis Connie sagte: «Und jetzt zeig ich euch beiden die Stadt.»

Sie hakte sich bei Mario unter, und dann begannen wir unsere kleine Besichtigungstour.

Wir liefen an einer ziemlich schicken Kirche vorüber, und Connie sagte: «Das ist die Kirche. – St. Nikolai. Heißt genau wie unsere in Potsdam.»

Wir stießen auf ein Gebäude, das aussah wie eine Schule, und Connie sagte: «Das ist die Schule.»

Ich dachte, wenn es hier eine Schule gab, dann musste es auch Jugendliche in unserem Alter geben, solche, die gerade aus der Zehnten raus waren. Gezeigt hatten sie sich bis jetzt noch nicht. Vielleicht waren sie am Balaton oder an der Ostsee, oder sie waren nach Potsdam gefahren und standen da jetzt an unserer Stelle nachts auf den Alleen von Sanssouci rum mit ihresgleichen in weiblich.

«Das ist der Fußballplatz», sagte Connie, als wir an einem Fußballplatz vorbeikamen, auf dem nur wenige grüne Grasnarben aus dem Sandboden ragten. Er sah so übel aus, dass mir die Spieler von *Schachtjor Kaltennordheim* leidtaten, oder welche Gurkentruppe auch immer hier spielte und sich sonntags die Beine brach. Aber dass es Bergbau in der Gegend gab, hatte Connie beim Frühstück erzählt, weil ihr eigener Onkel in einer dieser Kaligruben arbeitete.

Vor dem Fußballplatz stand ein gläserner Schaukasten, in dem alle Veranstaltungen für den August 85 angeschlagen waren: Es waren zwei Stück. Am Sonnabend, in fünf Tagen, gab es ab zehn einen Flohmarkt und abends Freilichtkino mit Schwenkgrill und Bierausschank.

Eine Woche später fand für die Jugend eine Disco statt, und zwar auf der großen Wiese des Freibades, weswegen Connie, als wir am Freibad vorbeikamen, sagte: «Und das hier ist das Freibad, wo demnächst die Disco ist.» Sie hörte sich dabei ein bisschen an wie dieser Reiseführer aus *Wissenswertes über Erlangen*, falls ihr euch erinnert.

Es herrschte mächtiger Betrieb im Freibad. Das türkisfarbene Wasser glänzte in der Sonne, ein Haufen kreischender Kinder lungerte ums Schwimmbecken herum, und ein irrer Duft von Chlor wehte zu uns auf die Straße herüber.

«Der Konsum», sagte Connie, als wir vor dem Konsum standen, und zeigte auf den Konsum, damit es ja zu keiner Verwechslung kam. Wir gingen rein, und ich kaufte für alle eine Runde Eis am Stiel mit Schokoladenüberzug.

Dann liefen wir mit dem Eis durch die Altstadt, und Connie zeigte uns das sogenannte Schloss, das mitten im Ort lag, eher so ein großes Haus fürs romantische Gemüt, aber für ein Dorf von 2000 Leuten gar nicht schlecht. Es besaß einen lauschigen Hof, wo ein Monster von Baum aus der Erde ragte, wie eine Riesenkrake, die man unangespitzt in den Boden gerammt hatte, mit den Tentakeln nach oben, aus denen jetzt die ganzen Blätter sprossen.

«Die Amtslinde», sagte Connie, und weil unter dieser mutierten Linde Bänke standen, setzten wir uns für eine Weile in den Schatten, bis wir fertig waren mit dem Eis.

Das Allerbeste aber an Kaltennordheim war, dass man

immer nur wenige Meter laufen musste, um an die Ortsgrenze zu kommen, hinter der sich die Felder erstreckten.

Und Wiesen.

Und Wald.

Diese verschiedenen Arten von Grün.

Und das Gold vom reifen Getreide in der Sonne.

Und von den Stoppelfeldern, wo schon die Mähdrescher gewütet hatten.

All das war nicht platt hingeklatscht wie bei uns zu Hause, sondern schön modelliert, ein sanftes Auf und Ab von Hügeln und Tälern, hin und wieder ein größerer Berg, der aber nie schroff aus der Ebene ragte, so wie die Felsen im Harz, sondern sich immer behutsam in die Höhe aufschwang.

Die ganze Landschaft wirkte, als sei der, der sie hier im letzten Zipfel der Welt abgelegt hatte, ein bisschen verliebt gewesen.

Ich sage euch: Man wurde ganz ruhig im Inneren, wenn man einen Moment auf diese Landschaft guckte und die anderen kurz mal ihren Mund hielten dabei. Man atmete langsamer, und die Nebel der Gelassenheit fluteten einem den Schädel, ohne dass man *Napoléon* dafür brauchte. Und fast immer begleitete einen das Murmeln und Rauschen und Gluckern dieses kleinen Flusses, der Felda hieß, wie Connie erzählte, und als ich an diesem ersten Abend in Kaltennordheim schon kurz nach zehn im Bett lag, war mein Kopf so angenehm leer, dass ich keine halbe Stunde später fest schlief.

Auf Fahrrädern erkundeten wir in den nächsten Tagen die Umgebung. Wir besuchten die Nachbarorte, wir fuhren an Feldrainen entlang und auf Wanderwegen, so lange bis sie zu steil wurden. Dann stiegen wir ab und liefen zu Fuß weiter, bis wir auf einem Gipfel waren oder an einem Aussichtspunkt. Mario packte das Picknick aus, das wir in einem Rucksack mitgebracht hatten, ein paar Stullen, Äpfel, eine Thermoskanne mit Kaffee, während Connie erklärte, was wir in der Ebene sehen konnten: im Norden Fischbach und dahinter Diedorf, im Süden Kaltennordheim, Kaltenlengsfeld und Kaltensundheim.

Wir aßen die mitgebrachten Sachen, und wenn wir fertig waren, zog ich mich mit Brecht oder Baudelaire in den Schatten eines Baumes zurück und las oder beobachtete, wie die Schwalben durch die Lüfte zischten, den Sturzflug und das anschließende waagerechte Gleiten, und Connie und Mario legten sich in die Sonne und dösten oder küssten sich oder führten leise Gespräche, die ich nicht verstehen konnte.

Wir stiegen auf den Umpfen und auf den Reichelberg, und wir badeten im Grimmelbachstausee, der auf halber Höhe zwischen Kaltennord- und Kaltensundheim lag.

Wenn es zu heiß war zum Radfahren oder Wandern, liefen wir einfach aus dem Dorf hinaus, ein paar hundert Meter Richtung Süden, setzten uns ans bewachsene Ufer der Felda und ließen die Beine ins kalte Wasser baumeln.

Connie nahm manchmal ein Skizzenbuch mit, in das sie Entwürfe zeichnete, ich las, und Mario kaute auf einem Grashalm rum wie seinerzeit Huckleberry Finn und hörte Musik mit meinem Walkman oder sah in eine der illustrierten Zeitschriften, die er vom Taschengeld seiner Mutter im Konsum kaufte.

Connie hatte jetzt immer einen Strohhut auf dem Kopf, und sie trug keine Hosen wie in Potsdam, sondern helle

Kleider und statt der Pömps flache Sandalen. Noch nie hatte sie so gut ausgesehen wie hier, und mir fiel auf, wie wenig Mario in seiner schwarzen Kluft zu ihr passte. Und auch zu dieser hellen, flirrenden Landschaft passte er nicht, zu den satten Farben, die die Dinge hier hatten, besonders im späten Nachmittagslicht.

Genauso wie ich selber nicht hierherpasste, dachte ich, als mir wieder einfiel, dass meine eigenen Klamotten ja von derselben Farbe waren wie Marios.

Abends, wenn es etwas kühler wurde, gingen wir in ein Gartenlokal, und weil es hier keinen genießbaren Wein gab, keine Martinis und keinen Gin Tonic, tranken wir das erste Mal in unserem Leben Bier, auch Connie.

Nach ein paar Tagen mit Mario und Connie kam ich mir vor wie in *Jules und Jim*, diesem Film von Truffaut, den ich neulich im Filmmuseum gesehen hatte, nur dass ich nichts von Connie wollte, denn ich hatte ja die ganze Zeit Bianca im Kopf, wenn ich mal an sie dachte. Aber weil sich Connie auch bei mir manchmal unterhakte, wenn Mario vorausgegangen war, manchmal sogar, wenn er an der anderen Seite ihre Hand hielt, musste es für die Dorfbewohner so aussehen, und entsprechend guckten einige von denen uns mit aufgerissenen Augen an.

Um neun, halb zehn machten wir uns Gerichte warm, die Connies Oma für uns vorkochte, eine freundliche Frau, die so tat, als würde ihr der Anblick von Mario und mir nichts ausmachen: Kartoffelsuppe mit Würstchen, Gulasch mit Nudeln, Hefeklöße mit Pflaumenkompott, Königsberger Klopse. Wenn wir gegessen hatten, setzten wir uns in den Garten und tranken noch einen *Napoléon* mit Cola und Eis.

Um halb elf oder elf sagte ich den beiden gute Nacht, und am nächsten Morgen war ich um sieben wieder wach.

Zum zweiten Mal in diesem Sommer fiel mir auf, was ich vorher für unmöglich gehalten hätte. Das Leben konnte gleichzeitig monoton sein und schön.

Weil die Tage so einförmig und langsam dahinflossen, ohne Höhe- und Tiefpunkte, fieberten wir umso mehr dem Flohmarkt am Sonnabend entgegen. Alle drei waren wir wild entschlossen, etwas zu kaufen, und wir standen schon um neun abmarschbereit in der Küche, obwohl das Ganze erst um zehn begann.

Es schien, als habe die gesamte Rhön ihren Plunder auf die große Liegewiese des Freibades gekarrt, wo vorne der normale Badebetrieb weiterging. In fünf langen Reihen standen die Tapeziertische nebeneinander und bogen sich meist unter braunem und grauem und schwarzem Zeug, aus dem manchmal ein Ding aus grellem, buntem Plaste herausstach wie eine exotische Blüte aus dem Morast.

Ich hatte meine noch immer gut gefüllte Brieftasche dabei, und ich suchte die Tische nach nur einer Sache ab: nach Büchern.

Alles andere glitt an meinen Augen vorbei: Klamotten, antike Haushaltsgeräte, Geschirr, Besteck, Emailleschilder, Spielzeug.

Seit ich beim letzten *Orion*-Flohmark eine dreibändige Byron-Ausgabe für zehn Mark erstanden hatte, war ich ganz wild darauf, noch mehr antiquarische Bücher für meine private Bibliothek zu finden.

«Wir gucken dahinten», sagte Connie und zeigte auf einen der wenigen bunten Tische, auf dem Kleider mit Blumendekor und großen Mustern ausgebreitet waren, wie sie auch meine Mutter besessen hatte, einstmals in den Siebzigern.

«Okay», sagte ich und ging in die andere Richtung, wo ich von weitem ein paar alte Buchrücken erkannt hatte.

Ich lief keine zehn Minuten an den Tischen entlang und hatte schon etwas gefunden.

Es war einer dieser schwarzen Reclam-Bände mit weißer Schrift. Er war schon etwas vergilbt am Rand, der Umschlag hatte ein Eselsohr, und das Schutzzellophan begann, sich von der Pappe zu lösen. Kein Wunder, denn innen stand: Leipzig, 1968.

Aber es war ein Buch, das ich brauchte und das es gerade nirgends zu kaufen gab, und es hieß: *Menschheitsdämmerung*.

«Was wollen Sie denn haben dafür?», fragte ich möglichst lapidar den Mann, der hinterm Tapeziertisch stand. Ein normaler Typ, kurze Hosen, kariertes Hemd, kein schleimiger Antiquitätenhändler im groben Cordjackett, der einem den letzten Pfennig aus dem Kreuz leierte.

«Zwei Mark», sagte der Mann, ohne mit der Wimper zu zucken.

«Okay», sagte ich, «nehm ich», und dann fiel mir was Schwarzes auf, etwas stumpf Glänzendes, das zwischen dem anderen Krempel lag, den der Mann feilbot, antike Gewürzregale und so Zeug, und ich fragte: «Und was ist denn das da?»

«'ne Lederjacke», sagte der Mann, «willst du mal anprobieren?»

«Kann nicht schaden», sagte ich möglichst gelassen, war aber ziemlich nervös.

Der Mann reichte mir die Jacke, und schon während ich

reinschlüpfte, stieg mir dieser Ledergeruch in die Nase, und als ich die Jacke anhatte, merkte ich, wie schwer sie auf meinen Schultern lag. Aber es war ein gutes Gefühl, tatsächlich ein bisschen, als stecke man in einer Rüstung.

«Passt», sagte der Mann.

«Finden Sie?»

«Klar.»

Vor allem: Es war eine schöne Lederjacke. Nicht so ein hässliches Hafenarbeiter-Jackett wie von Ernst Thälmann, das einem bis zu den Knien hing, sondern hüftlang, mit verstärkten Ellbogen und Schultern und Reißverschlüssen an den Ärmeln. Eine Lederjacke wie die *Ramones* sie hatten, und – ja – wie Rebecca auch, meine Wahlschwester. Wir konnten im Geschwisterlook gehen, dachte ich, wenn ich mich jetzt nicht allzu dämlich anstellte.

«Und was wollen Sie dafür haben?», fragte ich, zog meine Brieftasche raus und blätterte im Papiergeldfach, um selber zu sehen, wie viel ich noch hatte, ich meine, wie viel ich ausgeben konnte, damit es noch für die Rückfahrkarten reichte.

«Wie wär's denn mit dem da?», fragte der Mann. Er hatte einen langen Hals gemacht und gleichfalls meine Geldbestände begutachtet.

«Der Forumscheck?», fragte ich und zog ihn halb aus dem Fach raus. Ich dachte: Der ist doch nur zehn D-Mark wert.

«Die ist nur an den Ärmeln etwas abgestoßen», sagte der Mann, weil ich so lange überlegte, und er zeigte mir die Stellen. Aber jetzt kapierte ich es: Er war wirklich scharf auf diesen Forumscheck.

«Ich weiß nicht.»

«Das Buch gibt's umsonst dazu.»

«Hmm.»

«Komm, schlag ein», sagte der Mann und hielt mir seine Hand entgegen. Ich zierte mich noch drei, vier Sekunden, damit er gleich ein gutes Gefühl hatte, wenn er Lederjacke und Buch für den läppischen Forumscheck losgeworden war. Ich wackelte noch mal zweifelnd mit dem Kopf, dann gab ich ihm die Hand.

Er grinste, und ich grinste zurück und zog den Papierwisch aus meiner Brieftasche, und dann tauschte ich ihn ein gegen die Lederjacke und das Buch.

Was für ein Tag!

«Ey, was hast du denn da, René?», fragte Connie, als wir uns später am Bockwurststand trafen, wo ich einen Kaffee trank. Über ihrem Arm lagen tatsächlich ein paar von diesen bunten Siebziger-Jahre-Fummeln, und Mario trug außerdem zwei Ballen Stoff für sie unterm Arm.

«Nach was sieht's denn aus?»

«Zieh mal an», sagte sie.

Ich schlüpfte in die Jacke: «Und?»

«Steht dir», sagte Connie, «du siehst ganz anders aus in dem Ding. Älter, irgendwie. Oder, keine Ahnung, härter oder so. – Ich weiß noch nicht, wie ich das finden soll.»

«Quatsch, er sieht doch nicht härter da drin aus», sagte Mario, und ich merkte genau, dass er selbst gern so eine Jacke gehabt hätte.

«Da muss ich mich echt erst mal dran gewöhnen, an diesen neuen Anblick», sagte Connie, «ich bin gespannt, was Bianca sagt.»

Ich lud Mario und Connie am Abend zum Freilichtkino ein. Auf der Wiese war mittlerweile eine große Leinwand gespannt, und es wurde *Chingachgook, die große Schlange* gezeigt, den ich so oft gesehen hatte als Kind, dass ich für den Rest meines Lebens darin mitspielen konnte.

Deshalb setzten wir uns auch nicht zu den Kindern vor die Leinwand, sondern zu den Eltern und Großeltern, die sich etwas abseits an langen Biertischen aufhielten.

Ich holte Rostbrätel mit Zwiebeln für alle und Bier, und wir versuchten, so gut es ging, Connies Onkel Dieter aus dem Weg zu gehen, der in Zivil war und Bier trank wie nichts Gutes, ohne dabei seinen prüfenden Polizistenblick abgelegt zu haben.

Nachdem wir das zweite Bier intus hatten, fingen wir an, über Potsdam zu reden, so inbrünstig, als seien wir von Heimweh geplagte Seefahrer in fernen Gewässern.

Wie großartig es sei in unserer Stadt.

Das *Orion*.

Die Cafés.

Unser Boulevard.

Aber heimlich dachte ich: Eigentlich ist es hier viel schöner. Das Licht, die Farben, diese komisch sanften Berge.

Nach einem weiteren Bier kamen mir die Havelbucht in den Sinn und Sanssouci, der Heilige See und der Neue Garten, sogar der Keplerplatz im Wohngebiet, und ich dachte: Eigentlich ist es überall schön. Es kam darauf an, wen man bei sich hatte, sei es an der Hand oder im Kopf.

Die zweite Ferienwoche in Kaltennordheim unterschied sich von der ersten nur dadurch, dass ich statt der schweren Brecht- oder Baudelaire-Bände die leichte Reclam-Ausgabe der *Menschheitsdämmerung* mit auf unsere Ausflüge in die Natur nahm.

Nicht alles darin gefiel mir. Es gab seitenlanges Geschwafel, aber immer wieder stieß ich auf ein paar Zeilen, die mich aus den Schuhen hauten, so wie einen Goldgräber, wenn er auf eine Ader stieß:

Auf einem Häuserblocke sitzt er breit.
Die Winde lagern schwarz um seine Stirn.
Er schaut voll Wut, wo fern in Einsamkeit
Die letzten Häuser in das Land verirrn,

las ich, und ich musste an den September denken, als ich fertig war mit diesem Gedicht, das *Der Gott der Stadt* hieß, wenn ich selber in eine Stadt musste, die ein Moloch war, doppelt so groß wie unsere und voll von dreckiger, giftiger Industrie, wie ich wusste.

Ich las:

Aufgestanden ist er, welcher lange schlief,
Aufgestanden unten aus Gewölben tief.
In der Dämmrung steht er, groß und unbekannt.
Und den Mond zerdrückt er in der schwarzen Hand,

und ich erinnerte mich an den großen weißen Mond, der neulich so drückend tief über Bianca und mir gehangen hatte, als wir einsam durch die Parkanlagen geirrt waren. Wie eine riesige, saftige Knallerbse hatte dieser Mond am Nachthimmel geklebt, und während ich weiterblätterte, summte von nun an eine Stimme in meinem Kopf *The Killing Moon*, von *Echo and the Bunnymen*, immer wieder dieselben Zeilen des Refrains:

Fate
Up against your will
Through the thick and thin
He will wait until
You give yourself to him

Ich las noch: *Kleine Aster* von Gottfried Benn, *Mann und Frau gehn durch die Krebsbaracke* und *O, Nacht,* und dann war ich erst mal bedient, und ich versuchte, an etwas Schönes zu denken, nicht um mich abzulenken, sondern gerade, *weil* mir das Finstere so gefallen hatte in diesen Gedichten.
Der Tod.
Der Zerfall.
Die Städte in Aufruhr.
Der Krieg.
Weil das alles von der anderen Seite derselben Medaille kam, von der dunklen Seite des Mondes.

Am Donnerstag und Freitag nieselte es aus trüben Wolken auf Kaltennordheim herab. Wir blieben zu Hause, lasen, guckten Fernsehen, Connie zeichnete Modeskizzen in ihr Buch. Abends spielten wir Mensch ärgere dich nicht und Skat, und wir aßen Erdnussflips zum Rotwein. Wir hatten beschlossen, alle drei am Montag nach Hause zu fahren, denn unsere Gastgeber kamen am Dienstagmorgen aus dem Urlaub zurück. Doch schon jetzt zog so eine komische Abschiedsstimmung auf.

«Das machen wir nächstes Jahr wieder», sagte Connie jetzt dauernd, «vielleicht kommt dann Bianca mit.»

«Okay», antwortete Mario immer.

Und ich sagte: «Ja, gerne», und meinte es tatsächlich so.

Pünktlich am Sonnabend, zur Disco im Schwimmbad, war die Sonne zurück. Irgendwie waren wir alle drei noch aufgekratzter als vor dem Flohmarkt letzte Woche. Schon um fünf fingen wir an, uns für den Abend herzurichten, obwohl die Disco erst um acht begann, das heißt: vor allem Mario und Connie taten das.

Ich selber hatte an, was ich schon die ganze Zeit hier trug: schwarze Hose, schwarzes Unterhemd, den schwarzen Wollpullover aus dem Ex.

Um die Lederjacke noch drüberzuziehen, war es zu warm.

Punkt sieben mixte ich uns in der Küche das übliche Getränk mit Cola.

«Wie findest du das?», fragte mich Mario. Er trug eine dunkle, schmale Anzughose und seine schwarzen, spitzen Schuhe, aber statt eines normalen Hemdes eine der bunt gemusterten Frauenblusen, die Connie vom Flohmarkt mitgenommen hatte.

«Ist das nicht ein bisschen übertrieben?», sagte ich.

«Was meinst du?»

«Den Kajal.»

«Ich hab wegen der Bluse gefragt.»

«Weil ich mal erzählt hab, dass Majakowski in einer Frauenbluse aufgetreten ist?»

«Ja.»

«Aber die war zitronengelb. – Und asymmetrisch.»

«Ist doch egal.»

«Ach komm, Mario, du bist nicht Majakowski. – Nicht mal Adam Ant bist du», sagte ich und zeigte auf seine Augen.

«Der Kajal bleibt drauf», sagte Mario, und dann ging er ins Obergeschoss, das seinen Kostümfundus barg.

Obwohl wir wie auf Kohlen saßen, brachen wir erst kurz nach neun Richtung Schwimmbad auf. Wir waren zwar neugierig auf die versammelte Dorfjugend, der wir bislang immer nur in vereinzelten Exemplaren begegnet waren, aber noch mehr wollten wir einen guten Auftritt hinlegen, weshalb auch Connie heute total in Schwarz war, was ich ein bisschen bedauerte.

Schon von weitem konnte man die Musik hören, irgendein Müll aus den Charts, aber als das Schwimmbad in unseren Blick kam, lag so ein magisches, warmes Glimmen darüber, das von der untergehenden Sonne kam und von den bunten Strahlern über der Tanzfläche und dem leicht bewegten Wasser im türkisfarbenen Schwimmbecken, in dem sich das ganze Licht spiegelte.

Alles glitzerte und funkelte und war wie mit Goldstaub überpudert. Selbst der Chlorgeruch passte perfekt zu diesem Anblick, ja, sogar dieses grässliche Lied, das eine Abendbrise weit hinauswehte auf die angrenzenden Felder: *Cold Days, Hot Nights*.

Es war richtig voll auf der Schwimmbadwiese, die Jugend der kompletten Rhön schien sich hier eingefunden zu haben. Draußen am Straßenrand parkte eine endlose Reihe von Mopeds. Sie waren aus Fischbach gekommen und aus Diedorf, aus Kaltendies- und Kaltendasheim.

Die Dorfjugend starrte uns genau so an, wie wir es uns ausgemalt und ein bisschen gewünscht hatten, die blass geschminkte Connie, Mario mit dem Kajal um die Augen, ich mit meinem freiliegenden Ohr, während wir nach Plätzen auf den Bierbänken suchten.

Weil wirklich nur Schrott lief, blieben wir die meiste Zeit dort sitzen. Wir tranken Bier, rauchten, und manchmal unterhielten wir uns ein bisschen, aber hauptsächlich saßen wir stumm da und spielten die coolen Leute aus der Stadt.

Ab und zu stand mal einer von uns auf und holte Nachschub oder ging aufs Klo, nichts Besonderes, bis Connie viertel zwölf auffiel, dass Mario schon eine halbe Stunde auf der Toilette war.

«Wird wieder 'ne Schlange geben», sagte ich.

«Du hast recht», sagte Connie, «bei dem Betrieb hier kein Wunder.»

«Soll ich mal gucken gehen?», fragte ich nach weiteren fünfzehn Minuten.

«Das wär echt lieb», sagte Connie und guckte ängstlich.

Scheiße, dachte ich, während ich mich durch die Leute wühlte, er hätte diesen verdammten Kajalstift nicht benutzen sollen. Man hörte doch immer wieder, dass sich die Bauern auf den Dorfdiscos ständig die Fresse polierten. Deswegen gingen sie ja eigentlich nur hin. Und wenn einer geschminkt war, so als Junge, und aus der Stadt kam, dann konnte das für ihn mit einem ordentlichen Veilchen enden. Getönte Augenhöhlen, quasi.

Nur fünf Mann standen vor den Freibadklos an, und sie warfen mir tödliche Blicke zu, als ich in der Dunkelheit zu erkennen versuchte, ob Mario unter ihnen war. Ich ging zum Bierstand rüber, wo er auch nicht war, dann sah ich auf der Tanzfläche nach: ohne Ergebnis.

Ich wollte schon an meinen Platz zurück, als mir jemand auf den Rücken tippte. Ehrlich gesagt, rechnete ich damit, im nächsten Moment eine Faust ins Gesicht zu kriegen.

Trotzdem drehte ich mich um. Ein Mädchen stand hinter mir. Blonde Haare, keine Dauerwelle, lockerer Pferdeschwanz. Sie sah nett aus.

«Ja?», fragte ich.

«Suchst du deinen Kumpel?»

«Ja.»

«Hinter dem Toilettenhäuschen», sagte sie, drehte sich weg und verschwand zwischen den anderen.

Scheiße, dachte ich, wie lange mochte er da schon liegen, hinter den Toiletten, wo die immer hinpissten, die zu faul waren, sich anzustellen, und mein Herz fing jetzt vor lauter Angst an zu rasen, und während ich zu den Toiletten rüberrannte, überlegte ich, ob es nicht besser wäre, zuerst einen Krankenwagen zu rufen und dann nach Mario zu sehen. Aber da war ich auch schon angekommen, und die Leute, die vor den Klos warteten, guckten mich wieder ganz komisch an, als ich an ihnen vorbeihastete, aber das war mir jetzt echt egal, womöglich kam es auf jede Sekunde an, dachte ich noch, als ich um die Ecke bog und mittlerweile mit dem Schlimmsten rechnete, Blut und Pisse und alles und dann …

… dieses Pärchen sah, was da am Maschendrahtzaun lehnte, zehn Meter hinter der Toilettenbude, fest umschlungen und knutschend, so selbstvergessen, dass man neidisch werden konnte.

Sosehr ich mich freute, dass Mario nichts passiert war, sosehr brach es mir das Herz, weil ich im nächsten Moment an Connie denken musste.

Ich drehte mich um, steckte mir eine *Club* an. Dann ging ich langsam zum Bierstand rüber und besorgte noch zwei Gläser, bevor ich zu Connie an den Tisch zurückkehrte und eines vor sie hinstellte.

«Mensch, wo warst du denn so lange, René?»

«Weißt du doch», sagte ich, «ich hab Mario gesucht.»

«Hast du ihn gefunden?»

Ich trank einen Schluck Bier und sagte: «Ja.»

«Wo ist er?», sagte Connie und sprang auf. «Ist ihm was passiert?»

«Frag mich lieber nicht, Connie», sagte ich und guckte woandershin.

«Jetzt sag doch mal, René, bitte!»

«Es geht ihm gut», sagte ich.

«Aber wo ist er denn?»

«Hinten bei den Toiletten», sagte ich, aber als ich sah, dass Connie loslaufen wollte, hielt ich sie am Arm fest.

«Was ist denn noch?» Sie sah mich verdutzt an.

«Connie, kapier doch», sagte ich langsam und deutlich wie zu einem begriffsstutzigen Kind, «es geht ihm gut!»

«Aber?»

«Nichts aber. – Es geht ihm gut, und alles andere willst du gar nicht wissen.»

Sie ließ sich augenblicklich zurück auf die Bierbank fallen, und man sah, dass sie endlich kapiert hatte, was los war, trotzdem fragte sie: «Er ist nicht alleine dort, stimmt's?»

«Nein, ist er nicht.» Ich nahm eine *Club* aus der Schachtel, zündete sie an, zog zweimal dran und reichte sie an Connie weiter.

Sie rauchte ganz ruhig, und sie guckte jetzt rüber zur Tanzfläche, wo die Nahkampfrunde begann und sich die ersten verschlungenen Pärchen wie in Zeitlupe drehten zu *This is not America* von David Bowie.

Ich wartete, dass sie zu heulen anfing, mit Rotz und allem, aber es wollte wohl einfach nicht losgehen. Als habe sie eine riesige Staumauer im Kopf, die all das rausdrängende Wasser zurückhielt.

Denn *dass* sie weinte, sah man ziemlich gut.

Es flossen nur keine Tränen dabei.

Weil ich nicht wusste, was ich sagen sollte, streichelte ich über Connies Hand.

«Bianca hat es gut mit dir», sagte sie und guckte mich kurz an, bevor sie wieder zur Tanzfläche blickte.

«Ach, Blödsinn.»

«Doch.»

Wir schwiegen eine Weile, und dann fragte ich: «Und was machst du jetzt?»

«Ist ja nicht das erste Mal», sagte Connie, und ich musste daran denken, wie Mario auf dem Sommerfest von Rebeccas Freundinnen umringt worden war.

«Connie, du weißt, dass ich ihn schon seit Ewigkeiten kenne, du weißt, dass wir fast schon so was wie Brüder sind und alles, aber wenn ich dir trotzdem einen Rat geben darf, als dein guter Freund …»

«Gib mir bitte keinen Rat, René», unterbrach mich Connie, «ich weiß selber, was ich machen muss.»

«Sicher?»

«Ja.»

«Trinken wir das Bier noch aus?»

«Können wir machen, aber dann gehen wir nach Hause, ja?», sagte Connie.

«Okay», sagte ich, und David Bowie sang:

This is not America, sha la la la la.

THE BOYS ARE BACK IN TOWN

Am Montag saß ich zu Hause und wartete, dass etwas passierte. Die drittletzte Ferienwoche war angebrochen, und wenn ich mich recht erinnerte, dann sollten heute alle aus dem Urlaub zurück sein, Bianca aus Ungarn und Rebecca von der Ostsee, und auch Connie, die es vorgezogen hatte, nicht mit Mario und mir zusammen schon gestern aus der Rhön abzufahren, musste heute Abend wieder in der Stadt weilen.

Aber da nichts passierte, musste ich immer wieder an unsere letzte Nacht in Kaltennordheim zurückdenken, an Marios dämliche Knutscherei im Freibad und dass er uns allen damit die Erinnerung an die Tage zuvor ruiniert hatte, dass wir alle drei, wenn wir später an diesen Sommer zurückdenken würden, nur die beklemmende Atmosphäre am nächsten Morgen im Gedächtnis behalten haben würden.

Wir drei schweigend am Frühstückstisch, Mario den Blick auf den Teller gesenkt, Connie zu Tode verletzt, aber stolz, und ich selber nun tatsächlich zwischen den beiden so überflüssig wie das fünfte Rad. Kurz nach dem Frühstück waren wir zum Bahnhof gegangen, nur Mario und ich.

Während ich wartete, dass Bianca anrief, hörte ich, wie Mario ein Etage höher durch die Wohnung tigerte, hin und her, von der Küche ins Bad und zurück in sein Zimmer und von dort ins Wohnzimmer und dann auf den Balkon.

Ich wusste genau, wie gerne er runtergekommen wäre, um mir irgendeine Erklärung zu geben für das, was er mit Connie abgezogen hatte, denn schon gestern auf der stundenlangen Fahrt über Bad Salzungen und Erfurt und Schönefeld hatte er es immer wieder versucht.

Aber jedes Mal hatte ich ihn schon abgewürgt, wenn er nur ansetzte zu sprechen, und stattdessen lieber Gedichte von Georg Heym und Gottfried Benn gelesen und Bier aus der Mitropa getrunken, sodass Mario es irgendwann aufgab und auch zum Bier griff und sich den Kopf volldröhnte mit Musik aus meinem Walkman.

So weit entfernt voneinander wie auf dieser Heimreise waren wir seit den Tagen der Gillette-Pappen noch nie gewesen. Kein Wunder, dass wir uns nicht mal die Hand gaben, als wir uns mitten in der Nacht vor meiner Wohnungstür verabschiedeten.

Weil ich gestern keine Lust mehr gehabt hatte, den Briefkasten zu leeren, obwohl ich sah, dass schon ein Haufen Zeug oben rausquoll, ging ich jetzt runter.

Ein riesiger, zusammengepresster Klumpen Papier klemmte im Kasten, und als ich ihn endlich rausgestemmt hatte, fand ich zwischen den ganzen alt gewordenen Nachrichten aus Berlin, Moskau und Pjöngjang eine weitere Ansichtskarte, die eine wogende See zeigte:

«René, mein Bruder, mir ist das Herz ganz schwer, und ich wünschte, du wärst hier und wir säßen zusammen in den Dünen und schauten auf die See und machten nichts anderes als schweigen und lauschen. Und ließen die Weite in unsere Seelen.
Deine Rebecca.»

Wie wahnsinnig freute ich mich im ersten Moment über Rebeccas Karte und dass da kein Wort draufstand von Dirk und Michael. Und immer wieder las ich die paar Zeilen, bis ich aufhörte, mich zu freuen, und mir ganz beklommen wurde, weil das so traurig klang und auch mir das Herz schwermachte, jetzt, wo ich es bemerkte.

Ich wäre am liebsten in die Straßenbahn gestiegen, um Rebecca zu besuchen in ihrer melancholischen Villa, aber ich wusste nicht, ob sie schon zu Hause war. Und ich war mir nicht sicher, ob sie die Karte nicht nur aus einer flüchtigen Laune heraus geschrieben hatte, weil ein poetischer Moment zufällig ihre Stimmung dunkel getönt hatte, und ob diese Stimmung nicht längst wieder verflogen war und Rebecca gar keinen Trost mehr brauchte.

Also blieb ich sitzen und wartete, dass jemand anrief, und gegen drei klingelte tatsächlich das Telefon.

«Hallo», sagte ich mit betont gelassener Stimme, um meine Aufregung zu verbergen.

«René?»

«Ja, Oma», sagte ich, «hier ist René.»

«Gott sei Dank, Junge, was machst du denn bloß?»

«Ich bin wieder da.»

«Und Frau Hermann?»

«Frau Hermann geht's gut», sagte ich, «ich soll dich von ihr grüßen!»

«Und sonst? – Jetzt erzähl doch mal, Junge.»

«Oma, ich muss auflegen», sagte ich, «es klingelt gerade an der Tür.»

«Wir telefonieren diese Woche noch einmal, ja, René?», schrie meine Oma zum Abschluss in den Hörer.

«Ja, machen wir. Tschüss, Oma», sagte ich und legte auf.

Nicht dass ihr denkt, ich hätte meine Oma mit einer blöden Ausrede abgewimmelt: Es hatte wirklich an der Tür geklingelt, und während ich noch überlegte, wer das sein konnte, Bianca vielleicht schon oder doch eher Mario, klingelte es ein zweites Mal.

Ich machte die Tür auf, und als ich sah, wer da draußen stand, sagte ich: «Was willst du denn hier, du Arschloch?»

«Lässt du mich rein?»

«Ungern», sagte ich, aber da war Michael schon an mir vorbei in den Flur geschlüpft und auf den Weg in mein Zimmer. Ich musste mich echt erst ein paar Augenblicke sammeln, bevor ich mich mit ihm unterhalten konnte.

«Hast du 'ne Meise, Alter?», rief ich, als ich in mein Zimmer kam und sah, was Michael da gerade machte, «leg das gefälligst wieder hin», und er legte gehorsam Rebeccas Karte zurück auf meinen Schreibtisch, die er gerade rotzfrech von dort genommen und gelesen hatte.

«Die hat doch einen an der Waffel», sagte Michael.

«Sei bloß ruhig!»

«Komm, jetzt ist mal wieder gut, René, okay?»

«Nein, nichts ist gut. – Was soll das? – Wie redest du von Rebecca? – Und wieso traust du dich eigentlich noch her, so wie ihr mir die Hucke vollgelogen habt, von wegen irgendein scheiß See in Mecklenburg, an dem ihr angeblich zeltet.»

«Mensch, wir hatten doch nur ein Zwei-Mann-Zelt dabei.»

«Was ist denn das jetzt für 'ne dämliche Antwort. – Ihr wolltet doch nur ungestört Rebecca belästigen. – Aber weil sie von euch nichts wissen will, hat sie jetzt einen an der Waffel, oder was? Und ist wahrscheinlich auch noch 'ne Schlampe und alles.»

«Hätte sie uns ja mal früher sagen können, statt uns die ganze Zeit an der Nase rumzuführen.»

«Wenn ihr zu dämlich seid, mit einem Mädchen zu flirten, du und Dirk, dann ist das nicht Rebeccas Schuld. – Mann, wer verliebt sich denn schon in Dick und Doof? Und dann auch noch gleichzeitig?»

«Ey, jetzt reicht's mal langsam. – Ich hau gleich ab, René», sagte Michael, «und dann siehst du mich hier nie wieder.»

«Ja, mach doch ruhig! – Ich bin sowieso demnächst hier weg.»

Michael stand auf und ging aus dem Zimmer, aber ich hörte die Wohnungstür nicht aufgehen und zuschlagen, stattdessen klapperte er in der Küche rum, als sei er hier immer noch zu Hause.

Ein paar Minuten später kam er mit zwei Gläsern zurück, in denen diese ewiggleiche, braune Flüssigkeit samt Eiswürfeln schwamm.

«Wie viele Flaschen stehn denn da jetzt noch?», fragte ich und nahm ein Glas.

«Das ist die vorletzte.»

«Scheiße.»

«Frieden?», fragte Michael.

«Nein, kein Frieden», sagte ich.

«Mann, du machst dir da echt was vor», fing er jetzt schon wieder von vorne an, «Rebecca ist nicht so harmlos, wie du vielleicht denkst.»

«Lass mich in Ruhe!», sagte ich, nahm mein Glas, ging auf den Balkon und machte mir eine *Club* an. Ich rauchte ein paar Züge und trank zwei Schlucke von dem echt starken Zeug, das Michael da zusammengepanscht hatte, und dann klingelte es schon wieder an der Wohnungstür.

«Du hast mir echt noch gefehlt», sagte ich, als ich Mario im Hausflur stehen sah.

«Ich hab die lauten Stimmen gehört und wollte mal gucken, was los ist. – Außerdem soll ich dir das hier geben», sagte Mario und drückte mir einen Stapel frisches Altpapier in den Arm.

«Was soll denn das sein?»

«Das hat meine Mutter immer aus eurem Briefkasten gezogen, wenn oben schon alles raushing, aus dem Schlitz. Damit das nicht so komisch aussieht, wegen Einbrechern und so.»

«Ja, danke», sagte ich, drehte mich um und ließ ihn einfach in der Wohnungstür stehen. Ich öffnete die Tür zum sogenannten Arbeitszimmer meines Vaters, warf das Papier in die Ecke und ging auf den Balkon zurück, um meine Zigarette zu Ende zu rauchen. Wenig später kam auch Mario auf den Balkon raus, und er lehnte sich übers Geländer und guckte nach draußen auf die Grotrianstraße, wo es nun echt nichts zu sehen gab, außer ein paar gammligen Autos, die da parkten, und den Mülltonnen, und weil er sich gar nicht rührte und schwieg, sagte ich irgendwann: «Mach dir was zu trinken und setz dich endlich hin!»

Als er wieder rauskam, hatte er Michael im Schlepptau, und die beiden setzten sich jetzt wirklich hin, rauchten und tranken *Napoléon*-Cola, aber alles ohne Worte, wobei Mario die ganze Zeit so abwesend ins Nichts vor sich stierte, als sei er sehr betrübt.

«Und was ist dem für eine Laus über die Leber gelaufen?», sagte Michael irgendwann und nickte Richtung Mario.

«Frag ihn doch selber!», sagte ich, aber er fragte nicht,

und Mario fing auch nicht von sich aus an, über das zu sprechen, was ihm im Kopf rumging.

Wahrscheinlich, dachte ich gehässig, weil da so rein gar nichts war, das da rumgehen konnte.

Am Dienstag klingelte schon weit vor zehn Uhr das Telefon. Ich sprang aus dem Bett und stürmte zum Telefontisch im Flur.

«Ich bin's», sagte Bianca.

«Hey», sagte ich, «wie geht's dir?»

Sie schwieg eins, zwei, drei Sekunden lang, und dann sagte sie: «René, ich muss dir was sagen», und ihre Stimme traf mich direkt ins Herz, und ich wusste sofort, dass in den nächsten Minuten eine ganze Welt für mich zusammenbrechen würde.

«Dann sag!»

«Du darfst mir nicht böse sein.»

«Sag einfach!»

«Ich hab einen kennengelernt, am Balaton.»

Wieder ein paar Sekunden Schweigen.

«Und jetzt?», fragte ich.

«Weiß nicht.»

Schweigen.

«Sind wir noch zusammen?», fragte ich.

«Würde das denn gehen?»

«Sag du es!»

«Ich glaube nicht.»

Ich merkte ganz genau: Bianca wartete, dass ich fragte, wen sie da am Balaton getroffen hatte. Aber ich wollte es gar nicht wissen. Wozu denn auch?

«Er heißt Frank …», sagte Bianca.

«Das ist schön für dich», unterbrach ich sie.

Schweigen, vier Sekunden lang, fünf. Ich war total leer. Und mein Kopf brannte wie Feuer, als hätte ich Fieber, 42 Grad. Leer bis auf die Scham, die langsam wuchs.

«Ich finde es so schade, René.»

«Ach, Bianca, was soll denn das», sagte ich, und erst jetzt fing eine brutale Kraft an, mir die Kehle zuzudrücken. Ich hielt meine Hand auf die Sprechmuschel, denn ich versuchte, dieses Gefühl der Enge zu verschlucken, aber es blieb mir einfach im Hals stecken.

Ich musste daran denken, dass ich Bianca nie wieder beobachten würde im Abendlicht der Havelbucht, wie sie mit geschlossenen Augen auf einer Bank saß und auf mich wartete. So zufrieden mit dem Moment und so ungeheuer optimistisch, dass ihre Zuversicht für uns beide reichte. Nie wieder würde ich mit ihr durch Sanssouci spazieren, vielleicht mit anderen Mädchen, ja, aber nie wieder mit ihr, mit Bianca, die genau diese Brüste hatte, die ich schon so gut kannte, an die ich mich gewöhnt hatte und die ich mochte, und nie wieder würde ich dabei denken können, dass wir aus entgegengesetzten Galaxien stammten, wenn die Leere über mich kam an ihrer Hand, unter den Einflüsterungen dieses tiefstehenden tödlichen Mondes. Und es würde auch nie wieder alles gut werden und vergessen sein, wenn wir uns dann umarmten und küssten.

Es war dieses *Nie wieder*, das mich ganz krank machte.

Nie wieder mit Bianca!

Denn sie waren schön gewesen, die zweieinhalb kurzen Wochen mit ihr, eintönig und schön. Und sie hätten bis in die Ewigkeit dauern können. Ab jetzt gab es nur noch die Erinnerungen daran, und die würden eines Tages so stark verblasst sein, als hätte es Bianca und mich in Wirklichkeit nie zusammen gegeben.

Der Gedanke war unerträglich.

«Hallo?», fragte Bianca ganz vorsichtig, mit dieser leisen, rauchigen Stimme, die auch für immer verloren sein würde für mich, «bist du noch da?»

Ich konnte ihr einfach nicht antworten, nicht mal ja sagen konnte ich oder nein, dieses Gefühl der Enge in der Kehle, dieses brennende Gefühl der aufsteigenden Galle im Hals, würde meine Stimme ersticken, das wusste ich, ohne dass ich überhaupt probieren musste, zu sprechen.

Und deshalb legte ich auf.

Und ich nahm nicht wieder ab, als es keine Minute später erneut klingelte. Und eine halbe Stunde später noch mal. Und dann noch zweimal am Nachmittag.

Ich wusste nicht, was ich anfangen sollte mit dem Rest von diesem scheiß Dienstag. Heulen konnte ich nicht, vielleicht morgen, aber im Moment funktionierte es nicht. Im Moment hatte ich nur diesen Druck auf der Kehle, und ich überlegte kurz, ob er sich mit etwas *Napoléon* lockern ließ, aber das konnte ich nicht bringen, dachte ich, so gern ich es getan hätte, nicht schon am Vormittag.

Ich musste noch ein bisschen durchhalten.

Die Musik, die ich zu hören versuchte, machte alles nur noch schlimmer, aber Lesen half, merkte ich, nachdem ich den Baudelaire aufgeschlagen hatte und einmal mehr den Fremden gelesen hatte zur Einstimmung, und es halfen diese seltsam traurigen Worte von Rebeccas Karte, die ich als Lesezeichen in den *Spleen von Paris* gelegt hatte und die ich jetzt immer mal wieder wie zum Trost überflog. Ich war Mario fast dankbar für seine Sturheit und sein mangelndes Feingefühl, das ihn trotz der kühlen Stimmung am Vortag um halb fünf bereits wieder auf meiner Matte stehen ließ.

«Komm rein», sagte ich, «und mach dir was zu trinken.»

«Alles wieder gut mit uns beiden?»

«Nur noch mal fürs Protokoll: Das war nicht okay, was du da mit Connie gemacht hast.»

«Du hast ja recht, René, aber ich war besoffen.»

«Ey, verschon mich mit dämlichen Ausreden! – Ich war selber betrunken.»

«War blöd von mir. – Wieder Brüder?»

«Meinetwegen», sagte ich, und wir umarmten uns kurz.

«Hast du geheult?», fragte Mario.

«Seh ich so aus?»

«Ein bisschen schon, ehrlich gesagt.»

«Nein, hab ich nicht, das liegt wahrscheinlich an dem ganzen Fusel, den ich intus hab. – Aber ich hätte ganz gerne geheult heute», sagte ich, und ich erzählte ihm, dass es vorbei war mit Bianca.

«Scheiße», sagte Mario, «ihr wart so ein schönes Paar.»

«Blödsinn.»

«Doch, ehrlich. – Sie immer das pralle Leben und du daneben immer voll depri.»

«Stimmt doch gar nicht», sagte ich.

«Na und ob das stimmt! – Du hättest euch mal sehen sollen, so von außen.»

«Idiot», sagte ich, und ich war mir echt nicht sicher, ob er das ernst meinte oder mich verkohlte, aber grinsen mussten wir beide dann trotzdem.

Auch am Mittwoch rief schon vormittags jemand an.

Ich stieg aus dem Bett, ich stellte mich in den Flur neben

das Telefon, und ich sagte zu mir selbst: Wenn es jetzt noch zehnmal klingelt, René, nimmst du ab. Dann kann es was Wichtigeres sein als Bianca, die dir noch mal alles haarklein vorkauen will, wie es dazu kam, dass sie jetzt einen anderen hat, ohne zu merken, was sie damit anrichtete. Nur, um sich dein Verständnis zu ergaunern.

«René?»

«Ja?»

«Ich bin's.»

«Hi, Connie», sagte ich.

«Wie geht's dir?»

«Wahrscheinlich ein bisschen so wie dir letzten Sonntag, Connie.»

«Ja, wahrscheinlich», sagte Connie. «Weißt du noch, als wir in der *Seerose* waren und uns geschworen haben, für immer zusammen zu bleiben, so als Paare von besten Freundinnen und besten Freunden?»

«Das warst nur du», sagte ich, «die sich gewünscht hat, dass es für immer so bleiben soll.»

«Stimmt.»

Wir schwiegen einen Augenblick, und dann sagte ich: «Kommst du heut ins *Orion*?»

«Kommt Mario auch?»

«Denke schon.»

«Nein, dann lieber nicht. – Und eigentlich wollte ich dich ja zuerst fragen, ob *wir* uns heute treffen wollen», sagte Connie, «aber wenn du schon fürs *Orion* verabredet bist …»

«Was wollen wir denn machen?»

«Ich kann was für uns kochen, und danach gehen wir runter in die *Seerose* und trinken Weißwein oder was anderes. Ich soll dir auch was ausrichten», sagte Connie, «von Bianca.»

«Okay», sagte ich, «und wann?»

«Halb acht bei mir?»

«Gut.»

«Ich freu mich, René.»

«Bis nachher.»

«Ich komm heut doch nicht ins *Orion*», sagte ich zu Mario, «ich treff mich gleich mit Connie.» Kurz bevor ich zur Straßenbahnhaltestelle losging, hatte ich schnell an seiner Tür geklingelt.

«Warum denn das?»

«Sie will mir was ausrichten, von Bianca», sagte ich, «außerdem haben wir beschlossen, trotzdem Freunde zu bleiben.»

«Kannst *du* ihr vielleicht auch was ausrichten? Ich meine, Connie?», fragte Mario.

«Eine Entschuldigung?»

«So was Ähnliches.»

«Mach das gefälligst selber, Mensch!»

«Aber du kannst das doch viel besser ausdrücken», sagte Mario, «wegen der ganzen Bücher und so.»

«Vergiss es. – Du bist echt ein fauler Sack.»

«Sehn wir uns morgen?»

«Kann sein.»

«Wann kommt eigentlich dein Alter zurück?», rief mir Mario noch im Hausflur hinterher.

«In anderthalb Wochen», rief ich zurück.

Es war etwas anderes, in einer Lederjacke rumzulaufen als in einem Jackett oder nur mit einem Pullover. Man musste mehr auf seine Haltung achten, damit man den Rücken nicht krumm machte beim Gehen, und die Lederjacke quietschte, und sie roch manchmal, wenn die Sonne darauf schien, als sei noch Leben in ihr drin, nach Tier.

In der 6 setzte ich mir die Kopfhörer auf und hörte die schwarze Kassette. Am Platz der Nationen verließ ich die Bahn und lief durch die Schopenhauerstraße zur *Seerose* rüber, bis mir einfiel, dass ich ja gar nicht mit Bianca verabredet war, sondern mit ihrer besten Freundin Connie. Aber weil ich jetzt schon mal da war, nahm ich für ein paar Minuten auf einer Bank am Havelstrand Platz, und die *Triffids* sangen mal wieder:

What you cannot have sir
You must kill.

Und ich dachte, ja, sie hatten total recht, die *Triffids*, wenn man nicht selber eingehen wollte vor lauter Kummer und Elend im Herzen, dann *musste* man eben das töten, was man nicht bekam. Man musste es aus seiner Erinnerung reißen und nicht erst warten, bis es nach Jahren von selbst verblasst war. Man musste das mit Gewalt tun und so schnell, wie man ein Pflaster abriss von einer verkrusteten Wunde.

Zack.

Und dann verheilte die Wunde an der frischen Luft, und dann konnte man sich die nächste abholen, und das ging dann immer so weiter, bis man mal eines Tages eine tödliche erwischte, dachte ich.

Dann war endlich Ruhe.

«Bist du sehr traurig?», begrüßte mich Connie an der Wohnungstür.

«Ja», sagte ich. Weil ich das Gefühl hatte, mich nicht verstellen zu müssen vor Connie, anders als vor Michael, Mario und vor Bianca selbst. Vor allem vor Bianca, auch wenn mir klar war, dass Connie womöglich alles, was ich heute Abend sagte, brühwarm an sie weitergeben würde.

Sie gab mir keine Freundschaftsküsschen diesmal, sondern nahm mich in den Arm, und sie ließ mich gar nicht mehr los, und es kam mir vor, als ob sie auch ihr Becken an mich randrängen würde, nicht aggressiv oder so, eher sanft, Millimeter für Millimeter, was ein bisschen peinlich war, wegen meiner prompten Reaktion, aber als sie auch noch anfing, meinen Nacken zu kraulen, sagte ich: «Connie, lass mal. – Wenn deine Eltern jetzt kommen.»

«Keine Angst, die sind essen gegangen», sagte sie, aber sie hörte trotzdem auf, mir den Nacken zu kraulen, und mir fiel auf, dass sie fast genauso roch wie Bianca, und kurz darauf entließ sie mich aus der Umarmung.

Wir gingen in ihr Zimmer mit diesem wahnsinnigen Ausblick auf das Wasser und die Stadt und alles, das halb Werkstatt war und halb Atelier.

«Hast du Hunger?», fragte Connie.

«Was heißt schon Hunger», sagte ich, «Hunger haben ganz andere Leute. – Appetit könnte man das mit etwas Wohlwollen nennen.»

«Mensch, René, eier doch nicht immer so um den heißen Brei rum bei allem! Willst du was essen oder nicht?»

«Wieso denn *immer*?», fragte ich.

«Du bist schon ein ganz schöner Umstandskrämer.»

«Umstandskrämer», wiederholte ich, «du kennst ja vielleicht Wörter, Connie. – Und wieso Brei? – Hast du heißen Brei für uns gekocht?»

«Blödmann», sagte Connie und grinste, «ich bin gleich wieder da.»

Ich machte das Fenster auf, und während Connie laut in der Küche hantierte, rauchte ich eine Zigarette und guckte raus.

Ich hätte mein ganzes Leben lang aus diesem Fenster gucken können.

Sie hatte gar nichts gekocht für uns, sie hatte nur ein paar Stullen geschmiert, mit Käse, Quark und Wurst. Aber sie hatte die Stullen ausgestochen, mit Plätzchenformen, und jetzt lagen auf unseren Tellern lauter Mondsicheln und Sternschnuppen und Schneemänner und Weihnachtsbäume rum und waren mit Schnittlauchstreuseln verziert und Igeln aus Radieschen, mit Gurkenfächern und Rosen, die aus Mohrrüben bestanden. Mario war echt ein Idiot, dass er ein Mädchen wie Connie in den Wind schoss. Ein patentes, wie meine Oma gesagt hätte.

«Das sieht echt toll aus!»

«Danke.»

«Viel zu schade zum Essen.»

«Quatsch, hau rein!»

Als wir fertig waren, fragte ich: «Hast du 'ne Ahnung, Connie, mit welcher Farbe man was auf eine Lederjacke schreiben kann?»

«Du willst was auf deine Lederjacke schreiben?»

«Ja.»

«Ich würde einen einfachen Lack nehmen, so was, womit du deine Schuhe einpinselst, nur in hell», sagte Connie, und sie ging zu ihrem Regal rüber, machte einen Karton auf und zog zwei Fläschchen Reparaturlack heraus: «Silber oder weiß?»

«Weiß», sagte ich.

«Was willst du denn draufschreiben», fragte Connie, «*Sisters of Mercy*?»

«Quatsch», sagte ich, «hast du mal einen Zettel?», und Connie holte ein leeres Blatt, und ich schrieb auf, was ich gern auf meiner Lederjacke stehen haben wollte. «Könntest *du* das vielleicht für mich machen?», fragte ich. «Du hast 'ne schönere Handschrift.»

«Klar», sagte Connie, «aber was heißt das denn?»

«Was du nicht haben kannst, mein Herr, musst du töten», sagte ich.

«Wegen Bianca?»

«Ja.»

«Du Armer», sagte Connie, und zack, war ich in der gleichen Umklammerung gelandet wie vorhin an ihrer Wohnungstür, inklusive Becken und Nacken.

«Ey, Connie», sagte ich nach ein paar Augenblicken, «das mit Bianca ist echt noch zu frisch», obwohl das eine natürlich nichts mit dem anderen zu tun hatte, aber das musste ich ihr ja nicht auf die Nase binden.

«Ja, ich weiß», sagte Connie, «tut mir leid, so war das auch gar nicht gemeint. – Wohin soll ich den Spruch denn schreiben?»

«Auf Höhe der linken Schulter ungefähr», sagte ich.

«Hier?» Connie tippte mir auf den Rücken.

«Andere Seite und ein bisschen tiefer.»

«So?»

«Ja, da ist gut. – Und nur ganz klein bitte. Man darf es nur lesen können, wenn man nah dran ist», sagte ich, «von weitem muss es aussehen wie zwei etwas dickere, weiße Striche, verstehst du, was ich meine.»

«Ja», sagte Connie.

«Soll ich die Jacke ausziehen?»

«Lass ruhig an.»

«Und ein bisschen schräg, okay?»

«Okay.»

Nach fünf Minuten war die Sache erledigt. Ich zog die Jacke aus, um das Werk zu betrachten, und es sah gut aus, genau so, wie ich es mir vorgestellt hatte.

«Danke, Connie», sagte ich und gab ihr einen Kuss auf die Wange, und dann zog ich die Lederjacke wieder über mein schwarzes Turnhemd.

«Du hast ganz schöne Muskeln», sagte Connie, «weißt du das?»

Ich merkte, dass ich rot wurde, und sagte: «Und was machen wir jetzt?»

«Komm, wir gehen in die *Seerose*», sagte Connie und nahm sich eine Jacke.

«Aber wenn Bianca zufällig vorbeikommt?»

«Bianca ist mit ihren Eltern aufs Grundstück gefahren. – Die kommen erst am Sonntag wieder.»

«Okay, dann lass uns gehen.»

«Er heißt Frank», sagte Connie, kaum dass die Bedienung der *Seerose* den Wein vor uns abgestellt hatte.

«Ist es *das*, was du mir von Bianca ausrichten sollst? – Dass er Frank heißt? Das hat sie mir schon selbst verklickert, ohne dass ich es wissen wollte.»

«Lass mich doch erst mal ausreden», sagte Connie und stieß ihr Weinglas an meines, obwohl es noch auf dem Tisch stand. «Also: Er heißt Frank, und er kommt in die dreizehnte Klasse.»

«Wieso denn in die dreizehnte Klasse», fragte ich. «Ist der

Typ sitzengeblieben in der Zwölften? Und wird dann einfach eins dazuaddiert, wenn man zu blöd ist, es im ersten Anlauf zu schaffen?»

«Jetzt überleg doch mal!»

«Ich hab keinen Schimmer, Connie, und weißt du was, ich hab auch keine Lust, über diesen Frank nachzudenken, und außerdem hab ich keine Lust, mir anzuhören, wie sich die beiden kennengelernt haben, oder sonst was. – Das geht mir nämlich gegen den Strich, und es geht mir außerdem ganz schön an die Nieren.»

«Hilft es dir, wenn ich dir sage, dass es Bianca mindestens so schlechtgeht wie dir?»

«Nein», sagte ich, «warum sollte es mir denn helfen, wenn es Bianca auch schlechtgeht?»

«Stimmt», sagte Connie, «das war 'ne blöde Frage. – Aber willst du die Geschichte denn gar nicht hören?»

«Hab ich irgendeine Chance, drum herumzukommen heute Abend?»

«Eigentlich nicht», sagte Connie und lachte: «Pass auf, René ...»

Lange Rede, kurzer Sinn: Dieser Frank, den Bianca am Balaton kennengelernt hatte, war achtzehn, und er stammte aus irgendeinem Kaff im Westen, sprich: BRD, weshalb es ihm auch möglich war, eine dreizehnte Klasse zu besuchen, weil die dort ein Jahr länger benötigten fürs Abitur.

«Und? – Was sagst du?», fragte mich Connie, nachdem sie eine halbe Stunde gebraucht hatte, um mir diese einfache Botschaft zu vermitteln.

«Was soll ich schon sagen?», sagte ich, aber ich dachte: Wenn dieser dämliche Frank von hier wäre, dann wäre es eine wirkliche Niederlage gewesen für mich. Weil dieser sogenannte Frank aber aus dem Westen kam, glich es eher einer Naturkatastrophe, dass Bianca sich in ihn verguckt hatte. Man konnte nichts gegen Naturkatastrophen machen, sie kamen einfach aus dem Nichts über die Menschheit und richteten Tod und Zerstörung an und Chaos, wenn man sich zur falschen Zeit am falschen Ort befand, so wie Bianca. Aber es lag nicht in der Macht des Einzelnen, sie zu verhindern.

Naturkatastrophen waren Schicksal.

«Aber das dicke Ende kommt erst noch», sagte Connie.

«Ist sie schwanger?»

«Quatsch! – Mann, René, was ist denn mit dir los? Die haben nur ein bisschen geknutscht und so.»

«Was dann?»

«Bianca darf Frank nicht mal schreiben.»

«Warum denn nicht?»

«Ihr Vater ist doch so ein hohes Tier beim Rat der Stadt, und da ist jeder Westkontakt absolut verboten.»

«Das kenn ich», sagte ich, «da geht's den Menschen wie den Leuten.»

«Echt? Dürft ihr auch keinen Westkontakt haben?»

«Nein», sagte ich, «sonst wär mein Vater nie in die Schweiz gekommen. – Und ich nicht auf dieses komische Internat.»

«Sie hat jetzt ganze zwei Tage zu Hause gesessen und sich die Augen ausgeheult», sagte Connie.

«Scheiße, dabei hat sie immer so gute Laune gehabt.»

«Ja, eben», sagte Connie, «und jetzt ist sie auf einmal total verzweifelt. – Kein Kontakt zu Frank, und dich hat sie auch noch verloren.»

«Hat sie das gesagt?»

«Was?»

«Dass sie mich auch noch verloren hat. Hat sie das so gesagt?»

«Na klar: Sie ist total unglücklich darüber.»

«So wie ich auch.»

«Was für ein Leben, oder?»

«Was soll man sagen.»

«Und sie macht sich natürlich Sorgen um dich, weil du ja sowieso schon immer mit dieser Trauermiene rumläufst, und sie hat das ja auch alles mitgekriegt, mit deiner Mutter, und so.»

«Und das alles solltest du mir ausrichten?»

«Ja», sagte Connie, «und dass sie die ganze Zeit an dich denkt und dass sie sich nicht sicher ist, ob es ein Fehler war mit Frank, und dass sie sich überlegt …»

«Ach komm, Connie, das ist doch alles Geseier», unterbrach ich sie.

«Nein, eben nicht. – Glaub mir: Sie liebt dich immer noch.»

«Aber warum hat sie denn dann nicht einfach die Klappe gehalten? Wenn ich nichts von diesem dämlichen Frank wüsste, dann wär doch alles okay. Scheiß doch auf die Ehrlichkeit. – Aber so?»

«Nicht?»

«Nein, so ist es nicht okay», sagte ich. «Obwohl ich sie auch noch liebe. – Glaube ich.»

«Ist das jetzt dein Ernst, René?»

«Ja, ich liebe sie sogar noch sehr», sagte ich, «das kannst du Bianca ruhig ausrichten.»

«Na, da wird sie sich aber freuen.»

«War das jetzt Sarkasmus?»

«Wieso?»

«Warte, Connie», sagte ich, «sag es ihr lieber doch nicht.»

«Mensch, entscheide dich bitte mal», sagte Connie, und sie klang plötzlich ganz unwirsch.

«Vergiss es», sagte ich, «ich sag es ihr selber, okay? – Noch nicht jetzt, aber nächste Woche! – Ich brauche noch ein bisschen Zeit, um den Mist mit diesem Frank aus meinem Kopf zu kriegen, aber dann sag ich's ihr ganz bestimmt.»

THROBBING GRISTLE

Neben dem üblichen Altpapier steckte am Freitagmorgen ein brauner Umschlag in unserem Briefkasten, in dem es klapperte, als ich ihn schüttelte. Er war an mich adressiert und kam aus der Mangerstraße in Potsdam.

Er war von Rebecca.

Ich weiß nicht, warum, aber ich machte ihn erst ein paar Stunden später auf, am Abend. Ich schlich die ganze Zeit um ihn herum, ich konnte mich auf nichts anderes konzentrieren, aber ich wagte es erst kurz vor sieben, mit einem Schluck *Napoléon* in der Cola, ihn zu öffnen.

Er enthielt eine BASF-Kassette, die aussah wie neu. Auf dem Einleger aus Papier stand mit gerader Handschrift und in Großbuchstaben, was Rebecca mir überspielt hatte:

A: THROBBING GRISTLE, 20 JAZZ FUNK GREATS
B: EINSTÜRZENDE NEUBAUTEN, ZEICHNUNGEN DES PATIENTEN O.T.

Ich legte die Kassette erst mal zur Seite und sah mir die Karte an, die sie beigelegt hatte. Sie bestand aus dickem, weißem Büttenpapier, und in eckigen schwarzen Buchstaben, die aussahen wie mit einer Feder kalligraphiert, stand dort:

Stumme Herbstgerüche. Die
Sternblume, ungeknickt, ging
zwischen Heimat und Abgrund durch
dein Gedächtnis.
Eine fremde Verlorenheit war
gestalthaft zugegen, du hättest
beinah
gelebt.

Paul Celan

Und auf der Rückseite:

(Lieber René, zur Erinnerung an Rebecca, Potsdam, 14. August 1985)

Wieso denn zur Erinnerung?, dachte ich.
   War Rebecca weg?
   Oder war sie tot?
   Oder was war der Zweck einer solchen Botschaft?
   Ich legte die Kassette in den Doppelrecorder, und während ich jetzt zum ersten Mal *Throbbing Gristle* hörte, musste ich die ganze Zeit an Rebecca denken und warum sie bloß solche Sachen mochte, denn das hier war echt eine ganz andere Art von Nihilismus, als er in jener Musik steckte, die ich bis jetzt gehört hatte, die frühen Sachen von *The Cure* und alles, das hier war eine andere Galaxie, das war nicht melancholisch, es war destruktiv, und es kam ohne Harmonien um die Ecke, ohne Strophe und ohne Refrain, ohne Halt und ohne Orientierung. Es gab keinen Trost in dieser Musik, in diesem Fiepen und Klirren und Knirschen,

in den gesampelten Schreien und der Grabesstimme, die sich manchmal aus den ganzen Geräuschen erhob und sekundenlang auf einer Synthesizer-Melodie schwebte, die wie aus dem Nichts gekommen war und ein bisschen nach *Kraftwerk* klang, um kurz darauf mit ihr zusammen in die große Dissonanz zurückzustürzen.

Das war kein Jazz, und das war kein Funk.

Ich bekam richtig Angst um Rebecca, während ich *Throbbing Gristle* hörte. Ich musste an die traurige Karte von der Ostsee denken, und immer wieder nahm ich das Gedicht von diesem Paul Celan zur Hand, das nun auch nicht gerade die pure Lebensfreude versprühte.

Ach, Rebecca, dachte ich.

Verdammt, was ist denn bloß los mit dir?

Ich kriegte kaum ein Auge zu in der Nacht.

Vielleicht war das ja übertrieben, aber ich machte mir richtig Sorgen um Rebecca, und ich war echt erleichtert, dass die andere Seite der Kassette leer war, als ich sie am Sonnabendvormittag anhören wollte: *Zeichnungen des Patienten O. T.*

Schon der Titel jagte mir einen regelrechten Schauer ins Gehirn, jetzt, nachdem ich wusste, was sich hinter *Throbbing Gristle* verbarg.

Statt irgendwas Sinnvolles zu machen, schrieb ich den ganzen Sonnabend lang mein Notizbuch voll. Ich schrieb über *Throbbing Gristle* und Rebecca, und ich schrieb darüber, warum es so schön mit Bianca gewesen war, die eigentlich gar nicht zu mir passte.

Dass es schön war mit ihr, *weil* sie nicht zu mir passte.

Das war schon eine regelrechte Liebeserklärung an Bianca und auch an alle anderen proletarischen Mädchen, die ich da in meinem Notizbuch verzapfte. Und sie schloss die etwas älteren Verkäuferinnen im Ex mit ein. Ich hörte erst auf zu schreiben, als ich merkte, dass ich hier meine letzten Ferientage verplemperte.

Mir blieben nur noch zwei Wochen in der Stadt.

Genau genommen nur noch eine, denn wenn mein Vater erst zurückkam, Montag in einer Woche, dann war es vorbei mit dem schönen Leben.

Eigentlich war es ganz gut, dass ich ins Internat kam, dachte ich. Jetzt, nachdem ich fast zwei Monate allein gewohnt hatte, konnte ich nicht mehr in den vorherigen Zustand zurück: mein Vater, der die Anweisungen gab, und ich, der sie ausführte. So wie es die Theorie zumindest vorsah. Diese Zeiten waren endgültig passé.

«Sag mal, kannst du dir ab heute den Bart wachsen lassen?», fragte ich Mario, als er um sieben zu mir runterkam.

«Kann ich machen, warum?»

«Wir müssen ein paar Flaschen Goldbrand besorgen in der Kaufhalle», sagte ich, «um die leeren *Napoléon*-Flaschen aufzufüllen.»

«Kein Problem. – Ist noch was da?»

«Ein und 'ne Viertelflasche.»

«Darf ich?»

«Klar, immer!»

«Seid ihr da oben? – René? Mario?», kam es gegen acht von der Straße.

Ich guckte über die Balkonbrüstung. Unten stand Michael. «Ja, komm hoch!», sagte ich.

«Keine Lust mehr, den Baudelaire abzuschreiben», fragte ich, als er sich mit einem Getränk zu uns gesetzt hatte.

«Nee», sagte Michael, «da ist die Luft raus.»

«Was ist eigentlich mit Dirk?»

«Der ist im *Spartakus*», sagte Michael, «sucht nach 'ner Freundin.»

«Wieder 'ne Intellektuelle», fragte ich und grinste, «wo es beim letzten Mal so gut geklappt hat.»

«Sehr komisch.»

«Nee, mal im Ernst, ich hab ihn nicht gesehen, seit ihr zelten wart.»

«Er geht nicht mehr ins *Orion*, weil's ihm zu infantil ist. – Außerdem ist er immer noch sauer auf dich.»

«Wegen Rebecca?»

«Allerdings.»

«Apropos: Was war denn da an der Ostsee mit euch und Rebecca?»

«Frag sie doch selber», sagte Michael, «wenn du es unbedingt wissen willst.»

«Da kannst du Gift drauf nehmen», sagte ich, und eine halbe Minute später: «Grüß mal Dirk von mir, wenn du ihn siehst!»

«Mach ich», sagte Michael, «da wird er sich bestimmt freuen!»

Am Sonntag, nachdem ich zum vierten Mal die erste Hälfte von Rebeccas Kassette gehört hatte, hielt ich es nicht mehr aus. Ich steckte meinen Walkman ein, Zigaretten und ein bisschen Geld und ging rüber zur Straßenbahnhaltestelle.

Es war so ein Tag, der sich nicht entscheiden konnte, ob er sonnig sein wollte oder von lauter Wolken zugehängt, weshalb es schon richtig kühl war für August.

Ich trug die Lederjacke über meinem Pullover, und als ich merkte, dass hier der Sommer langsam wegstarb, während wir alle noch dachten, er könnte nie zu Ende gehen, wurde mir ziemlich flau im Magen.

Mein Ende in dieser Stadt war jetzt ganz nah, dachte ich, sechzehn Jahre hatte ich hier gelebt, und in zwei Wochen musste ich raus und in eine stinkende Industriestadt ziehen wie aus einem dieser apokalyptischen Gedichte von Georg Heym.

Ich fuhr mit der 7 in die Berliner Straße.

Unterwegs hörte ich meine schwarze Kassette, aber alle Lieder kamen mit jetzt lasch vor, kraftlos und jammernd, seit ich *Throbbing Gristle* kannte. Wie Schlagermusik eigentlich, nur auf Englisch, aber ich brauchte im Moment etwas, das mir vertraut war und das mich beruhigte.

Ganz langsam lief ich die paar Meter von der Haltestelle an der Schiffbauergasse bis zu Rebeccas Villa. Ich rauchte zwei Zigaretten, ich trödelte, ich spulte die Kassette in meinem Walkman hin und her, damit es für die Sonntagsspaziergänger aussah, als sei ich beschäftigt.

Ich sah auf die Uhr: Es war 16 Uhr 08, als ich vor dem Zaun mit den rostigen Blüten stand.

Ich drückte auf die Klingel, auf der *van Loh* stand.

Rebecca van Loh, dachte ich, was für ein schöner Name.

Und dann dachte ich noch: René van Loh. Und dann nichts mehr.

Ich wollte mich schon abwenden und gehen, als im Erdgeschoss ein Fenster aufging und der Kopf von Rebeccas Mutter erschien.

Ich sagte: «Guten Tag.»

«Ach, du bist es, René», sagte Rebeccas Mutter. Sie kannte meinen Namen, dachte ich. Entweder sie hatte ihn sich gemerkt von dem Verhör damals durch diesen sogenannten

Gebhardt, ihren Mann, oder Rebecca hatte mich zwischendurch mal erwähnt.

«Äh», sagte ich, «ich wollte eigentlich fragen ... also zu Rebecca wollte ich eigentlich.» Scheiße, ich hätte ein paar Blumen pflücken sollen. Jetzt stand ich hier mit blanken Händen da und stammelte mir einen ab.

«Weißt du, René, sie schläft gerade», sagte Rebeccas Mutter mit sanfter Stimme.

Ich sah automatisch auf die Uhr.

«Nein, nicht was du vielleicht denkst», sie lachte. «Kein Mittagsschlaf. – Sie ist etwas angeschlagen, und sie braucht viel Ruhe im Moment, um Kraft zu gewinnen. – In zwei Wochen beginnt ja schon wieder die Schule.»

«Ist sie krank?»

«Nicht direkt krank. – Aber ...»

In diesem Moment ging eine Etage höher das nächste Fenster auf.

«Rebecca!», rief ich.

«Hey, René», rief Rebecca zu mir runter, und sie grinste, «schön, dass du mich auch mal wieder besuchen kommst, Bruder.»

«Ich wollte mich nur bedanken», rief ich nach oben, «für die Kassette und für die Ansichtskarte von Rügen. – Und ich wollte mal gucken, wie's dir geht.»

«Ey, das ist echt lieb. – Warte kurz, ich zieh mir schnell was an und komm runter.» Erst jetzt fiel mir auf, dass sie ein Nachthemd trug mit einem altmodischen Spitzenkragen.

«Aber macht nicht so lange, Kinder, hört ihr?», rief Rebeccas Mutter nach oben.

«Nein, Ma! Keine Angst!», rief Rebecca zurück, und

dann winkte mir ihre Mutter noch mal kurz zu und schloss das Fenster.

Vor lauter Aufregung, gleich Rebecca gegenüberzustehen, zündete ich mir die nächste *Club* an, und als ich mit ausgestreckter Hand überprüfte, ob ich zitterte, da ...

... zitterte ich tatsächlich.

Rebecca trug eine schwarze Hose, einen schwarzen Rollkragenpullover, die Doc Martens und ihre schwarze Lederjacke. Sie kam an die Gartenpforte, und sie nahm sofort meine Hände, und dann küssten wir uns zur Begrüßung, als hätten wir uns gestern erst verabschiedet, nachts, an derselben Stelle, und nicht schon vor drei Wochen.

Wir küssten uns so, wie sich nur Geschwister küssen, Mund ab und zu geschlossen und nicht länger als drei Minuten.

«Schicke Jacke.»

«Vom Flohmarkt», sagte ich, «aus Kaltennordheim.»

«Kalten. Nord. Heim», sagte Rebecca, «hört sich an wie ein heidnischer Göttersitz.»

«Ist aber nur ein Kaff in Thüringen», sagte ich, und ich erzählte ihr kurz, was ich da mit wem gemacht hatte.

«Ey, du hast ja richtig Farbe gekriegt», sagte sie und boxte mir auf den Arm.

«Du aber auch ein bisschen.»

«Ja», Rebecca lachte, «ein bisschen. – Meistens, musst du wissen, hatte ich nämlich einen schwarzen Sonnenhut auf.»

«Auch am Strand?»

«Klar.»

Kurz überlegte ich, sie zu fragen, was denn da gewesen sei auf Binz, mit Dirk und ihr und Michael, aber weil ich die Stimmung nicht versauen wollte, ihr nicht und nicht mir, ließ ich es lieber sein.

«Wollen wir spazieren gehen», fragte ich stattdessen, «in den Neuen Garten oder so?»

«Wir setzen uns nur ein bisschen ans Wasser, ja? – Ich will nicht so weit laufen heute.»

«Was ist denn los, Rebecca?»

«Was soll los ein?»

«Bist du krank?»

«Ach, was heißt schon krank?»

Ich nahm all meinen Mut zusammen und fragte: «Hast du etwa Krebs?»

Rebecca lachte laut auf, aber dann sagte sie: «Oh, entschuldige. – Nein, hab ich nicht.»

«Ein Glück!»

«Machst du dir Gedanken um mich?»

«Ja.»

«Brauchst du nicht, okay?»

«Okay.»

«Komm, wir gehen ans Wasser?», sagte Rebecca und schob mich durch die Gartenpforte auf das Grundstück.

«Was steht denn da hinten auf deiner Jacke drauf?», fragte sie, als wir unten am Heiligen See saßen.

«Das ist aus diesem Lied von den *Triffids*», sagte ich, «*Hell of a Summer.*»

«Dieses Lied, das lasziv ist und zugleich schwül?»

«Du hast dir das echt gemerkt?»

«Ja. – Aber was soll das bedeuten?»

«Na, dass man das, was man nicht kriegen kann, töten muss. – Den Wunsch danach. Oder die Erinnerung daran, wenn man es schon mal hatte.»

«Meinst du damit mich?»

«Weiß nicht. – Nein. – Eher Bianca», sagte ich, und dann erzählte ich ihr von diesem sogenannten Frank aus dem sogenannten Westen, der über Bianca gekommen war wie eine verdammte Naturkatastrophe.

«Das ist ganz schön schwach von Bianca», sagte Rebecca, als ich fertig war.

«Findest du?»

«Ja.»

«Sie bereut es schon ein bisschen.»

«Hat sie dir das gesagt?»

«Sie hat es mir ausrichten lassen.»

«Lass dich bloß nicht um den Finger wickeln, René, versprichst du mir das?»

«Okay.»

«Dann ist der Platz von Bianca ja jetzt eigentlich frei», sagte Rebecca und boxte mich schon wieder auf den Oberarm.

«Ja, ist er», sagte ich und guckte ihr direkt in die Augen dabei.

Braune Augen, sagte ich das schon?

Wir guckten uns ganz lange in die Augen.

Ich weiß nicht, eine halbe Minute am Stück vielleicht.

Es hörte gar nicht mehr auf, so lange bis Rebecca sagte: «Ach, René, du hättest keine Freude mit mir.»

«Doch!»

Aber statt was zu sagen, legte mir Rebecca den Arm um die Schulter, so wie es im normalen Leben eher der Junge machte mit dem Mädchen.

Unsere Lederjacken gaben knarzende Geräusche von sich. Und wenn ich eines nicht erwartet hatte, dann das: Es sprangen unsichtbare Blitze hin und her zwischen Rebecca und mir. Trotz des ganzen Leders, das zwischen uns war. Ich sah zu Rebecca rüber, und Rebecca guckte schon wieder zurück, spöttisch irgendwie, verschmitzt, besser gesagt, jedenfalls nicht so, als sei sie gerade von einem dieser Blitze getroffen worden.

Ihren Arm nahm sie aber trotzdem nicht weg von meiner Schulter.

«Ich hab Brecht gelesen, als ich in Kaltennordheim war», sagte ich.

«Meinetwegen?»

«Ein bisschen wegen dir, aber auch, weil ich ja Kommunist werden will, wie du weißt.»

«Du bist süß!»

«Du bist gar nicht süß», sagte ich, «weißt du das?»

«Ja, das weiß ich», sagte Rebecca und grinste.

«Wo wir gerade dabei sind», sagte ich, «bei nicht süß: Du hast vergessen, die *Einstürzenden Neubauten* auf die andere Seite von der Kassette zu spielen.»

«Ich hab sie nur frei gelassen», sagte Rebecca, «damit du noch mal wiederkommen musst.»

«Echt?»

«Ja.»

«Na, ihr beiden.» Von hinten war Rebeccas Mutter an uns herangetreten, und sie legte jetzt eine Decke über unsere Schultern. «Wollt ihr nicht reinkommen?»

«Nein», sagte Rebecca.

«Soll ich euch einen Tee bringen?»

«Nein», sagte Rebecca, «aber du kannst uns zwei Gläser Wein rausbringen, Ma.»

«Ich weiß nicht, Rebecca, das verträgt sich doch nicht mit den Medikamenten.»

«Nur ausnahmsweise», sagte Rebecca, «weil wir uns sehr lange nicht mehr sehen werden, René und ich. Er kommt auf ein Internat nächstes Schuljahr, in Halle.»

«Das ist aber traurig», sagte Rebeccas Mutter.

«Ja», sagte ich.

«Finde ich auch», sagte Rebecca.

«Dann bis gleich.» Rebeccas Mutter ging zum Haus zurück.

Ich fragte: «Was denn für Medikamente?»

«Ach, nichts Besonderes», sagte Rebecca, «Vitamin-Dragées.»

Ich wusste ganz genau, dass das nicht stimmte.

Wir schwiegen eine Weile, und dann sagte ich: «Was heißt das eigentlich: *Throbbing Gristle*?»

«Pochender Knorpel», sagte Rebecca.

«Ist das Herz damit gemeint?»

«Das Herz ist doch kein Knorpel.»

«Ja, ein Muskel», sagte ich, «ich weiß: Das Herz ist eher ein Muskel.»

«Denk mal scharf nach, was gemeint sein könnte», sagte Rebecca und grinste mich an.

«Oh», sagte ich, als es mir einfiel, und ich glaube, ich wurde ein bisschen rot.

«Aber so, wie du es gesagt hast, ist es eigentlich viel schöner», sagte Rebecca:

«Das Herz ist ein pochender Knorpel.»

VICTORIA

«Ey, du!»

Ich reagierte gar nicht erst auf dieses nervige Kind neben mir.

Es war Montag, halb sechs am späten Nachmittag, und eigentlich war ich losgegangen, um ein bisschen Brot zu kaufen, Milch und Schmelzkäse. Und um zu gucken, was sieben Flaschen Goldbrand kosten würden, die Mario diese Woche noch besorgen musste mit seinem sprießenden Bart. Jeden Tag nur eine oder zwei, damit die Verkäuferinnen nicht anfingen, misstrauisch zu werden, und ihn doch noch nach dem Ausweis fragten.

Aber ich hatte es nicht geschafft, reinzugehen. Eine große Müdigkeit war mitten auf dem Keplerplatz über mich gekommen und hatte mich auf diese Bank gezwungen. Ich hatte mich setzen müssen und die Augen zugemacht und auf das Plätschern des Springbrunnens gelauscht und auf die murmelnden Stimmen der Passanten. Und ich dachte die ganze Zeit an Rebecca, von der ich mich gestern kurz nach zehn verabschiedet hatte, so wie Bruder und Schwester es tun, ohne dass wir irgendwas vereinbart hatten zwecks eines Wiedersehens.

Mir fiel immer wieder ein, wie sie gesagt hatte, dass wir uns eine lange Zeit nicht sehen würden.

Das machte mich ganz fertig.

Weil ich mich nicht zu fragen getraut hatte, was sie damit meinte.

Aus Angst vor der Antwort.

«Hallo? Kannst du mich hören?»

Jetzt zupfte das lästige, kleine Biest auch noch an meiner Jacke.

«Mensch, lass mich in Ruhe.»

«Ey, ich dachte, du bist viel netter.»

«Komm: Hau ab!»

«Wat denn nu: kommen oder abhauen?»

Ich musste lachen: Manche Kinder waren gar nicht mal so doof, wie sie aussahen.

Dieses blonde Mädchen hier zum Beispiel.

«Du bist also doch nett!»

«Ja», sagte ich, «ich bin eigentlich nett. – Ich hab nur manchmal schlechte Laune. So wie jetzt gerade. – Hier hast du 'ne Mark, kauf dir ein Eis in der Kaufhalle.»

«Danke, René.»

«Ey, woher kennst du denn meinen Namen?»

«Von meiner Schwester», sagte das Mädchen.

«Was?»

«Da staunste, wa?»

«Fritzi? – Bist du etwa Fritzi?»

«Dreimal darfste raten», sagte das Mädchen und rannte weg, Richtung Kaufhalle. Aber es ging nicht rein, sondern blieb vor dem Eingang stehen, drehte sich zu mir um und grinste. Und dann zeigte es nach links, auf dieses Hochhaus mit den 14 Etagen. Ziemlich weit oben, in der 12., war ein Fenster auf, und jetzt, wo ich hochguckte, winkte mir jemand zu, und es war niemand anderes als

– Ihr habt richtig geraten –

das Mädchen ohne Namen, besser gesagt: Fritzis große Schwester, das schönste Mädchen auf der ganzen Welt, wenn man Rebecca nicht mitrechnete.

Ich winkte zurück, und Fritzis Schwester gab mir komische Handzeichen, die wohl bedeuten sollten, dass sie jetzt gleich zu mir runterkommt und ich nicht abhauen soll. Ich nickte, oben ging das Fenster zu, und zehn Minuten später stand Fritzis große Schwester vor mir und lächelte wie ein scheues Reh. Ich stand auf und merkte, dass sie um einiges größer war als Bianca und Rebecca.

«Wie heißt du?», fiel ich vorsichtshalber gleich mal mit der Tür ins Schloss.

«Victoria», sagte Fritzis große Schwester.

«Wollen wir uns hinsetzen, Victoria?»

«Ja, René», sagte Victoria, und wir setzten uns hin, aber ohne dass sich unsere Beine berührten wie damals auf dem Bordstein vor dem *Orion*.

«Bist du schon lange zurück?», fragte ich.

«Schon eine ganze Weile. – Ich dachte, ich seh dich mal im *Orion*, aber du warst kein einziges Mal da.»

«Ich bin doch noch weggefahren», sagte ich, «nach Thüringen.»

«War es schön?»

«Ging so. – Die Jacke ist von da.»

«Sieht gut aus.»

Wir schwiegen einen Moment.

«Wolltest du mich überhaupt noch sehen?», fragte ich ein bisschen später.

«Na klar», sagte Victoria.

«Weil du damals nicht gekommen bist», sagte ich, «zu unserer Verabredung hier auf der Bank.»

«Ich weiß, aber ich war echt sauer auf dich.»

«Du musst wissen ...»

«Nein, warte», unterbrach sie mich, «als ich dich dann aber hier unten sitzen sehen hab, von da oben, die ganze Zeit, eine Stunde oder noch länger und so traurig, da war alles wieder vergessen.»

«Wirklich?»

«Ja. – Du hast geweint.»

«Weiß nicht mehr», sagte ich, aber mir fiel ein, dass mir die dämliche Zigarettenglut ins Auge geraten war, durch den Fallwind, weil ich damals noch zu blöd gewesen war, anständig zu rauchen.

«Du musst das nicht zugeben», sagte Victoria und lächelte, «ich war jedenfalls die ganze Zeit bei dir. – Ich bin erst vom Fenster weg, als du auch gegangen bist.»

«Schade, dass die Ferien fast vorbei sind.»

«Zwei Wochen haben wir noch», sagte Victoria, «außerdem können wir uns auch nach den Ferien treffen. Ich meine, falls du willst. – Willst du denn?»

«Ja», sagte ich, «nichts lieber als das», und dann erzählte ich ihr, dass ich in zwei Wochen weggehen musste aus unserer Stadt, weil ich auf ein Internat verschifft wurde, um ein Spezial-Abitur zu machen zu weiß Gott welchem Zweck, und ich konnte richtig sehen, wie traurig Victoria dabei wurde.

«Aber wir können uns schreiben», sagte ich deshalb zum Schluss, «und am Wochenende kann ich dich manchmal besuchen kommen.»

«Das können wir machen.»

«Sei nicht traurig, Victoria», sagte ich, und ohne nachzudenken, nahm ich ihre Hand.

Nur um sie zu trösten.

Sie lächelte, und dann saßen wir eine Weile so da, Hand in Hand, das schönste Mädchen der Welt und ich, und es kribbelte richtig, im Magen und überall, wegen der elektrischen Stromstöße, die die Liebe ja zwischen uns hin und her schleuderte.

Das war auch genau der Moment, in dem ich beschloss, ihr nichts von Bianca zu erzählen, denn was nutzte einem die ganze Ehrlichkeit, wenn sie nur Leid und Misstrauen über die Menschen brachte.

Und nichts von Rebecca, meiner Wahlschwester, denn das konnte man schnell in den falschen Hals kriegen, wenn man sich mit unserer komplizierten Verbindung nicht auskannte.

«Was machst du denn nach den Ferien», fragte ich, «eine Lehre?»

«Ich geh auf die EOS», sagte Victoria, «in die elfte Klasse, genau wie du.»

Kaum dass wir uns eine Zigarette angemacht hatten und dreimal dran zogen, kam eine Frau auf unsere Bank zu und sagte: «Mensch, Kinder, ihr sollt doch nicht immer rauchen!»

Sie hatte keine Dauerwelle auf dem Kopf, was nicht so wahnsinnig oft vorkam in unserm Wohngebiet, und sie sah ziemlich gut aus für ihr vorangeschrittenes Alter von bestimmt über fünfunddreißig Jahren: rote Hackenschuhe, beiger Rock, rote Bluse und einen Einkaufsbeutel in der Hand.

«Meine Mutter», sagte Victoria und ließ unauffällig die Zigarette los. Ich ließ meine auch unauffällig zwischen meine räudigen Schuhe fallen, und Victorias Mutter sagte:

«Dann bist du wohl René. – Willst du mit uns Abendbrot essen? Victoria hat erzählt, dass du ganz alleine bist die gesamten Ferien über. Stimmt das?»

Mir wurde kurz richtiggehend übel zwecks Höhenangst, als ich in Victorias Zimmer am offenen Fenster stand. Es war noch viel schlimmer als bei Connie. Aber man konnte echt alles sehen von hier oben, die Nuthewiesen, die Kiesgruben, die Schnellstraße, ein Stück von Westberlin mit diesem Hilfs-Fernsehturm, den Bahnhof Drewitz, das DEFA-Gelände, sogar Zentrum-Ost hinten am Horizont.

Es war ein bisschen wie in einem Elfenbeinturm.

Hier oben kriegte man ganz andere Gedanken in den Kopf, dachte ich, als wenn man nur im ersten Stock wohnte wie ich.

Quasi auf Höhe des Parkplatzes.

Und der Mülltonnen.

Und der Schweinekübel.

«Soll ich dir mal was sagen, René?», sagte Fritzi beim Abendbrot.

«Ja.»

«Victoria bedeutet die Siegerin.»

«Ich weiß», sagte ich, «aber was bedeutet Fritzi?»

«Fritzi kommt von Fritz, und Fritz kommt von Friedrich, und das heißt der friedliche Herrscher.»

«Mensch, du kennst dich echt gut aus.»

«Kannste mal sehen», sagte Fritzi und trank einen Schluck kalten Früchtetee.

«Und darf ich dich auch was fragen, René?», sagte Victorias Mutter.

«Gerne.»

«Warum bist du denn jetzt eigentlich alleine in den Ferien?»

«Ach, Mama», sagte Victoria.

«Mein Vater ist auf einer Dienstreise», sagte ich, «in der Schweiz, zwei Monate lang. Na ja, und meine Mutter ist – sozusagen – tot.»

«Toll», sagte Fritzi, «wir haben nämlich auch keinen Vater mehr. Wenn dein Vater unsere Mutter heiratet, dann bist du unser Bruder, René.»

Ich musste lachen und sagte: «Ich will aber gar nicht der Bruder deiner Schwester sein.»

«Und meiner auch nicht?», fragte Fritzi.

«Doch, deiner wär ich gerne.»

«Vicky hatte recht: Du bist total nett.»

«War es sehr schlimm?», fragte Victoria, als wir später noch eine Runde durch das Wohngebiet liefen.

«Was denn?»

«Das Abendbrot.»

«Nein, es war schön bei euch», sagte ich, «bei uns ist es immer ganz ruhig, wenn wir essen. Ich und mein Vater. – Und der Fernseher.»

«Fritzi ist 'ne richtige Quasselstrippe.»

«Da kriegt man gute Laune von.»

«Nicht immer.»

«Gibst du mir deine Hand?»

«Ja», sagte Victoria, und sie gab mir ihre Hand, «und du sollst sie nicht mehr loslassen in den nächsten zwei Wochen.»

«Gute Idee», sagte ich, «so mach ich das.»

Die vorletzte Ferienwoche war die schönste von allen.

Von Dienstag bis Sonntag verbrachten Victoria und ich jeden Tag zusammen, und weil sie nicht wollte, dass ich Vicky zu ihr sagte wie ihre Schwester Fritzi und ihre Mutter, nannte ich sie einfach Vic, was ihr gefiel.

Ich stand jetzt immer ganz früh auf, denn bekanntlich lief uns ja die Zeit weg, und außerdem hing die Ankunft meines Vaters am kommenden Montag wie ein Damoklesschwert über unserem guten Leben.

Als Erstes rief ich dann immer Victoria an, denn günstigerweise war ihre Mutter Ärztin für Allgemeine Krankheiten in der Poliklinik und besaß ein Telefon zwecks Notdienst und allem.

Das waren nur ganz kurze Gespräche, die ungefähr so gingen. Ich sagte: «Hey, Vic, hast du gut geschlafen.»

Und Victoria sagte: «Ich hab von dir geträumt, René. – Und ich hab dich furchtbar vermisst.»

Oder etwas in der Art.

Aber mit richtig schlaftrunkener Stimme sagte sie es immer, sodass man eine Gänsehaut kriegte.

Und ich sagte: «Ich hab dich auch vermisst.»

Und dann sagte Victoria: «Kommst du rüber? Fritzi und meine Mutter sind schon weg.»

«Soll ich Brötchen mitbringen?»

«Ja», sagte Victoria, «und bitte noch eine Kakaomilch für mich.»

Es war noch ganz kühl, wenn ich jetzt nach draußen trat, manchmal machte ich mir eine Zigarette an, bevor ich losging, aber genauso oft ließ ich es mittlerweile sein, wegen meinem Vater, der ehrlich gesagt keinen blassen Schimmer hatte, dass ich rauchte, und vor allem nicht, wie viel, seit er weg war, und ein bisschen auch wegen Victorias Mutter, obwohl die sich selbst manchmal eine ansteckte am offenen Fenster, aus Victorias Schachtel oder, wenn die leer war, aus meiner.

Man merkte richtig, dass der September vor der Tür stand, wenn man am Morgen durch das Wohngebiet lief. Die Menschen hetzten schon wieder zur Arbeit wie das ganze restliche Jahr über, aber vorher gaben sie noch schnell ihre mäkeligen Kinder in der Krippe ab oder im Kindergarten. Das Leben war aus der Sommerfrische zurückgekehrt, dachte ich, und bald würde es wieder so grau und trostlos vor sich hin modern wie vor den paar Wochen des Sommerurlaubs.

Dann kam der Oktober.

Dann kam der November.

Und dann war sowieso alles zu spät, und das Leben versank bis zu den Knöcheln in der Winterdepression und kam da nie wieder raus.

Wir setzten uns nicht an den Küchentisch, um zu frühstücken, sondern im Schneidersitz auf Victorias Schreibtisch, den wir vor das Fenster gerückt hatten. Wir machten das Fenster so weit auf, bis es nicht mehr weiter ging, und dann aßen wir die warmen Doppel-Brötchen aus der Kaufhallenbäckerei, tranken Kakao dazu und Kaffee und guckten auf die Welt raus, die unter uns vor sich hin wimmelte und langsam immer heller wurde.

Wir hörten dabei *Wax and wane* von den *Cocteau Twins* mit Victorias Recorder, immer wieder von vorne, weil es das eine Liebeslied war, das uns von nun an für alle Ewigkeit verband, und wenn einmal ein kalter Wind von draußen reinwehte durchs sperrangelweit offene Fenster, schüttelten wir uns nur kurz und rückten dann einfach enger zusammen, damit uns schnell wieder warm wurde.

Das klappte wirklich immer.

Manchmal, wenn ich morgens zu ihr kam, hatte sich Victoria die Haare frisch gewaschen, und alles, was sonst wild von ihrem Kopf stand, war zu so einem kleinen Zopf im Nacken gebunden. Sie sah viel weicher aus im Gesicht, ohne die dunkel geschminkten Augenränder und ohne Lippenstift, wie ein richtiges Mädchen, und fast gefiel es mir besser, denn man konnte so auch ihr Segelohr sehen, und wenn man höflich fragte, durfte man es sogar küssen.

Aber nur fast.

Denn wie Huysmans schon wusste, war das Künstliche ja hundertmal interessanter als das Natürliche.

«Sagt deine Mutter nichts, wenn du so rumläufst, mit den Haaren und den schwarzen Klamotten, den ganzen Kreuzen und allem?», fragte ich Victoria.

«Wir haben eine Abmachung», sagte Victoria, «solange ich gut bin in der Schule, kann ich rumlaufen, wie ich will.»

«Und du *bist* gut?»

«Ja.»

«Sehr gut sogar, nehm ich mal an?»

«Was dagegen?» Sie lachte.

«Ich hab dich nie gesehen auf einer von den Schulen hier im Wohngebiet.»

«Ich war auf der Russischschule», sagte Victoria, «in der Stadt.»

«Wo die ganzen Streber sind?»

«Du hast es nötig mit deinem Internat.»

«Ich kenne welche, die auf eurer Nachbarschule waren», sagte ich.

«Und ich weiß auch genau, wen von denen du kennst», sagte Victoria, «die kenne ich nämlich selber alle vom Sehen.»

«Bianca?»

«Wie auch immer die heißt, die sich an deinen Hals geworfen hat.»

«Das war eine Freundin von Connie», sagte ich, «die wiederum eine Freundin von Mario war, meinem besten Freund. – Wir sind schon fast so was wie Brüder, aber das ist eine andere Geschichte.»

«Und wie ist es bei dir?», lenkte Victoria jetzt zum Glück selbst von diesem blöden Thema ab, «*gefällt* es deinem Vater etwa, wie du rumläufst?»

«Ich glaube, meinem Vater ist es zu anstrengend, sich darüber aufzuregen. – Oder mich zu erziehen», sagte ich, «und deshalb ist er wahrscheinlich ganz froh, dass ich aufs Internat komme und der Staat das übernimmt.»

«Klingt traurig.»

«Ach, Quatsch», sagte ich, «das ist eine Frage der Gewohnheit.»

Wenn wir dann zu Ende gefrühstückt hatten und Victorias Haare wieder abstanden wie gemeißelt und ihre Augenhöhlen wieder finster waren wie die Hölle und sich die ganzen unruhigen Werktätigen von den morgendlichen Straßen in ihren Werkhallen und Büros befanden, wo sie hingehörten, gingen wir ganz langsam zur O-Bus-Haltestelle in der Ernst-Thälmann-Straße rüber, Ecke Mendelssohn-Bartholdy, genau da, wo der fiese Altstoffhändler wohnte, der immer die kleinen Kinder beschiss, falls ihr wisst, was ich meine.

Wir hatten einen Beutel dabei mit Büchern und Zigaretten und meinem Walkman, und wir stiegen erst in Nowawes aus, der Babelsberger Altstadt mit den putzigen Weberhäuschen und dem Katzenkopfpflaster und den alten, schattigen Bäumen am Straßenrand, fast an der Endhaltestelle am Stadion, hinter dem sich der Park Babelsberg befand am Strand des Tiefen Sees.

Denn es war ja so: Ich konnte mit Victoria schlecht auch noch durch Sanssouci spazieren, weil da alles verseucht war mit Erinnerungen an Bianca. Und im Neuen Garten hingen überall Erinnerungen an Rebecca herum. Es wurde langsam echt knapp mit den Parks, dachte ich, Belvedere gab's noch, das war sogar besonders morbide, aber es lag ziemlich weit draußen, und man musste am Platz der Einheit umsteigen in die 2 oder in die 5, und das dauerte ewig.

Ein Haufen Bäume mit traurig hängenden Ästen und Zweigen wuchs jedenfalls auch im Park Babelsberg, hüglige Landschaft lag da rum, von Lenné höchstpersönlich entworfen, englischer Rasen und ein paar sehenswerte Gebäude von Schinkel oder Knobelsdorff oder Konsorten, da müsste ich jetzt erst im Stadtführer nachgucken, um nicht zu lügen.

Wir suchten uns einen Baum, in dessen Schatten wir uns setzten, solange die Sonne noch warm herunterschien. Und ich las Victoria ab und zu ein paar von den Baudelaire-Sachen vor, wenn mir was gefiel, und manchmal was von Georg Heym oder von Gottfried Benn, um ein bisschen anzugeben, ehrlich gesagt, und ich hatte das Gefühl, sie kapierte sofort, worum es bei diesen Gedichten ging, bei dem Fremden zum Beispiel und seinen Wolken. Sie hatte allerdings auch eine Eins in Deutsch, und später, im richtigen Leben, wollte sie Medizin studieren wie ihre Mutter, erwähnte ich das bereits?

Wenn es kühler wurde am Nachmittag und die Badegäste verschwunden waren, standen wir auf und liefen auf den verschlungenen Pfaden von dem großen Lenné herum, und immer, wenn ein schattiges Plätzchen auf unserem Weg lag, blieben wir stehen, und wir küssten uns, und wir fassten uns ein bisschen an.

Ich merkte schnell, dass Victoria keine große Übung hatte beim Küssen und beim Anfassen, so wie ich selbst ja auch nicht, bevor mir Bianca ein paar gute Sachen beigebracht hatte, die ich jetzt an Victoria weitergab. Aber immer nur in kleinen Dosen, so als würde ich sie selbst gerade erst entdeckt haben, denn ich wollte sie ja nicht verschrecken, von wegen gleich mit der Hand unter die Bluse, nach einer kurzen Anstandszeit, wie zum Schluss mit Bianca.

Andererseits mussten wir uns natürlich ein bisschen sputen, denn die Zeit zerrann uns ja bekanntlich zwischen den Fingern wie Zuckersand.

Um halb sechs fuhren wir zurück, denn eine Stunde später gab es Abendbrot, das wir zusammen mit Fritzi und Victorias Mutter aßen. Und wenn wir dann alle so zusammensaßen am Esstisch, fast wie eine Familie, und Fritzi mit mir quatschte, als sei ich wirklich schon ihr großer Bruder, erwischte ich mich selbst manchmal bei dem Gedanken, wie es wohl wäre, wenn Victorias Mutter meinen Vater heiraten würde. Aber im nächsten Moment musste ich immer daran denken, dass Victorias Mutter eigentlich viel zu nett war für meinen Vater, und im übernächsten, dass mein Vater vielleicht ja nur nicht nett war, weil ihm ausgerechnet jemand fehlte wie Victorias Mutter.

Es war zum Verzweifeln, dachte ich, denn hier biss sich die Kuh in den eigenen Schwanz.

Nach dem Abendbrot gingen wir immer noch mal raus. Wir liefen ein paar Runden um den Block oder setzten uns auf unseren Balkon, wo manchmal auch schon Mario saß. Ich hatte ihm den Ersatzschlüssel gegeben und etwas Geld, damit er selbständig die leeren *Napoléon*-Flaschen mit Kaufhallen-Weinbrand auffüllen konnte, und er schien die Gelegenheit zu nutzen, sich ab und zu von seiner Mutter zu erholen.

Jedenfalls: Als ich am Sonnabend in den Schrank unter den Abwaschtisch guckte, waren die geleerten *Napoléon*-Flaschen als schicke Behälter billigen Goldbrands wiedergeboren worden. Er hatte seine Mission erfüllt, und es war sogar noch eine halbe Flasche von dem volkseigenen Fusel übrig geblieben, aus der uns Mario drei Getränke mixte mit Eis.

Schon gegen acht wurde es richtig kalt auf dem Balkon, und ich gab Victoria meine Lederjacke, und dann setzte sie sich noch auf meinen Schoß, damit ich sie ein bisschen wärmen konnte. Man merkte jetzt ganz deutlich, dass etwas zu Ende ging, was so nicht wiederkommen würde.

«Krieg ich meinen Schlüssel zurück?», fragte ich Mario.

«Hab ich neben das Telefon gelegt», sagte Mario, und dann: «Kommt ihr wenigstens nächsten Mittwoch noch mal mit ins *Orion*?»

Victoria sah mich an, ich zuckte mit den Schultern und sagte: «Sollen wir? – So zum letzten Mal?»

«Okay.»

«Ey, Victoria, hat dir René schon erzählt, wie es kam, dass wir fast Brüder sind?»

«Nein, hat er nicht.»

«Mario», sagte ich, «in zwei Tagen kommt mein Vater

zurück. Und ich würde bis dahin gern noch ein bisschen alleine sein mit Victoria.»

«Versteh ich», sagte Mario, trank sein Glas auf ex und stand auf, «dann erzähl ich dir die Geschichte ein anderes Mal. – Wenn René weg ist.»

«Gut», sagte Victoria.

«Du freust dich gar nicht auf deinen Vater, oder?», sagte Victoria, als Mario die Wohnungstür hinter sich zugeschlagen hatte.

«Keine Ahnung», sagte ich, «weißt du, wir haben nur einmal telefoniert in den zwei Monaten. – Er hat mir eine einzige Karte geschrieben aus der Schweiz.»

«Bist du sauer deswegen?»

«Nein. – Und der Weltfrieden geht schließlich vor, oder?», sagte ich und grinste.

«Wahrscheinlich.»

«Es ist einfach so, dass ich dich viel mehr mag als ihn. Und dass ich jetzt die letzte Woche aufteilen muss zwischen euch, geht mir gegen den Strich.»

«Das kann man doch nicht vergleichen.»

«Doch, das kann man», sagte ich, «man kann alles miteinander vergleichen, wenn man will. – Komm mal mit, ich zeig dir was.» Und ich dachte: Die einzige, die unvergleichbar war, hieß Rebecca. Darin hatte ich mich damals tatsächlich getäuscht.

Wir gingen in mein Zimmer rüber, und ich zeigte Victoria die Zigarettenkippe, die ich aus der Gosse vor dem *Orion* gesammelt und in die leere Marlboro-Schachtel gesteckt hatte. Sie tat zwar so, als finde sie das eklig, aber ich glaube, insgeheim freute sie sich darüber.

Ich sagte: «Mach mal die Augen zu, Vic!», und Victoria

schloss die Augen, und ich nahm die beiden verrosteten Eisenblüten aus meinem Schreibtischfach, die ich von Rebeccas morschem Zaun gepflückt hatte. Eine drückte ich ihr in die Hand, und ich sagte: «Jetzt kannst du die Augen wieder aufmachen.»

Sie öffnete ihre Augen, und dann öffnete sie ihre Faust.

«Als Zeichen unserer Verbundenheit», sagte ich, «ich hab die andere.»

Und ich präsentierte ihr die zweite Rostblüte in meiner eigenen Hand.

«Ach, René», sagte Victoria, und sie umarmte mich, und ich glaube, sie war wirklich gerührt, was meine eigene Rührung ins quasi Unermessliche steigerte.

Sie wollte mich gar nicht wieder loslassen, und das gefiel mir gut.

Aber wo ich schon mal so richtig in Fahrt war, was die Liebesbeweise betraf, holte ich zu guter Letzt auch noch mein Notizbuch raus, mit diesem Brief, den ich seinerzeit im Séparée des *Café Heider* dort hineingemalt hatte, über dem «Liebe Schwester von Fritzi!» stand und danach nur diese zwei schwarzen Seiten schraffierter Trauer folgten.

«Warte, ja?», sagte Victoria, statt mich noch mal zu belohnen für meinen Liebeseifer, und schon war sie im Flur, und als Nächstes klappte die Wohnungstür hinter ihr zu, und ich hörte ihre Schritte im Treppenhaus hallen.

Ich rannte auf den Balkon, und ich sah, wie sie ziemlich schnell die Grotrianstraße runterlief, Richtung Ziolkowski. Sie hatte sogar noch meine Lederjacke an, und vielleicht hätte ich ihr ja etwas hinterhergerufen, wenn ich nicht gehört hätte, wie sich Frau Hermann auf dem Balkon über mir leise mit Mario unterhielt. Also setzte ich mich einfach hin, schüttete die Reste aus unseren Gläsern in eines und zündete mir eine *Club* an.

«Bist du das, René?», kam von oben die Stimme von Frau Hermann.

Ich ging ans Balkongeländer, guckte nach oben, von wo Marios Mutter jetzt runterguckte, und ich sagte: «Ja, Frau Hermann.»

«Und? Bist du froh, dass dein Vater bald zurück ist?»

«Ja, schon», sagte ich der Einfachheit halber.

«Mario hat mir gerade gebeichtet, dass ihr mich als Ausrede benutzt habt für deine Oma.»

«Oh», sagte ich, «Verzeihung, Frau Hermann. Werden Sie uns verraten?»

«Ich werde es nicht von selbst ansprechen, hab ich mir überlegt. Nur, falls dein Vater fragt … Ich kann ihn schlecht anlügen. – Aber mach dir keine Sorgen, René, uns fällt schon was ein.»

«Danke», sagte ich, «Sie sind echt nett.»

«Gute Nacht.»

«Nacht, Frau Hermann. Nacht, Mario.»

Es war schon dunkel draußen, als es wieder an der Tür klingelte.

«Wo warst du denn, Vic?»

«Ich hab schnell was geholt», sagte sie, und sie ließ mich einen kurzen Blick in die Tasche werfen, die sie dabeihatte. Ich erkannte eine Sektflasche, irgendwas zum Anziehen, einen riesigen Kulturbeutel und eine Flasche mit Haarspray. «Und ich hab Bescheid gesagt, dass ich heute nicht zu Hause schlafe.»

«Wo schläfst du denn stattdessen?»

«Hier», sagte Victoria, «wenn ich darf.»

«*Hier?*»

«Soll ich lieber gehen?»

«Nein», sagte ich, «du sollst bleiben. – Ich freu mich doch.»

Aber in Panik geriet ich natürlich trotzdem.

Und es gab echt genug Gründe dafür.

Das fing ja schon bei der Bettwäsche an, die ich seit zwei Monaten nicht gewechselt hatte.

Mindestens.

Wenn man eine Mutter hatte, dann erledigte die das im Vorbeigehen alle zwei, drei Wochen. Aber wenn man nur noch einen Vater sein Eigen nannte, dann kümmerte der sich natürlich auch um die Bettwäsche nicht, und man wechselte sie nur, wenn versehentlich eine Flasche Reparaturlack reingekippt war oder ein Teller Fischsoljanka. Diese Dinge passierten ja auch regelmäßig, nur eben in größeren Abständen.

«Bist du dir sicher, René?», sagte Victoria und legte ihre Arme um meinen Nacken.

«Warum fragst du?» Ich fasste ihre Hüften an.

«Du guckst so komisch.»

«Ich denke nach.»

«Du sollst jetzt nicht nachdenken, ey.»

«Okay», sagte ich, «dann denk ich jetzt nicht nach. – Und deine Mutter hat nichts dagegen?»

«Nein, hat sie nicht», sagte Victoria, «sie kennt dich doch. – Und sie mag dich.»

«Ja, ich mag sie auch», sagte ich. «Weißt du was, Vic, du könntest schon mal den Sekt auf den Balkon stellen und zwei Gläser. – Guck mal im Küchenschrank nach, ja?»

«Du willst den *jetzt* noch trinken?»

«Warum denn nicht», sagte ich und guckte auf die Uhr, «ist noch nicht mal halb elf.»

«Eigentlich hast du recht.»

«In der großen Küchenschublade sind auch Kerzen.»

«Okay», sagte Victoria und ging in die Küche rüber, und ich riss schnell Decke, Kissen, Laken aus dem Bettkasten und sprintete damit ins Schlafzimmer rüber. Direkt stinken tat das Zeug ja noch nicht, aber eine Frühlingswiese im Sonnenaufgang roch definitiv anders.

Auf dem Schlafzimmerboden stand noch ein geschlossenes Paket von *Rewatex* rum mit frischen Handtüchern und Bettwäsche, und als ich es aufmachte, kam mir derselbe Duft chemischer Reinheit entgegen, wie ihn auch die gestärkten, scharf gemangelten Tischdecken im *Orion* immer verströmten, bevor es dort richtig losging mit Zigarettenasche, Knackersaft und verschütteten Getränken.

Ich bezog schnell Kissen und Decke, schnappte mir ein Laken, das so stark geplättet war, dass es zusammenklebte wie ein Brett, und schlich in mein Zimmer zurück, während Victoria noch immer in der Küche rumfuhrwerkte. Mit zwei Handgriffen, das war ja das Praktische an so einer Mehrzweckliege, verwandelte ich das Tagessofa in ein Bett. Ich pfriemelte das Laken auseinander, und als Victoria reinkam, um zu gucken, wo ich blieb, fand sie ein angenehm duftendes Lager vor.

«Bist du schon müde?», fragte sie.

«Nein», sagte ich, obwohl das gar nicht stimmte. «Nur damit wir uns gleich hinlegen können, wenn ... – Oder bist *du* schon müde?»

«Nein», sagte Victoria, «wir haben ja auch noch den Sekt. Wenn wir den jetzt nicht trinken, wird er schal.»

«Man kann einen Löffel in die offene Flasche stecken, dann bleibt die Kohlensäure drin», sagte ich, «oder man holt am nächsten Tag Mario runter, der trinkt den auch abgestanden.»

«Dafür braucht man aber Silberlöffel», sagte Victoria, «habt ihr denn welche?»

«Nee, wir sind Proletarier», sagte ich, «wir haben nur Löffel aus Blech.»

Victoria lachte, und dann gingen wir auf den Balkon, wo schon die offene Flasche stand und zwei von diesen geschliffenen, böhmischen Sektschalen. Victoria zündete eine Kerze an, ich rückte die Balkonstühle zusammen, und dann holte ich aus dem Wohnzimmer die Mittagsschlafdecke von meinem Vater.

Wir bauten uns eine Höhle in der Decke und tranken ein bisschen von dem Sekt, und wir unterhielten uns über das Übliche: Bücher, Kunst, Musik, Klamotten, und wir kamen irgendwann auch auf die Schule zu sprechen. Und ich musste erfahren, dass auch Victoria auf die EOS namens Helmholtz kam, hinten am Nauener Tor, gleich um die Ecke vom *Café Heider*, auf die auch Dirk und Michael in einer Woche gehen würden und wo Rebecca schon seit einem Jahr war.

Es war echt zum Heulen, dachte ich, und ich erzählte Victoria von diesem scheiß Ferienlager, in das ich übernächsten Montag musste. Wo ich meine künftigen Mitschüler kennenlernen sollte und nebenbei ein paar Lektionen in Wehrerziehung verpasst bekam. Und dass ich eine Liste erhalten hätte mit allem, was mitzubringen sei, von Rasierapparat und Schuhcreme bis zur kurzen Turnhose, deren Farbe Weinrot sein musste.

Aber ich wollte keine von diesen engen, hässlichen Turnhosen aus dem Sporthaus anziehen, ich war aus dem Alter raus, in dem man sich in kurzen Turnhosen zum Löffel machte, mit einem Luftgewehr auf Zielscheiben ballerte und mit einem Kompass in der Hand japsend durch die Pampa stolperte.

Es müsse doch auch irgendwann mal wieder gut sein mit diesen ganzen beknackten Spielchen, sagte ich.

«Ich werde in Gedanken bei dir sein», sagte Victoria und streichelte meinen Arm unter der Mittagsschlafdecke von meinem Vater, «und wenn irgendwas ist, denkst du einfach daran, wie ich gerade an dich denke, okay?»

«Okay.»

«Ich hab noch 'ne Trainingshose übrig. Eine von Adidas», sagte Victoria, «sieht noch ganz gut aus. – So eine ähnliche wie sie der eine Typ von *Run-DMC* hat.»

«Du kennst *Run-DMC*?»

«Klar kenn ich *Run-DMC*.»

«Das finde ich absolut großartig.»

Und so ging das noch eine Weile weiter, bis irgendwann eine Etage höher die Balkontür aufging und eine Stimme sagte: «Kinder, jetzt macht mal langsam Schluss!»

Ich guckte auf die Uhr, es war kurz nach zwei.

«Machen wir, Frau Hermann», sagte ich.

«Schlaft gut, ihr beiden», sagte Frau Hermann, und dann ging die Balkontür wieder zu.

Wir hatten nicht mal die halbe Flasche Sekt geschafft, aber ich war trotzdem müde wie ein Bierkutscher, und auch Victoria hatte schon die ganze Zeit gegähnt.

«Willst du zuerst ins Bad?», fragte sie.

«Ja», sagte ich, und fünf Minuten später war ich wieder

draußen. Und jetzt musste ich doch über die Fragen nachdenken, die ich die ganze Zeit vor mir hergeschoben hatte, weshalb es schließlich auch so spät geworden war, irgendwie: Sollte ich mich ganz ohne Klamotten ins Bett legen, sprich: nackt, oder konnte das auf irgendeine Art befremdlich wirken auf Victoria. Aber weil mir schon ohne groß nachzudenken mindestens drei Arten der Befremdung einfielen, die ich ihr bereiten konnte, legte ich mich so hin, wie ich es immer machte: in Turnhemd und Unterhose.

Ich löschte das Licht der Nachttischlampe, und ein bisschen später kam Victoria zu mir unter die Decke. Sie war warm, und sie roch gut, und sie hatte auch noch was an, ein langes Nicki oder so was in der Art und einen Schlüpfer darunter, und wir küssten uns noch eine Weile und schliefen dann ein, unsere Beine ineinander verhakt und den anderen in die Arme geschlossen.

Am nächsten Morgen wachte ich vom Kreischen des Föhns auf, das sich durch die Badezimmertür schälte. Ich machte die Augen auf, und das Kissen neben mir war leer. Aber es roch noch nach dem Haarspray von Victoria, und Schlieren von Wimperntusche waren jetzt drauf und von dem schwarzen Zeug, das sie sich um die Augen machte, damit es aussah, als würden die Augen traurig und leer in die Welt gucken.

Ich nahm mir vor, den Bezug in eine Plastetüte zu stecken und die Plastetüte mit einem Gummi zu verschließen, und immer, wenn ich Victoria vermissen würde in Zukunft, daran zu riechen. Und ich wusste jetzt schon, als der Föhn endlich ausging und sie zurück in mein Zimmer kam, dass das sehr oft sein würde.

Victoria war so wunderschön im Vormittagslicht, ohne

Schminke, mit dem kleinen Zopf im Nacken und mit diesem Ohr, das leicht abstand. Jetzt sah ich auch, dass sie ein schwarzes, kurzes Nachthemd trug, mit Snoopy drauf, diesem melancholischen Zeichentrickhund, falls ihr den kennt.

Sie legte sich zu mir ins Bett zurück, obwohl es schon hell war und die Sonne draußen regelrecht auf die Erde herunterknallte.

Ich sagte: «Warte mal!»

Ich sprang auf und ging auch ins Bad rüber, um ein paar Sachen zu erledigen, und als ich zurück war, fingen wir wieder an, uns zu küssen und zu umarmen und anzufassen. Aber weil wir ja frisch ausgeschlafen waren, dauerte es jetzt natürlich viel länger als gestern in der Nacht, und irgendwann hatten wir plötzlich auch keine Sachen mehr an, obenrum nicht und nicht unten, weswegen wir uns jetzt auch da anfassten, wo die Sachen vorher drauf gewesen waren, was wir an einigen Stellen noch nie gemacht hatten vorher, weil die Gelegenheit bisher nicht so günstig gewesen war.

In der Republik des Südkreuzes, quasi.

Aber mehr machten wir nicht.

Höchstens, dass wir uns noch vorsichtig aneinander rieben, wegen des guten Gefühls, das man davon kriegte.

Wir machten nicht mehr, weil wir ja keine Pille dabeihatten und nichts und weil wir noch keine Kinder gebrauchen konnten.

Denn ich musste zuerst die materiell-technische Basis studieren in Moskau und Victoria Medizin, bevor wir für immer zusammenblieben.

In einer Wohnung im mindestens 12. Stock.

Als eine Familie, dachte ich.

Mit Fritzi als Tante unserer Kinder.

Und mit richtigen Haarschnitten, wie ein paar von unseren Freunden sie besaßen: die kommunistischen Chilenen zum Beispiel aus dem Wohngebiet und ihre Anführerin Sonja. Außerdem waren wir ja keine Tiere, die einfach tun konnten, was sie wollten, dachte ich: Wir waren Menschen, und wir hatten nicht umsonst die Selbstbeherrschung geschenkt bekommen von der Evolution.

Aber bis auf dieses Letzte da machten wir eigentlich alles an diesem erfreulichen Sonntag.

Glaube ich.

Victoria, dachte ich die ganze Zeit.

Victoria!

LETZTES LIED: STILL LOVIN' YOU

Am Montag, dem 26. August, um exakt 13 Uhr 27, hielt der graue Dienstwolga der Akademie vor unserem Aufgang, und mein Vater, im dunkelgrauen Anzug, weißem Hemd und schwarzem Schlips, stieg aus der hinteren Tür, die ihm der Fahrer mit den schwülstigen Koteletten aufhielt. In der linken Hand trug mein Vater einen neuen Diplomatenkoffer, über seinem rechten Arm hing der alte, knallgelbe Hilfstrenchcoat aus der Volksrepublik Polen.

Als ob er es geahnt hätte, dass ich seit ein paar Stunden dort auf ihn lauerte, sah mein Vater sofort zum Balkon hoch, und er hob die Hand zum Gruß und lächelte, als er mich erkannte. Ich winkte zurück, und dann ging ich nach unten, um ihm mit dem Gepäck zu helfen.

Gestern hatte ich den lieben langen Tag aufgeräumt und abgewaschen. Ich hatte Staub gesaugt, die Untertassen geleert, die wir als Aschenbecher missbraucht hatten, und die runtergefallenen Kippen vom Balkonboden gesammelt. Herr Kohlschmidt von oben hatte mich am Nachmittag bei den Mülltonnen erwischt, als ich gerade die sieben leeren Goldbrand-Flaschen wegwerfen wollte.

«Du hast aber einen guten Durst, Junge.»
«Die hab ich gestern im Beet gefunden, hinterm Haus.»
«Tatsache?»
«Waren wohl irgendwelche Jugendlichen.»

«Aber die kannste doch zum SERO bringen», sagte Herr Kohlschmidt, «kriegste ein bisschen Taschengeld.»

«Keine Zeit mehr für Altstoffe, Herr Kohlschmidt. – Sie wissen doch, ich geh nächste Woche ins Internat. – Aber wollen *Sie* vielleicht?» Ich hielt ihm die zwei Goldbrandflaschen entgegen, die ich eben in der Tonne versenken wollte.

«Nee, lass mal Junge. – Na, ich wünsch dir alles Gute im Internat, falls wir uns nicht mehr sehen.»

«Danke, Herr Kohlschmidt, gute Wünsche kann ich echt gut gebrauchen.»

«Mein lieber Scholli», sagte mein Vater, als er die Batterie leerer Colaflaschen sah, die neben dem Kühlschrank in Reih und Glied aufgebaut war, «die hättest du ruhig mal zur Kaufhalle bringen können, René.»

«Aber ansonsten», sagte er nach einem kurzen Inspektionsgang durch unsere Wohnung, «sieht es ganz manierlich hier aus.» Er hatte auch, ohne was zu merken, kurz in den Schrank unterm Abwaschtisch geguckt, wo die gefälschten *Napoléon*-Flaschen auf ihn warteten.

«Nicht viel schlimmer jedenfalls als sonst», sagte ich.

«Vielleicht sollten wir uns wirklich mal um eine Haushaltshilfe kümmern», sagte mein Vater, «für ein paar Stunden in der Woche.»

«Meinetwegen nicht», sagte ich, «ich bin demnächst doch sowieso weg.»

«Stimmt ja», sagte er, und dann machte er seinen Schlips ab und hängte das Jackett auf einen Bügel im Schlafzimmer. Er brühte sich einen türkischen Kaffee in der Küche, und dann sagte er: «Ich habe ständig versucht, dich anzurufen, aber du warst nie da.»

«Du hättest ja auch mal schreiben können», sagte ich, «und zwar mehr als nur diese eine Karte.»

«Ich habe dir vier geschrieben oder sogar fünf.»

«Von wegen», sagte ich, «eine einzige, und zwar mit dieser Fontäne vorne drauf.»

«Das kann gar nicht sein», sagte mein Vater, und plötzlich fiel es mir wie Schuppen von den Augen, wo die ganzen Karten abgeblieben sein konnten. Ich stand auf und ging in das sogenannte Arbeitszimmer rüber, und mein Vater kam hinterher wie eine Klette. Auf dem Fußboden des Arbeitszimmers lagen einige dieser riesigen Klumpen aus gepresstem Papier rum, die entstanden waren, weil ich manchmal tagelang vergessen hatte, den Briefkasten zu leeren.

Ich nahm einen dieser Papierklumpen, und ich musste keine Minute lang suchen, um eine zweite Karte aus Genf zu finden.

«Mensch, René!», sagte mein Vater.

«Kann doch mal passieren», sagte ich, ohne dass mein Vater was entgegnete. Stattdessen ging er ins Wohnzimmer zurück und legte sich aufs Sofa.

Ich untersuchte auch die anderen Klumpen, aber ich fand nur drei weitere Karten meines Vaters und keine übersehene Nachricht von Rebecca, wie ich gehofft hatte.

«Hier, für dich», sagte mein Vater um halb drei, nachdem er seinen Mittagsschlaf vollendet hatte, und er reichte mir eine bunte Tüte.

«Danke.»

«Hat ja eigentlich ganz gut geklappt, oder ist da noch irgendwas, das ich wissen sollte?»

Ich überlegte, ob ich ihm die Sache mit Frau Hermann

und unserem Ausflug nach Thüringen erzählen sollte, wo er schon mal fragte, aber um des lieben Friedens willen sagte ich stattdessen: «Ich hab jetzt 'ne Freundin.»

«Tatsächlich?» Er sah überrascht auf und grinste ein bisschen.

Richtig wohlwollend.

Und soll ich euch sagen, warum?

Weil er die ganze Zeit gedacht hatte, ich sei andersrum.

Ihr wisst schon: schwul.

Wegen der beiden Poster an meiner Zimmerwand zum Beispiel, *Soft Cell* und *The Cure*, und der ganzen Schminke im Gesicht von Marc Almond und Robert Smith, Kajal und Lippenstift, und bei Marc Almond noch Rouge und riesige Ohrgehänge, und wegen der ganzen Ketten und Broschen aus der Modeschmuckboutique natürlich, die wir Anfang des Jahres alle getragen hatten, als das noch modern gewesen war. Und weil ich immer stundenlang im Bad brauchte.

Er hatte nie direkt was gesagt, aber ich wusste ganz genau, dass er mich die ganze Zeit im Verdacht gehabt hatte.

«Wie heißt sie denn?»

«Victoria.»

«Und was macht deine Victoria so?»

In dieser Beziehung war mein Vater genauso schlimm wie dieser sogenannte Gebhardt von Rebecca, nur dass bei ihm die entgegengesetzten Typen auf der Abschussliste standen: Künstler zum Beispiel.

Und Schlagersänger.

Und Antiquitätenhändler.

Und Handwerker jeglicher Couleur natürlich, die auch nach Feierabend noch arbeiteten.

«Kommt auf die EOS», sagte ich, «und will danach Medizin studieren.»

«Schön. – Und ihre Eltern?»

«Ihre Mutter ist auch Ärztin.»

«Und ihr Vater?»

«Ist irgendwie abhandengekommen.»

«Verstorben?»

«Nein: nur nicht mehr da.»

«Was ich sagen wollte», sagte mein Vater, «weil das so gut geklappt hat dieses Jahr, könnte ich nächstes Jahr doch theoretisch wieder nach Genf fahren, oder was meinst du?»

«Echt jetzt?»

«Das würde aber bedeuten, dass wir auch nächstes Jahr nicht in den Urlaub fahren. – Ich meine: zusammen.»

«Ach, was soll's», sagte ich, «der Frieden geht vor.»

Mein Vater sah mich einen Augenblick schräg von der Seite an, und dann sagte er: «Du scheinst dich richtig zu freuen, dass du mich wieder loswirst.»

«Das nun auch nicht – schade nur, dass nichts rausgekommen ist bei euren Verhandlungen.»

«Die Konferenz gibt es schon ewig», sagte mein Vater, «und die wird es auch noch jahrelang weiter geben. – Das ist im Prinzip ein Ritual, das nie endet.»

Und obwohl ich natürlich für den Frieden war auf der Welt, für Abrüstung, gegen Kernwaffen und auch gegen den Hunger, wurde mir auf einmal ganz leicht ums Herz, als ich daran dachte, den nächsten Sommer wieder alleine verbringen zu können mit einem Haufen Geld.

Was heißt, alleine? Mit Victoria natürlich und Mario und Rebecca, mit Connie und Michael und mit Dirk vielleicht, wenn der sich bis dahin wieder eingekriegt hatte.

«Diese Freundin tut dir gut», sagte mein Vater, «du strahlst richtig.»

«Ja», sagte ich, nahm die Tüte mit meinen Geschenken und stand auf. «Ich geh zu Victoria rüber.»

«Ich dachte, wir könnten heute Abend essen gehen», sagte mein Vater.

«In der Club-Gaststätte?»

«Wie du willst», sagte mein Vater, «du kannst Victoria gerne mitbringen.»

«Ein anderes Mal vielleicht», sagte ich, «um acht vor dem Eingang?»

«Um halb acht.»

In der Geschenketüte befanden sich ein Packen Schweizer Schokolade, der aus fünfzehn einzelnen Tafeln bestand, und fünf Bücher: *Malone stirbt*, *Murphy* und *Wie es ist* von Beckett und von Bukowski *Terpentin on the Rocks* und *Gedichte, die einer schrieb, bevor er im 8. Stock aus dem Fenster sprang*.

Cooler Titel, dachte ich, und dann dachte ich noch, was mein Vater wohl von mir dachte, dass ich mir solche Bücher bei ihm bestellte.

Ich lief zum Keplerplatz rüber und klingelte bei Victoria, und als ich oben war, gingen wir in ihr Zimmer.

«Sehr schlimm mit deinem Vater?», fragte sie.

«Nein, geht», sagte ich, «vielleicht fährt er nächstes Jahr wieder zwei Monate in die Schweiz.»

Ich gab ihr acht Tafeln Schokolade, sieben waren für Fritzi bestimmt und eine für Victorias Mutter, damit es keinen Streit gab. Ich selber machte mir ja nichts aus dem Zeug.

Wir legten uns auf Victorias Bett und küssten uns ein

bisschen und alles, und dann nahmen wir jeder eines von den Bukowski-Büchern, und wir lasen uns gegenseitig diese Gedichte vor, die so klangen wie nichts anderes, das ich bisher kannte an Gedichten.

Um sechs kamen Victorias Mutter und Fritzi nach Hause, und ich gab ihnen die Schokolade.

«Und? Ist es schön, den Vater zurückzuhaben?», fragte Victorias Mutter.

«Ich muss mich erst mal daran gewöhnen», sagte ich.

«Weißt du, ich bin ganz froh, dass jetzt wieder jemand für dich da ist.»

«Sie waren doch auch für mich da!»

Victorias Mutter sagte: «Ach, komm mal her, René», und als ich vor ihr stand, umarmte sie mich, und sie strich mir über meine verkrusteten Haare, fast schon wie eine Mutter.

Ich hätte sie am liebsten nie wieder losgelassen.

Höchstens, um in Victorias Arme zu wechseln.

Bis zehn vor halb acht spielte ich mit Victoria und Fritzi Mensch ärger dich nicht, dann verabschiedete ich mich und fuhr mit dem Fahrstuhl nach unten. Ich setzte mich auf unsere Bank am Keplerplatz, zündete mir eine Zigarette an und wartete auf meinen Vater.

Ich erkannte ihn erst, als es schon zu spät war und er die Zigarette in meiner Hand längst gesehen haben musste, also nahm ich demonstrativ einen weiteren Zug und tat so, als sei es das Normalste von der Welt, dass ich hier plötzlich Zigaretten in der Öffentlichkeit rauchte.

Er sah vollkommen anders aus als vor der Schweiz, so wie er jetzt entspannt den Keplerplatz betrat. Er trug eine neue *Levi's*-Jeans – er hatte noch nie eine gehabt vorher –, ein hellblaues Hemd, und er hatte sich einen grauen Pullover um die Schulter gelegt.

Ich hatte ihn jedoch hauptsächlich wegen der Sonnenbrille in seinem Gesicht nicht rechtzeitig genug erkannt. Sie besaß ein dünnes schwarzes Gestell, und die Gläser gingen von einem schimmernden, dunklen Blau in ein helles Anthrazit über.

Ich muss leider zugeben: Er sah echt gut aus für einen fortgeschrittenen Vater von mehr als vierzig Jahren, fast wie jemand, der aus dem Westen zu Besuch gekommen war, dachte ich, was ja auch ein bisschen stimmte.

Ich stand auf und nahm noch einen Zug.

Wenn ich schon mal dabei war.

«Ey, René!», quäkte eine grelle Kinderstimme über den Platz, genau als mein Vater bei der Bank ankam. Ich drehte mich zum Hochhaus um, wo im 12. Stock ein Fenster offen war. Dort stand Fritzi und winkte.

Ich winkte zurück, und als Nächstes schrie Fritzi: «Hallo, Papa von René!»

Mein Vater setzte ein Lächeln auf und winkte zurück, und für ein paar Sekunden erschien auch Victorias Kopf im Fenster. Sie warf mir eine Kusshand zu und war gleich wieder verschwunden: Wahrscheinlich war sie neugierig gewesen, wie mein Vater aussah, nach all den Horrorgeschichten, die ich über ihn und seinen kanarienvogelfarbenen Mantel in der letzten Woche erzählt hatte.

Und die sich nun leider nicht so richtig mit der Wirklichkeit deckten.

«Bis morgen, René», schrie Fritzi, und dann tauchte Victorias Mutter auf.

Mit ihrer total attraktiven Kurzhaarfrisur.

Und ihrer riesigen Güte.

Und allem.

Und bevor sie das Fenster schloss, winkte uns auch Victorias Mutter zu.

«Da hast du dir ja eine ganze Familie angelacht», sagte mein Vater und grinste.

«Bist du neidisch?»

«Könnte man tatsächlich werden», sagte mein Vater, und dann gingen wir die paar Schritte zur Club-Gaststätte im *Orion* rüber und warfen erst mal einen Blick auf die Speisekarte im Glaskasten, als würde es da nicht seit Jahrhunderten immer dieselben Gerichte geben.

«Vicky! René! – Los, kommt nach vorne», schrie Sonja am Mittwochabend kurz vor acht. «Mann, ihr Penner, macht mal 'ne Gasse, sonst könnt ihr hier gleich wieder abmarschieren. – Mario! Julia! – Ihr auch!»

Noch fünf Tage waren es bis zum Schulanfang am 2. September, und vor dem *Orion* wartete eine Menschenmasse auf Einlass, die genauso groß war wie jene in der ersten Ferienwoche, am Tag nach meinem Geburtstag.

Nichts hatte sich geändert, oder doch, dachte ich, als ich mich jetzt zwischen den Leuten durchdrängte, Victoria an der Hand, und an diesen Typen vorbeikam, die Michael neulich Hilfsschüler in Lederjacken genannt hatte. Ein paar von den Panikrockern trugen jetzt nämlich keine Lederjacken mehr, sondern diese grünen Bomberjacken, und sie hatten sich die Haare geschoren, und mit ihren flachgeklopften Hinterköpfen sahen sie noch hässlicher aus als mit den zweifingerhohen Iros vorher oder mit diesen Billy-Idol-Gedächtnis-Frisuren.

«Ich hab schon gehört, dass ihr zusammen seid», sagte Sonja, als wir an der Tür angekommen waren, «und soll ich euch was sagen: Ihr seid echt ein schönes Paar.»

«Wir kennen uns aus dem Kindergarten», sagte ich zu Victoria, und Victoria sagte: «Ich kenne Sonja seit der ersten Klasse.»

«Das schweißt uns zusammen für alle Zeiten», sagte Sonja.

«Ey, Sonja, weißt du, was», sagte ich und grinste, «ich bin jetzt auch Kommunist.»

«Na, dann willkommen im Club, Genosse», sagte Sonja und hob die rechte Faust zum Gruß und gab mir dann ein Küsschen links und eins rechts. Und dann gab sie Victoria die Küsschen und dann Mario und dann Julia, die echt nett war und außerdem Victorias beste Freundin, weswegen sie auch ein bisschen aussah wie Victoria in etwas weniger gut und ohne diese knöchelhohen, weißen Adidas-Schuhe mit den dicken vorstehenden Laschen.

Ich hatte Mario gesagt, er solle sich ein bisschen kümmern um Julia, damit sie sich mit Victoria und mir nicht fühlte wie das dritte Rad am Wagen, denn sie war in den letzten beiden Wochen sowieso schon vernachlässigt worden von ihrer besten Freundin. Aber er sollte sie auf gar keinen Fall in sich verliebt machen, hatte ich ihm vorhin noch eingeschärft, was aber offensichtlich schon schiefgegangen war, denn sie kannten sich keine zwei Stunden und hielten schon Händchen.

Typisch!

«Wir stoßen nachher noch auf euch an, okay?», sagte Sonja, und dann gingen wir rein, und wir setzten uns an den zweiten Tisch auf der rechten Seite, direkt hinter den

Tisch der Chilenen, die uns in ihren gebügelten C&A-Pullovern zunickten.

Mensch, und schon wieder stand dieser Ecki am Mischpult, von der Discothek *Silberblick*, und da wunderte es auch keinen weiter, dass das erste Lied, das er heute spielte, *Get into the Groove* hieß von Madonna, die ja nicht schlecht aussah in dem einen Video, wo sie durch Venedig gondelte, mit den schwarzen Klamotten, der Lederjacke und den ganzen Ketten und Kreuzen um den Hals. Wenn da bloß nicht diese Musik gewesen wäre, die den ganzen Aufzug wieder zunichtemachte.

Das einzige akzeptable Lied, was dieser Ecki spielte, war ja bekanntlich *Echo Beach*, und ich musste jetzt daran denken, wie ich letztens immer *Echo Beach far away in time* hatte denken müssen, vollkommen vereinsamt auf der Bank unter Victorias Fenster und mit Zigarettenglut im Auge, und als mir das jetzt einfiel, musste ich lachen.

Victoria sagte: «Was ist denn?»

Und ich sagte: «Ach nichts», und küsste sie hinter ihr Segelohr, dessen Anblick mich immer ganz wahnsinnig machte und das sie seit neuestem auch nicht mehr unter ihren Haaren versteckte.

«Guck mal unauffällig nach links», sagte Mario eine Weile später, als unser Tischtuch schon wieder aussah wie Sau, weil Sonja eine halbe Wodka-Cola umgefallen war, mit der sie vorher auf uns angestoßen hatte.

Ich guckte nach links, aber ich sah nichts.

«Dritter Tisch», sagte Mario.

Jetzt sah ich die beiden auch: Connie und Bianca, die wieder dort saßen, von wo sie einst gekommen waren, auf der linken Seite des *Orions*.

«Du, Vic», sagte ich, «ich geh mal kurz rüber. – Zu Connie und Bianca. Guten Tag sagen. Und gleich noch auf Wiedersehen wegen dem Internat.»

Victoria fiel mir nicht gerade um den Hals vor lauter Begeisterung, aber sie sagte doch: «Tu das.»

«Geht ganz schnell», sagte ich und latschte direkt über die Tanzfläche, wo ein paar Bauern im Takt zu *Life is Life* herumstampften. Das war so schrecklich, dieses sogenannte Lied, da krochen einem regelrechte Ekelschauer über den Rücken.

Bianca lächelte, als sie mich an ihren Tisch kommen sah, aber sie blieb sitzen. Connie dagegen sprang auf und gab mir Küsschen links und rechts, aber als sie zu ihrer mörderischen Umarmung ansetzen wollte, mit Becken und allem, ließ ich mich schnell auf einen freien Stuhl fallen.

«Hey, René», sagte Connie.

«Connie, könntest du uns kurz …», sagte ich zu Connie, und Connie sagte: «Klar, ich geh mal an die Bar.»

«Du hast dich gar nicht mehr gemeldet», sagte Bianca.

«Du siehst schön aus», sagte ich.

«Danke.»

«Ich muss dir was sagen.»

«Ich dir auch.»

«Du zuerst!»

«Nein, du!»

«Okay», sagte ich, «ich will ehrlich sein: Ich liebe dich doch nicht mehr, Bianca, ich liebe jetzt jemand anderes.»

«Das hab ich auch schon gesehen», sagte Bianca, aber sie lächelte immer noch.

«Und es tut mir leid», sagte ich.

«Muss dir nicht leidtun.»

«Und jetzt du!»

«Frank hat sich gemeldet.»

«Wirklich? – Ich dachte, das geht gar nicht wegen deinem Vater.»

«Der darf auch nichts davon wissen», sagte Bianca. «Ich hatte Frank die Adresse von Connie gegeben, und er hat den Brief an sie adressiert.»

«Bist du jetzt glücklich?»

«Ja.»

Wir schwiegen ein paar Sekunden.

«Ich werd dich nie vergessen, Bianca», sagte ich.

«Ich dich auch nicht», sagte Bianca und lächelte immer weiter.

Ich stand auf und ging nach vorne zur Bar.

«Schreibst du mir mal aus dem Internat?», fragte Connie.

«Aber nur, wenn du mir auch antwortest.»

«Ist doch klar, René», sagte Connie, und zack, hatte sie mich wieder umklammert, mit Becken und allem.

«Du, Connie, meine Freundin ist ein bisschen eifersüchtig», sagte ich nach ein paar Anstandssekunden und machte mich vorsichtig frei.

«Kann ich verstehen», sagte Connie, «hier, gib das bitte Mario.» Sie zog Marios Kajalstift aus der Tasche und drückte ihn mir in die Hand.

«Mach's gut, Connie.»

«Mensch, René, jetzt zieh doch nicht so 'ne Trauermiene», sagte Connie, «du bist doch nicht aus der Welt.» Sie grinste, kniff mich in den Arm, und dann ging sie zu Bianca zurück.

Ich kaufte vier Wodka-Cola, weil ich ja noch einiges von dem Feriengeld übrig hatte und mein Vater keine Anstalten machte, es zurückzufordern. Außerdem bekam ich ab nächstem Monat 280 Mark Stipendium, einfach so, fürs Nichtstun, um auch mal eine gute Seite des Internatslebens zu erwähnen. Denn jede Medaille hatte ja bekanntlich zwei Seiten: eine dunkle und eine schwarze.

Zwei der Gläser stellte ich vor Mario und Julia ab, die ihm am Hals hing, und zu Victoria sagte ich: «Wollen wir rausgehen?»

Wir setzten uns auf die gleiche Stelle am Bordstein wie neulich, so dicht beieinander, dass kein Blatt Papier dazwischenpasste.

«Ist es eigentlich ein bisschen besser geworden mit deiner Traurigkeit?», fragte ich.

«Wenn du da bist: ja.»

«Das ist die Liebe», sagte ich und zeigte hoch in den Himmel, der schon ziemlich dunkel war, «denn die Liebe ist eine große Macht von oben, musst du wissen.»

«Ey, das ist doch von *Frankie goes to Hollywood*», sagte Victoria und lachte.

«Stimmt», sagte ich, «jetzt, wo du's sagst, fällt's mir auch auf, aber falsch ist es ja deshalb noch lange nicht. Auch wenn's aus einem blöden Weihnachtslied stammt.»

«Ich muss dir noch was sagen», sagte Victoria.

«Du zitterst ja richtig», sagte ich, «ist dir kalt?»

«Ja, sehr, lass uns gleich wieder reingehen, okay?»

«Was willst du mir denn sagen?»

Victoria kam ganz nah an mich heran, und sie schirmte ihren Mund sogar noch mit der Hand ab, obwohl niemand hier draußen war, der uns belauschen konnte, und dann flüsterte sie mir die Nachricht ins Ohr.

Ich kriegte auf der Stelle mächtiges Herzklopfen, aber

weil Victoria so ein Geheimnis darum machte, will ich es hier nicht gleich weitertratschen.

Nur so viel: Es hing mit diesem Letzten zusammen, das wir neulich nicht gemacht hatten.

Ich meine: nackt.

Zwecks Kindesgefahr.

Und dass sie nächste Woche in die Stadt fahren wollte mit ihrer Mutter, um sich was dafür verschreiben zu lassen.

Das heißt: dagegen.

«Was sagst du dazu?», fragte Victoria nach einer kurzen Pause.

«Ich weiß nicht.»

«Du brauchst keine Angst zu haben.»

«Ich hab keine Angst.»

«Nein?»

«Das sieht nur so aus», sagte ich, «komm, wir gehen wieder rein.»

«Und jetzt das letzte Lied an diesem schönen Abend», hauchte Ecki zehn Minuten vor zehn in sein Mikrophon, «für alle, die verliebt sind oder die sich noch verlieben wollen. – Ein paar schwere Jungs auf der ganz weichen Schiene: Die *Scorpions* mit *Still lovin' you*.»

«Komm, wir tanzen», sagte Victoria.

«Ach nee», sagte ich, «dann muss ich mir den Rest meines Lebens anhören, dass ich mal zu den *Scorpions* getanzt hab.»

«Jetzt sei doch nicht so ein schrecklicher Spießer», sagte Victoria, und sie stand auf und zog mich hoch, und ich sah sofort ein, dass ich keine Wahl hatte, als ihr zu folgen.

«Ey, Vicky! – Ey, René!», schrie Sonja vom ersten Tisch rüber und klatschte. Aus den Augenwinkeln sah ich, dass jetzt auch Mario und Julia auf die Tanzfläche gingen. Wenn wir uns zum Löffel machten, dann konnten sie es auch, dachte Mario wahrscheinlich. Denn alle anderen, die jetzt auf der Tanzfläche waren, stammten ausschließlich von der linken Seite des *Orions*.

Victoria legte ihr Gesicht an meinen Hals, und dann tanzten wir ganz eng, so als wären wir gar nicht zwei Menschen, sondern ein einziger, und irgendwann vergaß ich sogar, dass die *Scorpions* die Musik zu unserem Tanz ablieferten.

Aber kaum war das Lied vorbei, schaltete jemand brutal das Neonlicht an, und die Reinigungsbrigade rückte mit Besen und Schrubbern vor, und die ganze Stimmung war im Eimer. Victoria sah mich an und lächelte, und da sah ich erst, dass sie vorher geweint haben musste, weil Wimperntusche und Kajal unter ihren Augen ein bisschen verlaufen waren.

«Was machen wir jetzt», fragte ich, als wir draußen standen.

«Wir gehen noch eine Runde um den Block», sagte Mario und schnappte sich Julia.

«Wir sehen uns», sagte ich und: «Mach keinen Mist, okay?» Ich hoffte, er kapierte, was ich damit meinte, nämlich das Herz von Julia.

«Ich doch nicht», sagte Mario und zwinkerte, und dann verschwanden die beiden in der Nacht.

«Und wir?», fragte ich.

«Was meinst du?»

«Ich will mich noch nicht von dir trennen.»

«Ich mich auch nicht von dir», sagte Victoria, und deshalb spazierten wir noch eine Stunde durchs Wohngebiet, und statt uns dann zu verabschieden, setzten wir uns auf unsere Bank am Keplerplatz.

Ich gab Victoria meine Lederjacke, weil es noch kälter geworden war, und so saßen wir eine Ewigkeit herum, ohne dass wir den anderen gehen lassen wollten.

Wir saßen so lange rum und klapperten mit den Zähnen, bis ein schriller Pfiff die Nacht durchschnitt. Ich fuhr richtig zusammen vor lauter Schreck, aber Victoria sah sofort zu dem Hochhaus rüber, und tatsächlich guckte da im 12. Stock ihre Mutter aus dem Fenster, und sie rief zu uns runter: «Mensch, Kinder, jetzt kommt doch endlich mal hoch!»

Und so kam es, dass ich am Mittwoch bei Victoria übernachtete.

Und am Donnerstag.

Und am Freitag.

Und am Sonnabend.

Und nur am Sonnabendmorgen wurde es kurz mal peinlich, weil Fritzi aus ihrem Zimmer rüberkam und mit uns Mau-Mau spielen wollte in Victorias Bett.

Es war gar nicht so leicht, sich unauffällig was anzuziehen.

Meinem Vater hatte ich die Telefonnummer von Victoria gegeben, für den Notfall, und ich hatte das Gefühl, dass er ein paarmal anrief unter irgendeinem Vorwand und mit Victorias Mutter sprach, aber beweisen konnte ich es natürlich nicht, und fragen wollte ich deswegen auch keinen.

Dann kam der Sonntag.

Was soll ich sagen?

Ich hatte den ganzen Tag einen riesen Kloß im Hals, schon als ich mich am Mittag von Fritzi verabschiedete und von Victorias Mutter.

«Kopf hoch, René», sagte sie, nachdem sie mich umarmt hatte, «du kommst doch Freitagabend schon wieder zurück.»

«Aber nur für zwei Tage», sagte ich.

«Für dich», sagte Fritzi und gab mir ein bemaltes Blatt Papier. «Das bin ich, und das bist du, und das ist Vicky.»

«Ich schreib dir 'ne Karte aus dem Harz, ja, Fritzi?»

«Ja», sagte Fritzi knapp und guckte bedröppelt.

Ich nahm meinen Beutel mit dem Waschzeug und Klamotten und Büchern, und Victoria brachte mich zum Fahrstuhl.

«Bis nachher», sagte ich.

«Sei nicht traurig!»

«Bin ich aber.»

Ich lief wie Falschgeld nach Hause.

Im Treppenflur bei den Briefkästen traf ich Mario.

Er sagte: «Ey, René, davon geht doch die Welt nicht unter.»

«Deine vielleicht nicht», sagte ich.

«Komm, wir machen richtig einen drauf heut im *Orion*!»

«Kein' Nerv dazu.»

«Wir müssen doch deinen Abschied feiern», beharrte er.

«Wer sagt denn das?»

Er sah mich plötzlich ganz betrübt an mit seinen dunklen Augen, sodass mir mein rüder Ton auf der Stelle leidtat.

«Ich bin doch erst mal nur eine Woche im Wehrlager», sagte ich, «am Sonnabend komm ich schon wieder zurück, und *dann* machen wir richtig einen drauf, okay?»

«Okay», sagte Mario, «hört sich gut an», und dann umarmten wir uns kurz.

«Ich muss nach oben, packen», sagte ich.

Und Mario sagte: «Hau rein!»
«Mach ich.»
«Bis Sonnabend dann?»
«Bis Sonnabend.»

Statt zu packen, legte ich mich auf meine Mehrzweckliege, setzte die Kopfhörer auf und hörte Musik, was die Sache leider nicht gerade besser machte, weshalb ich es nach ein paar Liedern aufgab und stattdessen meine Schuhe strich.

«Telefon für dich», sagte mein Vater, da war es kurz nach drei. Er hatte sogar den Apparat in mein Zimmer gebracht mit der ganzen verhedderten Telefonschnur im Schlepptau.

«Hallo?», sagte ich.
«Hey», sagte eine weibliche Stimme.
«Hey, Rebecca!»
«Morgen ist der Tag, oder?»
«Ja.»
«Ich wollte dir nur sagen, dass ich an dich denke.»
«Wie geht's dir denn, Rebecca?»
«Heute reden wir mal über dich, okay? – Wie geht's dir denn, René?»

«Keine Ahnung», sagte ich, und dann erzählte ich ihr von Victoria, weil ich ihr nicht erzählen wollte, dass es mir gerade total komisch ging.

«Ey, du bist ja richtig verliebt, René», sagte Rebecca, als ich fertig war, «wenn du sogar zu den *Scorpions* tanzt.»

«Ich glaube auch.»

«Dann ist der Platz von Bianca ja wieder besetzt», sagte Rebecca, «eigentlich schade.»

«Ja, der ist besetzt», sagte ich, «aber weißt du, was? – Für dich mache ich einen Extraplatz frei.»

«Ein zweiter Platz in deinem Herzen? – Ich weiß ja nicht, wie Victoria das findet.»

«Nein, nicht in meinem Herzen», sagte ich, «in meinem Kopf.»

«Okay», sagte Rebecca und lachte, «besser als gar nichts.»

Ich hörte, dass es an der Tür klingelte.

«Ich muss jetzt auflegen, Rebecca», sagte ich, «Victoria kommt zu Besuch.»

«Ich liebe dich, René. – Alles wird gut!»

«Ich liebe dich auch, Rebecca.»

Victoria brachte mir die Adidas-Trainingshose vorbei und ein Foto von sich, das ich in meine Brieftasche steckte. Dann setzte sie sich auf meine Mehrzweckliege und sah mir zu, wie ich die Sachen zusammenklaubte für das Lager: Sportzeug, FDJ-Hemd, diese ganze Garderobe der Demütigung.

«Bücher brauchst du noch», sagte Victoria, als ich alles auf einen Stapel gelegt hatte, um es in der karierten Reisetasche zu versenken, «und Schreibzeug.»

«Stimmt», sagte ich, «und den Walkman und mein Notizbuch.»

Um zehn brachte ich Victoria zu ihrem Haus am Keplerplatz zurück.

«Willst du noch mit hochkommen?»

«Nein», sagte ich, «ich muss sonst heulen, wenn das noch länger geht mit diesem verdammten Abschied.»

«Fünf Tage», sagte Victoria und streichelte meine Wange, «und dann sehen wir uns schon wieder.»

Aber ich wollte mich nicht trösten lassen von ihr, weil ich untröstlich war im Moment, und deshalb sagt ich: «Das ist ja erst der Anfang vom Ende.»

«Willst du mich noch trauriger machen, als ich sowieso schon bin, René?»

Wir sahen uns für ein paar Sekunden stumm an.

Augen aufgerissen bis zum Anschlag.

«Nein, Victoria, entschuldige bitte.»

Und ich musste sie so fest an mich drücken, bis es nicht mehr weiter ging, weil ich selbst erschrocken war über das, was ich ihr gerade an den Kopf geknallt hatte.

Nur um sie zu verletzen.

«Dann sag so was nie mehr, ja?»

«Entschuldige, Victoria, das mache ich nie wieder.»

«Ehrenwort?»

«Ja, Ehrenwort!»

Ich dachte: Montag, Dienstag, Mittwoch, Donnerstag, und ich sagte: «Sehen wir uns am Freitag?»

«Na klar, sehen wir uns am Freitag, und weißt du, was?», sagte Victoria, und dann flüsterte sie mir wieder diese Sache ins Ohr, die von neulich.

Mir wurde plötzlich ganz leicht ums Herz, und der Kloß im Hals verschwand in null Komma nichts. Ich musste grinsen, und Victoria grinste zurück, und wir blieben noch eine halbe Stunde vor dem Haus stehen, und wir küssten uns und alles, und wir malten uns aus, was wir am nächsten Wochenende tun würden. Einmal, falls die Sonne schien, und zum anderen, wenn es regnete.

Eines kann ich euch sagen: Wenn ihr jemals ein Mädchen wie Victoria an der Hand habt, dann lasst es nie wieder los!

Und redet bloß kein dummes Zeug!

«Was ist denn mit deinem Auge los?», fragte mich mein Vater am nächsten Morgen.

«Was soll denn sein?»

«Da ist doch was.»

«Nicht dass ich wüsste», sagte ich.

Dabei wusste ich ganz genau, was mit meinen Augen nicht stimmte, seit mir vorhin, als ich im Bad meine Haare bearbeitet hatte, der Kajalstift in die Hände geraten war, den ich vergessen hatte, Mario zurückzugeben.

«Überhaupt: Wie du aussiehst! Deine Haare und diese grässlichen Schuhe und dann noch der dumme Spruch auf deiner Jacke! – Müsst ihr nicht im FDJ-Hemd kommen?»

«Das fehlte noch!»

«Du wirst einen ganz großartigen ersten Eindruck hinterlassen bei deinen Lehrern, mein Lieber. Und bei deinen Klassenkameraden. – Mann, Mann, Mann!», sagte mein Vater, und dann: «Bist du endlich fertig?»

«Wir können los», sagte ich und nahm meine Reisetasche in die Hand.

«Kannst du kurz halten», fragte ich, als wir am *Orion* vorbeifuhren.

«Was denn jetzt noch?», sagte mein Vater, parkte den Wartburg aber trotzdem am Bordstein.

«Da stehen Dirk und Michael an der Haltestelle», sagte ich, «ich will kurz tschüss sagen. – Nur bis ihre Bahn kommt, okay?»

«Meinetwegen», sagte mein Vater und stellte den Motor ab.

«Warum warst du denn gestern nicht im *Orion*», fragte Michael, «wir sind extra hin, um mit dir Abschied zu feiern.»

«Ich wollte lieber alleine sein», sagte ich, «mit meiner Freundin.»

«Mario hat schon erzählt, dass du 'ne neue Freundin hast», sagte Dirk, «wieder so 'ne proletarische *Orion*-Schnepfe?»

«Nicht gerade proletarisch, aber ja: eine mit Kreuzen und Federn und mit diesen komischen Haaren, auf die du so stehst», sagte ich und guckte zu dem Vierzehnstöcker rüber am Keplerplatz. Man konnte selbst von hier Victorias Fenster sehen, und vielleicht kam sie ja gleich um die Ecke gebogen. Sie musste ja auch mit der Straßenbahn zur Schule fahren.

«Na, Glückwunsch, René!», sagte Dirk, und dann: «Du fährst jetzt allen Ernstes mit geschminkten Augen ins Wehrlager?»

«Wennschon, dennschon.»

«Und dein Vater sagt nichts?»

«Der checkt das nicht mal.»

«Wann bist du mal wieder in der Stadt?», fragte Michael.

«Am Freitag», sagte ich.

«Ey, dann gehen wir ins *Heider*, okay, nur wir drei?», sagte Michael.

«Ja», sagte ich, «vielleicht am Sonnabend.»

«Ja, machen wir so», sagte Dirk, «und hinterher: *Spartakus*. – Da kommt die Bahn.»

«Aber Victoria kommt mit zum *Spartakus*.»

«Klar», sagte Michael, und dann umarmte ich ihn, und dann umarmte ich Dirk, und sie stiegen ein, und die Bahn fuhr los.

«Musst du nicht eigentlich zur Arbeit?», fragte ich meinen Vater, als wir die Autobahn entlangkrochen Richtung Harz.

«Ich hab noch anderthalb Wochen Urlaub.»

«Stimmt», sagte ich, «das war ja gar kein Urlaub in der Schweiz.»

«Nein, war es nicht», sagte mein Vater und grinste, «obwohl es mir selber manchmal so vorkam. – Ich hol dich am Freitag wieder ab. – Um zwei, sagtest du?»

«Ja», sagte ich, «das ist echt nett.»

Kurz vor eins hielten wir vor dem Eingang von diesem Scheißferienlager.

Mein Vater holte die Reisetasche aus dem Kofferraum, und dann gaben wir uns die Hand, keine Umarmung oder so, da waren wir beide nicht die Typen für.

Umarmungen waren eher die Sache meiner Mutter gewesen, damals, als es noch ging.

Ich umarmte auch viel lieber Victoria.

Oder Rebecca.

Oder Victorias Mutter.

Oder Fritzi, die sich immer richtig festklammerte an einen, mit Händen und Füßen.

«Also, René: Benimm dich!», sagte mein Vater.

«Klar.»

«Freitag, selbe Stelle, vierzehn Uhr.»

«Ja, genau.»

Er winkte mir noch mal kurz zu, und dann stieg er in den Wartburg ein, mit seiner neuen Jeans und der Sonnenbrille und allem, und fuhr los.

Ich war zwei Stunden zu früh dran, denn wir sollten erst um 15 Uhr da sein. Also nahm ich auf meiner Reisetasche Platz, setzte mir die Kopfhörer auf, und ich hörte *Wax and Wane* von den *Cocteau Twins* und *Hell of a Summer* von den *Triffids*, und ich rauchte eine *Club* nach der anderen, während nach und nach meine künftigen Mitschüler eintrudelten und ein paar Erwachsene, die vielleicht Lehrer waren oder Erzieher aus dem Internat oder Küchenfrauen aus dem Ferienlager oder Hausmeister und die mich allesamt anstarrten, als sei ich der letzte Mohikaner, sodass ich die Sache mit dem Kajal schon fast ein bisschen bereute.

Aber dann dachte ich an Victoria, die nun für immer tief in meinem Herzen wohnte, und komischerweise musste ich im nächsten Moment an Rebecca denken, für die ich ja seit gestern diesen Extraplatz in meinem Kopf freigemacht hatte.

Ach, Schwester!, dachte ich.

Und dann dachte ich: Victoria, du Schönste von allen!

Du mit diesem Ohr.

Und dann sagte ich zu mir selber: Ey, René, was kann dir schon passieren, wenn diese beiden Mädchen auf deiner Seite stehen?

Richtig geraten.

Nichts!

Für Rebecca, Mario und Michael,
die nur ein bisschen Rebecca, Mario und Michael sind.

INHALTSVERZEICHNIS

TEIL 1
Böse Blumen 9
Sturmfrei 22
Das ganze Geld 34
Cabaret Voltaire 44
Jagdfieber 54
Connie 61

TEIL 2
All Tomorrow's Parties 77
Das Mädchen ohne Namen 97
Schwarz sind alle meine Kleider 107
Sonja 119
Große Schwester von Fritzi 142
Echo Beach 149

TEIL 3
Republik des Südkreuzes 163
Für immer und ewig 179
Bianca 200
Kaputtes Haus am See 215
Rebecca 225

TEIL 4
Bruder und Schwester 249
Kaltennordheim 265
The Boys are back in Town 295
Throbbing Gristle 316
Victoria 328
Letztes Lied: Still lovin' you 352

QUELLEN

Bei dem Gedicht auf S. 95 handelt es sich um «Der Fremdling». Aus: Charles Baudelaire, Sämtliche Werke/Briefe, Band 8, herausgegeben von Friedhelm Kemp und Claude Pichois in Zusammenarbeit mit Wolfgang Drost, Übersetzung Friedhelm Kemp, Hanser Verlag, München Wien, 1985.

Die Gedichte auf S. 287, «Der Gott der Stadt» und «Der Krieg», finden sich in: Georg Heym, Gedichte, herausgegeben von Stephan Hermlin, Reclam Leipzig, 1965.

Das Gedicht auf S. 317, «Stumme Herbstgerüche», ist aus: Paul Celan, Gedichte in zwei Bänden, erster Band, Suhrkamp, Frankfurt am Main, 1975.

Weitere Titel von André Kubiczek

Das fabelhafte Jahr der Anarchie

Die Guten und die Bösen

Junge Talente

Komm in den totgesagten Park und schau

Oben leuchten die Sterne

Skizze eines Sommers

ANDRÉ KUBICZEK

DAS FABELHAFTE JAHR DER ANARCHIE

April 1990, die DDR löst sich auf. Die Älteren sind voll Sorge, die Jungen aber leben die Liebe und die Freiheit, genießen den freundlichen Ausnahmezustand. Im März fiel die Entscheidung für die Wiedervereinigung, im Juli wird die Währungsreform kommen. Die Zukunft mit ihren bürgerlichen Kategorien ist in diesen Tagen weiter entfernt als das Pleistozän. Ulrike und Andreas, ein junges Paar aus Potsdam, kehren der Stadt – enttäuscht vom Ausgang der ersten freien Wahlen – den Rücken und bauen in einem kleinen Dorf in der Niederlausitz an ihrem privaten Idyll: Sie renovieren, legen einen Garten an, schließen Freundschaft mit dem Schäfer und einem fahnenflüchtigen sowjetischen Soldaten. Sie sind frei für den Moment. Nur Ulrikes Bruder Arnd bringt hin und wieder Nachrichten aus der Realität mit – und vor allem Unruhe in den Ort. Als die nahe Kreisstadt sich für den Geldumtausch rüstet, geht einer der Bankcontainer in Flammen auf – und das fabelhafte, kurze Jahr der Freiheit für die Freunde zu Ende.

«Dem *fabelhaften Jahr der Anarchie* setzt André Kubiczek ein so köstliches wie melancholisches Denkmal. Kubiczek ist ein Meister des Dialogs, der schnodderige Esprit seiner halben Helden wunderschön.» Süddeutsche Zeitung

«André Kubiczek weiß wie wenige Schriftsteller seiner Generation, wie man einer Geschichte Spannung verleiht.» FAZ

ISBN 978 3 87134 774 0, gebunden, 272 Seiten

Weitere Informationen unter www.rowohlt.de

Das für dieses Buch verwendete Papier ist FSC®-zertifiziert.